国学是立身处世之本，更是我们不可或缺的精神力量。作为一个中国人，不能不了解国学，不能不学习传统文化。

国学知识

一本通

董洪杰 主编

红旗出版社

红旗出版社
HONGQI PRESS
推动进步的力量

图书在版编目（CIP）数据

国学知识一本通 / 董洪杰主编 .
— 北京 : 红旗出版社 , 2017.3
ISBN 978-7-5051-4086-8

Ⅰ . ①国… Ⅱ . ①董… Ⅲ . ①国学—通俗读物 Ⅳ .
① Z126-49

中国版本图书馆 CIP 数据核字（2017）第 047201 号

书　　　名	国学知识一本通		
主　　　编	董洪杰		
出 品 人	李仁国	责任编辑	于鹏飞
总 监 制	高海浩	封面设计	子　时
出版发行	红旗出版社	地　　址	北京市朝阳区化工路 18 号
邮政编码	100727	编辑部	010-51274617
E－mail	hongqi1608@126.com		
发 行 部	010-57270296		
印　　刷	北京中创彩色印刷有限公司		
成品尺寸	720 毫米 ×1020 毫米　1/16		
字　　数	372 千字	印　　张	20
版　　次	2017 年 5 月第 1 版		2017 年 5 月第 1 次印刷
书　　号	ISBN 978-7-5051-4086-8	定　　价	56.00 元

欢迎品牌畅销图书项目合作　联系电话：010-57274627
凡购本书，如有缺页、倒页、脱页，本社发行部负责调换

前言

"国学"一说，最早见于近代思想家章太炎先生的《国故论衡》。顾名思义，"国学"就是中国之学，是中华民族在数千年历史中创造的文化。国学堪称中国人的性命之学，中华文化的学术基础、固本之学，是全面增加文化素养的学问。已故著名国学大师季羡林老先生曾提出来"大国学"的概念，他说："国学应该是'大国学'的范围，不是狭义的国学。国内各地域文化和五十六个民族的文化，都包括在'国学'的范围之内。"也就是说，广义的"国学"，就是中国之学、中华之学，是中华各民族优秀传统文化学术的总称。国学汇通思想学术、典籍制度、百行百艺、礼仪民俗，蕴含国脉、国魂、国本，是中国人的根基所在、尊严所在。从20世纪90年代起，国学热再次兴起，如今方兴未艾。

我国历史悠久，文化灿烂。我们的祖先留下了五千年文化遗产，国学博大精深、包罗万象，可以分为天文、历法、地理、历史、职官、服饰、器物、玉文化、青铜文化、文学、艺术、戏剧、音乐、武术、美食、民俗、礼仪、婚丧、天工开物、百草医药等方面。国学以学科分，可分为哲学、史学、宗教学、文学、民俗学、伦理学、考据学、版本学等；以传统图书类别分，可分为经、史、子、集四部。具体而言，国学是以先秦经典及诸子学说为根基，涵盖两汉经学、魏晋玄学、隋唐佛学、宋明理学，以及同时期的汉赋、六朝骈文、唐宋诗词、元曲、明清小说和历代史学等内容。国学从思想体系上可分为儒、释、道三家。国学的复兴，是时代的呼唤与要求。今天，随着国势上升，我们自然要大力弘扬国学，也要让世界了解国学。了解国学也就是了解我们的历史和现在，也就是了解我们中国人。我们知道，成为文化大国才是真正的强国。在经济全球化背景下，作为一个中国人，我们更应该深入全面地了解我们自己的国学，绝对不能够数典忘祖。

千百年来，国学已渗透到社会的方方面面，直接影响着国人的思想、意识、伦理、道德和行为。国学不仅是中国悠久传统文化的明证，也是每一个中国人的立身处世之本，更是我们不可或缺的精神力量。学习国学，了解国学，继承和弘扬中国文化，是每个中国人义不容辞的责任。作为一个现代人，不能不知道传统，作为一个中国人，不能不了解国学。然而，国学典籍汗牛充栋，国学内容庞杂浩繁，即使穷尽毕生之力，也难通万一。

为了帮助读者更方便、更轻松、更快捷地了解和掌握必要的国学知识，开阔文化视野、丰富知识储备、提高人文修养，编者对浩如烟海的国学知识进行了适当的取舍，选取了具有代表性、实用性、读者感兴趣的内容，辑成本书。全书分为国家政治、思想学术、天人之学、文学、史学、文化艺术、民俗文化、百工名物八篇，涵盖了国学知识各个方面的内容，为读者轻松掌握国学知识提供了一条捷径。书中既有分门别类的严谨解释，又有引人入胜的传略和逸事，可帮助你登堂入室，领略国学的无穷魅力。

本书在广泛收集资料的基础上，力求在"新、奇、趣"上下功夫。"新"就是鲜为人知的，很少被其他书籍提到的知识；"奇"就是不一般，能让人的精神为之一振的事物："趣"即是兴趣，也是趣味，是人们想看、愿意看的东西。同时，书中还选配了百余幅包含多种文化元素的精美图片，与文字相辅相成，使读者身临其境，对国学产生浓厚的兴趣，从中体味到中国文化的博大精深。在走向世界的今天，每一个中国人都应该有良好的国学素养。请翻开本书，走进博大精深的国学长廊，领悟国学的精髓，感受国学的智慧，把握传统文化的脉搏，丰富自身的内涵，成为文化达人。

目录

第一篇　国家政治

第二篇　思想学术

第三篇 天人之学

第四篇 文 学

第五篇　史　学

第六篇 文化艺术

第七篇　民俗文化

第八篇 百工名物

国家政治

职官制度

《 王 》

王最早出现于殷周时期，是对天子的称呼，如商纣王、周穆王。《六书·故疑》言："王，有天下曰王。帝与王一也。"关于"王"的字形含义，《说文解字》解释："三画而连其中谓之王。三者，天、地、人也；而参通之者，王也。"春秋战国时期，周王室衰微，本来称呼为公（如秦穆公、齐桓公）的诸侯们纷纷称王。秦统一全国后，天子称作皇帝，也不再封王。汉代，汉高祖刘邦封赐异姓功臣为王，王自此成为封建社会的最高封爵。后异姓王发动叛乱，刘邦将之尽行剿灭后，封赐宗室子弟为王，并规定后世非同姓不得封王。此规矩为后来历代统治者所遵循，异姓臣子功劳再大最多封侯（但也有统治者对拥兵自雄的武人无力剿灭而被迫对其封王的情况，如清代的三藩王）。西汉时，发生了同姓王叛乱的"七国之乱"，西晋也发生了同姓王叛乱的"八王之乱"。此后的历代统治者均认识到同姓王也不可靠，因此对同姓封王时只是赐其爵号，不再封地。自此，王成为封赐宗室的最高爵位，直至清亡。

《 皇帝 》

皇帝是封建王朝的最高统治者。皇，早期是上天、光明之意，"因给予万物生机谓之皇"；帝，则是生物之主，有生育繁衍之源的意思。在上古时期，"皇"与"帝"都是用来称呼最高统治者的称号，如"三皇五帝"。商周时期，最高统治者一般都称为王，比如商纣王、周文王。皇帝一词的出现始于秦始皇。秦虽二世而亡，但"皇帝"这一称号流传了下来，为后世历代沿用。有人专门统计过，自秦2000多年下来，中国正统王朝的皇帝总共有349位。

秦始皇像

❦ 三公九卿 ❧

三公九卿乃是秦朝时确立的中央官制，三公是古时辅助国君的三个最高官员，九卿是中央政府的九个高级官员。周代曾经出现过"三公六卿"，分别以辅佐皇帝的太师、太保、太傅为三公，以冢宰（总管军政）、司马（负责军务）、司寇（分管刑罚）、司空（负责工程）、司徒（负责民政）、宗伯（负责礼仪）为六卿。后来秦始皇统一六国后，听从李斯建议，建立了以皇帝为尊，以三公九卿为中央官制的中央集权制。三公分别是丞相、太尉、御史大夫。其中，丞相主管全国行政；太尉负责总揽全国军政；御史大夫则负责皇帝与群臣的沟通并监督群臣。九卿分别是：奉常（掌管宗庙礼仪，为九卿之首）、郎中令（领导宫廷侍卫）、卫尉（掌管宫门警卫）、太仆（掌管宫廷御马和国家马政）、廷尉（负责司法）、典客（负责少数民族与外交事务）、宗正（分管皇族事务）、治粟内史（掌管赋税徭役）、少府（负责宫廷财政与皇室手工业制造）。三公九卿的基本构架被汉代沿用，只是具体名称有所变化。丞相被改为"大司徒"，太尉改为"大司马"，御史大夫改为"大司空"；九卿中的奉常变成了"太常"，廷尉变为"大理"，典客成了"大鸿胪"，治粟内史变为"大司农"等，不过其基本职责都变化不大。三公九卿制的建立首次确立了我国中央集权制。另外，可以看出九卿中的大部分官职本来都只是负责皇家家事的奴仆，却纷纷担任起处理国家要务的职责，这也暴露了皇帝制度建立之初皇帝家事、国事不分的粗糙之处。自秦至两晋，各王朝都以三公九卿制为基本的中央官制构架，直到隋朝文帝创立三省六部制，三公九卿制才宣告结束。但事实上，三省六部制仍受到三公九卿制影响。

❦ 宰相 ❧

宰相是我国古代朝廷中的行政首脑。宰相职位最早出现在春秋战国时期，齐国的管仲、秦国的商鞅等都是当时著名的宰相。后来秦朝统一全国后，实行中央集权的郡县制，以分封制为基础的贵族统治阶层消失，官僚组织成了国家机器运行的载体。作为这个官僚组织的首领，宰相一职得以正式确立。但"宰相"只是对最高行政长官的一种泛称，历史上除了辽国曾有过"宰相"这个官职名称外，其他朝代的宰相职位都采用的是其他称呼。秦汉时期行使宰相权力的官职是丞相、相国、三公（大司马、大司徒、大司空）；隋唐以及后来的宋朝，实行三省六部制，宰相职位由中书省、门下省、尚书省三个部门的长官共同担任，官职名称、权力、人数经常有变动，但不出"三省"。具体名称则有内史令、纳言、尚书令、尚书左仆射、参知政事、同平章事等；元代设左右丞相；明太祖朱元璋废宰相制度，内阁首辅成为事实上的宰相；清代行政实权掌握在军机处，军机大臣分满汉两班，两班首领成为事实上的宰相。可以看出，从人选上来讲，宰相是国家政权的一个组织部门，并不一定由一个人担任，其人数经常是有变动的；从功用上来讲，皇帝是作为国家政权的象征，集军政大权于一身，宰相是具体主管全国行政的人，对于任何一个政权都是不可缺少的（即使名义上没有宰相的政权也往往有事实上的宰相）。因此宰相的地位相当高，是区别于一般大臣的。宋代之前的宰相上朝时是唯一可以坐在朝堂上的大臣。只是宋太祖赵匡胤不断扩大皇权，削弱相权之后，宰相地位开始下降，上朝时也没椅子坐了。历史上，皇帝和宰相职权的划分一直都是历代政治的大题目，一般而言，皇权和相权划分得合理时，政权都能运转得很好。划分不合理的，要么皇帝好大喜功，大权独揽，将国家推向战事（如汉武帝），或者出现宦官专政（往往出现于皇权很大皇帝却无能的情况下）；要么宰相专权，架空皇帝（如西汉王莽、东汉曹操、明张居正），甚至出现篡权。

❧ 御史大夫 ❧

御史大夫是秦朝设立的官职，与丞相、太尉合称为三公。御史大夫主要有两个职能，一个是作为丞相副手处理政事，因此有副丞相之称；另一个则是作为监察机构御史台之长，负责监督百官，尤其是丞相。因为秦国实权曾一度被丞相吕不韦掌控，秦王政直到22岁除去吕不韦之后才得以掌握实权，非常担心丞相再度架空自己，于是设置御史大夫来牵制丞相。并且秦汉时期，丞相空缺后，一般由御史大夫补缺，这就使丞相更加忌惮御史大夫，从而得到制衡。汉哀帝时，御史大夫更名为大司空，东汉时又改为司空。大司空和司空仍为三公之一，但均已不再是最高的检察长官，最高的检察官由御史中丞担任。魏晋南北朝时，御史大夫官职又偶有恢复。隋唐之后的御史大夫，除宋代为虚衔外，均为最高的检察官，但不再有秦汉三公的权位。明代改御史台为都察院，御史大夫一职遂废。

❧ 三省六部制 ❧

三省六部制是中国古代继三公九卿制之后的另一套中央政府机构组织形式。三省分别是中书省、门下省、尚书省，六部则是吏部、户部、礼部、兵部、刑部、工部。三省六部制的出现是皇权侵蚀相权的结果。汉武帝时，设尚书台。三国时期，魏文帝曹丕又设另一个秘书机构中书省，以削弱尚书台权力。至晋，皇帝的侍从机构门下省也开始处理政务。至此，由皇帝的小臣组成的"三省"开始成为全国政务中枢。到隋朝，朝廷明令确立三省制度，三省成为正式的政府机构，三省长官共议国政，执宰相之职。至于六部，则是尚书省下设的六个具体部门。汉光武帝时，尚书台已开始分为三公曹、吏部曹、民曹、客曹、二千石曹、中都官曹等六曹尚书分曹办事。后六曹经魏晋南北朝发展演变，至隋唐时期形成吏、户、礼、兵、刑、工六部。后世将三省六部制视作隋朝除科举制度之外的另一个重要制度贡献。三省六部制结束了自汉光武以来的皇帝与政府（以宰相为代表）权限不分的混乱局面，可以说是中国政治史上的绝大进步。三省六部制虽然在唐代以后多有变化，但其基本骨架为后世历代中央政府所采用，尤其六部制度直至清末连名称都未曾变动。

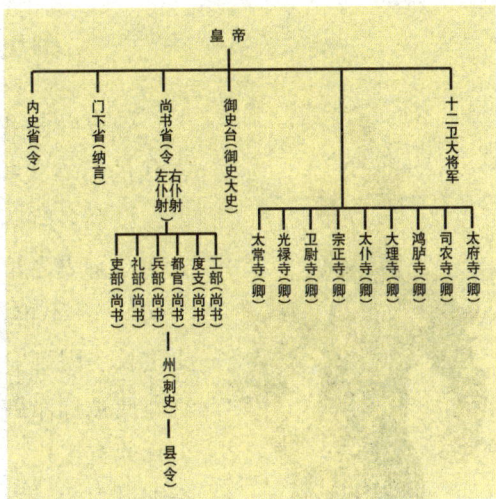

隋三省六部制简表

中书令

中书令是古代一度相当于宰相的官职。汉武帝时，始置中书令，由宦官担任，后来逐渐由皇帝信赖的士人担任。其职责是帮助皇帝在宫中处理政务，并负责直接向皇帝递交大臣密奏。因其为皇帝近臣，一度凌驾于丞相之上，司马迁就曾以太史公的身份担任过此职。东汉光武帝时，尚书台成为全国政务中枢，与尚书工作性质有些相似的中书被冷落。魏晋时期，魏文帝曹丕为牵制尚书台，另外成立中书省，以中书令为其长官。之后中书省日益架空尚书台，成为全国最机要机关，中书令则成为事实上的宰相。其时中书令一般由社会名望与才能俱高者担任，谢安就曾以中书令之职执政东晋。南北朝时，门下省又逐渐取代了中书省的政务中心地位，中书令的宰相位被门下省长官侍中取代。到隋唐之际，三省六部制确立，中书令与门下省长官侍中、尚书省长官尚书仆射共同执掌宰相之权。其中，因中书省是政令的决策机构，而门下省则对政令有审核权，故中书令和侍中被唐人尊为真宰相。唐肃宗后，包括宋代在内，中书令逐渐成为大臣的虚衔，无实权。元代中书令又掌相权，明代朱元璋不设宰相，"三省"俱废，中书令自此不复存在。

御史台

御史台是我国古代监察长官的官署名，同时也指古代的监察机构，其属即为言官。秦代，建立御史制度，设众多监察御史监督政府，并以三公之一的御史大夫为众御史之长。汉代，御史大夫更名为大司空（后改为司空），不再负责监察事宜，其副手御史中丞成为御史之长。因御史中丞一直驻扎在宫中兰台办公，因此其官署便被称作御史台。御史台在后来历代均存在，只是名称偶有变化，另有宪台、兰台、肃政台等称呼。御史台下设三院，一曰台院，其属为侍御史，即监督皇帝的御史，御史中丞初时便是专门驻扎在皇宫里监督皇帝的官员；二曰殿院，其属为殿中侍御史，负责监督皇宫内礼仪等事；三曰察院，其属为监察御史，主要是监督中央政府和地方官员。总体而言，御史台设立的主要目的是监督百官，即"为天子耳目"。御史的品阶一般都不高，多由具清望之人担任，往往不怕得罪官员，越得罪人，名声越大。派往地方的监察官员往往都是由御史台派出，但历代都经常发生监察官员到了地方之后取代原来的地方长官成为事实上的地方长官的事情，比如汉代

武官俑

的刺史，唐代的节度使、观察使都属于这种情况。明代时，太祖朱元璋改御史台为都察院，御史台之名遂废。

唐代五监

唐代五监指的是唐代时的5个负责教育、工程、军需、后勤等事宜的政府机关，分别是：国子监、少府监、将作监、军器监、都水监。唐代五监是将隋朝长秋监改为军器监之后形成的。其中，国子监是负责全国教育及考试的部门，其长官称作祭酒，为正五品上；少府监负责推动和普及农业、手工业技术，主官为监、少监，分别为从三品、从四品；将作监负责宫室建筑、金玉珠翠器皿的制作、纱罗缎匹的刺绣等事，其长官为监，有2名，从三品；军器监负责弓弩盔甲等军需用品的制造，其长官为监，正四品上；都水监负责全国的水运、黄河及其他河流湖泊的治理，其长官为监，正四品。唐代是中国各项制度的一个重要转折

点，该五监的形成使政府机构得到很大完善，社会各项公共事务有了更专门的机构来管理，政府职能得到提高。五监的基本结构为后世历代政府所采用。

《 路、军、府、州 》

路、军、府、州均是宋代的地方行政单位。宋代地方行政区划为三级制，其基本的结构是路、州、县，依次变小。其中，路是最高一级，大略相当于现在的省。宋初时，除路之外，还有一个道，与路为同级别的地方区划单位。后废道，将天下总分为十五路，分别是：京西路、京东路、河北路、河东路、陕西路、淮南路、江南路、荆湖南路、荆湖北路、两浙路、福建路、西川路、峡路、广南东路、广南西路。路的长官称作监司，每路4个。宋代的州由秦汉的郡变化而来，根据面积和人口可分为上、中、下州，长官称知州。县是最低一级行政单位。另外，在路、州、县的基本体制之下，宋代还有一些与州同级但稍微特殊的行政区划单位，府与军便属于此类。府由地位比较重要的州升级而成，分京府、次府。京府为首都或陪都所在地。宋初以都城开封府为东京，陪都河南府（今河南洛阳东）为西京，应天府（今河南商丘）为南京，大名府（今河北大名）为北京，遂有四京府，其余则为次府。州升府一般源于皇帝登基前所封或任官之地，如宋太祖以归德军节度使代周，后来便升归德军所在之宋州（今河南商丘）为应天府。军则是因军事需要而建的地方行政单位，一般在边疆地带，分大军和小军。大军与州府同级，直属于路；小军与县同级，属州管辖。就数量而言，这些地方行政单位并不固定，时有变化。

《 谏官 》

谏官是古代言官的一种。言官即是专门负责监督并提意见的官员。古代言官分两种，一是御史，负责监督政府，谏官则职在监督皇帝。谏官并非正式官职名，而是对监督皇帝的官员的泛称。其最早在春秋时期设立，当时齐国的大谏、晋国的中大夫、楚国的左徒等都属于谏官性质。秦朝时，设谏议大夫为谏官，同时，御史类官职中的御史中丞也有些谏官性质。谏官制度得以正式化是在汉代，当时的光禄大夫、太中大夫、谏大夫、中散大夫、议郎等官职，都属谏官，统一归汉九卿之一的光禄勋管。谏官最活跃的时期是在唐代，当时的谏官机构不断扩大，所设谏官有左右谏议大夫、左右拾遗、左右补阙、左右散骑常侍等。另外，当时中书、门下两省的官员也都有兼职进谏的职责。唐代著名谏官甚多，例

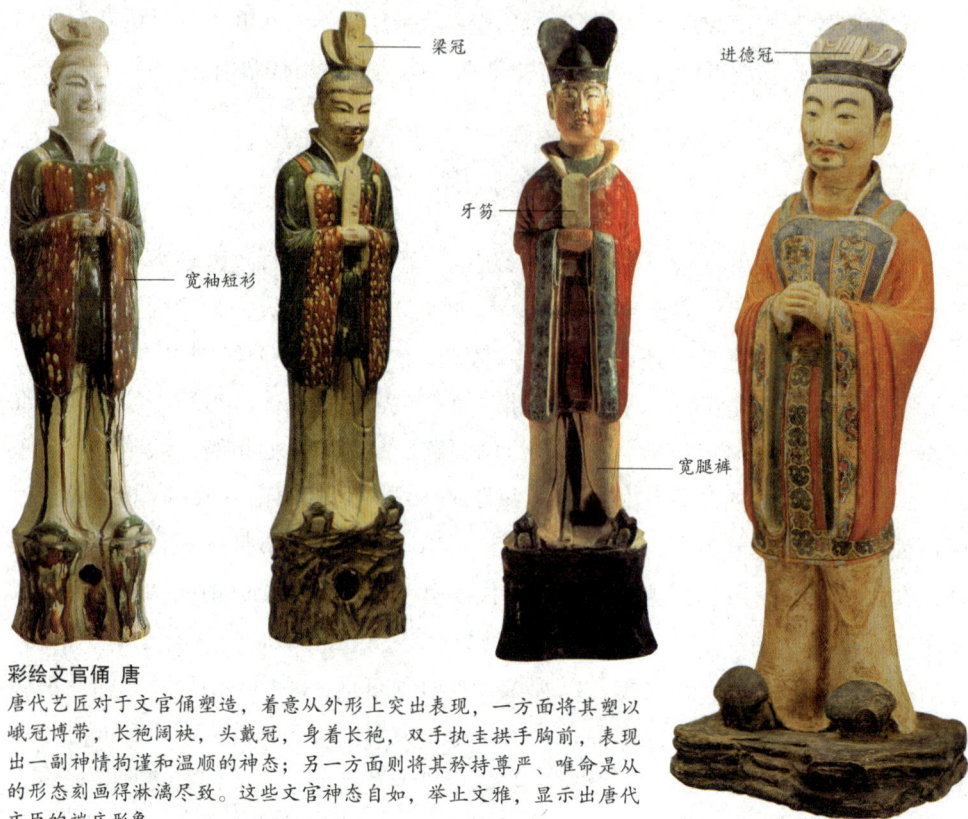

梁冠

进德冠

牙笏

宽袖短衫

宽腿裤

彩绘文官俑 唐

唐代艺匠对于文官俑塑造，着意从外形上突出表现，一方面将其塑以峨冠博带，长袍阔袂，头戴冠，身着长袍，双手执圭拱手胸前，表现出一副神情拘谨和温顺的神态；另一方面则将其矜持尊严、唯命是从的形态刻画得淋漓尽致。这些文官神态自如，举止文雅，显示出唐代文臣的端庄形象。

如魏徵、褚遂良、孙伏伽、萧钧等。著名诗人杜甫、陈子昂、元稹等都任过谏官之职。因唐太宗开纳谏之风，唐代皇帝都比较重视谏官。宋朝皇帝起初也很重视谏官，曾专门将谏官从门下省中独立出来，成立专门的谏院，以左右谏议大夫为长官。但谏院独立后，谏官不再由宰相裁定，而是由皇帝任命，并且可以兼任御史，逐渐由监督皇帝变成了监督宰相和百官。后来，朝廷不再重视谏官，又开始出现蔡京、秦桧等权相。宋代之后，谏官或名存实亡，或名实俱亡。

❧ 宣政院 ❧

宣政院是元代设立的一个掌管全国佛教事宜和吐蕃地区军政事务的中央机关。宣政院原名总制院，由元世祖忽必烈设立，后借唐朝皇帝曾在宣政殿接见吐蕃使臣的典故，改名为宣政院。因蒙古人信奉藏传佛教，因此此院地位相当高。宣政院刚开始以国师八思巴为其长官，后来该职一般由朝廷大臣担任。宣政院官员为僧俗并用，其中设院使2人，后来又增至10人，秩均为从一品，另有几个正二品、从二品的官职。宣政院官职任命不走吏部程序，而是自行任命，与中书省、枢密院、御史台并为元朝四个独立的任官系统。诸路、府、州、县置僧录司、僧正司、都纲司，为宣政院下属地方机构，负责管理各地佛寺、僧徒。总体而言，蒙古人设立宣政院有两个目的，一是掌管全国佛教，二是通过宗教与军政结合的方式控制同样信奉藏传佛教的吐蕃地区。

❧ 行省制度 ❧

行省是行尚书省（后改为行中书省）的简称，本是尚书省派出的一个临时机构，后来演变成为地方最高行政机关。元朝总共分为 12 个大的行政区，除了大都（今北京）为中书省直辖区外，另有 11 个行省。元代行省置丞相、平章、左右丞、参知政事，其行政机构名称和官吏品秩与中央同，全省军事、行政、财政权力集中，由蒙古贵族总领。从行省的划分方法来说，元代行省是从军事角度进行的划分。元代统治者害怕地方反叛，于是使各省边界均犬牙交错，无山川险阻可依，北向门户洞开，形成以北制南的军事控制局面；另外，各省重镇的拱卫之城也都被划分到另一省。一旦一省叛乱，其重镇也很容易被攻下。也正因为此，后来的明、清继承了元代行省制度。元代的行省在后来数量增加不少，名称也有所变化，但就其实质而言可以说是一直沿用的。

❧ 内阁 ❧

内阁是明清时期的最高官署。明洪武十三年（1380 年），朱元璋为加强皇权，以谋反罪杀宰相胡惟庸，从此废去宰相一职并明令后世子孙不得设宰相。这样，全国政务全都汇集到皇帝这里。朱元璋行伍出身，精力充沛，后来又仿宋制设置了一些殿阁大学士作为自己的顾问，还勉强能够应付。到永乐皇帝，因经常外出征伐，对于政务他便有些顾不过来，于是正式建立内阁，以大学士充任阁员，参与机务。内阁刚开始并无实权，但自仁宗起，明朝的皇帝们都只是成长于深宫的娇贵皇子，不具备一个人掌控全国政务的精力和耐性，内阁权力渐重。到成化、弘治之际，内阁已经相当于宰相府。尤其到万历年间，由于万历幼年登基，政务完全由内阁处理，内阁首辅张居正的权力甚至已经超越了以前的宰相。明朝晚期，宦官权力上升，内阁权力开始下降。崇祯时，内阁权力被虚化，明内阁制度名存实亡。

清代刚开始时沿用明朝内阁制度，以满、汉同比例的方式设置内阁大学士，行使相权。但因清帝基本都比较勤政，内阁差不多只是个执行机构，权力远不如明朝内阁大。到雍正时，设立军机处作为最高决策机关，内阁基本上成了一个类似于秘书处的文书机构。但在清代，内阁一直都是名义上的最高官署。

《 大学士 》

大学士是古代官职，最早出现在唐代。唐代曾先后置弘文馆、昭文馆大学士，集贤院大学士。唐代的大学士一般由宰相兼领，只是一种荣誉称号。宋代也曾仿唐制，搞过一些大学士称号，同样只是一种荣誉称号。明代时，朱元璋怕宰相夺权，不设宰相，但自己政务又忙不过来，开始置一些翰林学士到武英殿、华盖殿、文渊阁、东阁中参与政务，称作殿阁大学士或内阁大学士。大学士官阶很低，仅为五品官职，也没什么职权，只是皇帝顾问而已。仁宗以后，大学士往往兼有尚书、侍郎等重职，握有实权，地位尊崇，称为辅臣，内阁首辅成为事实上的宰相。明朝名相张居正就是以内阁首辅的身份行使相权。清代沿用内阁制，置三殿三阁（保和殿、武英殿、文华殿、体仁阁、文渊阁、东阁）大学士，为正一品，设满、汉头目各一人，相当于宰相；又置协办大学士，为从一品，满、汉各一名，相当于副宰相。汉人一般非翰林出身不授此职，我们所熟知的和珅、纪晓岚、刘墉均曾担任内阁大学士或协办大学士之职。雍正时设军机处，取代内阁成为最高政务决策中心，军机大臣成为事实上的宰相，但军机大臣及内外官员之资望特重者仍授大学士，以示尊崇。另外，明清时的大学士也习称中堂。

《 锦衣卫 》

锦衣卫是明朝皇帝的侍卫兼特务机构。其前身为明太祖朱元璋所设的御用拱卫司，洪武二年（1369年）改为大内亲军都督府，洪武十五年（1382年）改为锦衣卫。锦衣卫是朱元璋为强化皇帝对政权的控制而建，其作用有二：一个是作为皇帝的侍卫，与前代的禁卫军作用相同；二是作为一种特务组织充当皇帝耳目，监督百官。明代锦衣卫之所以在历史上很有名是因为它的第二个功能。锦衣卫不仅拥有自己的军队系统，而且拥有独立于政府司法体系之外的司

锦衣卫木印 明
锦衣卫是明代内廷侍卫侦察机关，始建于洪武十五年，专门从事侍卫缉捕弄狱之事，是皇帝的侍卫与目，与明王朝相伴始终。明初朱元璋为加强中央集权，以刑部、都察院、大理寺分典刑狱，称三法司，让其互相制约，如遇重大要案由三法司会审结案。这枚木印是三法司会同刻置的。

法特权，可以绕过政府系统直接对上至大臣、武将，下至普通百姓实施侦缉、抓捕、审问，并拥有自己的监狱。锦衣卫的建立除造成国家司法混乱及朝廷上下的恐怖气氛的负面作用外，也起到了一定的正面作用。如，对于预防官员腐败起到很好的作用，以至于明代官员可算是历代最清廉的官员；另外，锦衣卫还担当了部分国防及情报工作。锦衣卫首领称指挥使，一般由武将担任。后来宦官统领的特务组织东厂成立后，锦衣卫地位逐渐低于东厂。晚明宦官专政时，锦衣卫指挥使见东厂厂主甚至要下跪叩头。整个明代，锦衣卫和东厂、西厂这样的特务组织一直存在，乃是一种酷政，不少学者认为明代即亡于"厂卫"制度。

❧ 东西二厂 ❧

东厂是明永乐皇帝朱棣建立的由宦官掌控的特务机关。因建文帝既年轻有为，又怀柔天下，尊重士人，深得明朝官员拥护。朱棣发动"靖难之役"夺了侄子建文帝的江山，大批官员殉难，剩下的朝廷官员亦不大支持朱棣的新政权。朱棣因此对大臣也都十分猜忌，于是采取了两个措施，一个是迁都北京，另一个便是在锦衣卫之外另建一个更加方便自己使用的特务机关。因朱棣夺江山的过程中，几个太监曾出了不少力（如郑和、道衍），他觉得太监比较可靠，便建立了一个由宦官掌领的侦缉机构。由于其地址位于东安门北侧（今王府井大街北部东厂胡同），因此被命名为东厂。东厂直接向皇帝负责。起初，东厂只负责侦缉、抓人，审讯犯人的权力则在锦衣卫。但到明末宦官专权后，东厂也具有了审问权，并且设有自己的监狱，对百姓乃至官员都可抓捕、审问，成为独立于国家司法体系之外的独立体系。另外，朝廷审理大案，东厂都要派人听审；朝廷各衙门里，也都有东厂人员坐班，监视官员；朝廷各种文件，东厂也都要查看，甚至民间百姓的日常生活都在其侦缉范围内。东厂的人每天在京城各处活动，经常罗织罪名敲诈勒索良民，成为上至朝廷下至民间的一大害。西厂则是明宪宗为强化特务统治所增设的，其人数比东厂更多，权力更大，并且不再局限于京城，而是遍布全国。后因遭反对，存在不久被撤销。东西二厂与锦衣卫共同构成明代的"厂卫"制度。

❧ 军机处 ❧

军机处是清代最高权力机构。清代不设宰相，初时沿明制设内阁作为权力中枢。雍正七年（1729 年），因西北用兵，而内阁在太和门外，恐商议时泄露军机，便在隆宗门内设军机房，选内阁中稳重者入内值班，以随时处理紧急军务。雍正

军机处

军机处的设立，最初是为了西北用兵的需要，开始称军机房，雍正八年（1730年）改名为军机处，雍正十年铸造关防印信，机构不断完善。军机处本为军务而设，但它逐渐部分取代了内阁的作用，成为由皇帝亲信组成的新的行政中枢。军机处的创立，是行政制度的重大改革。

十年（1732年），军机房改称"办理军机处"，后简称"军机处"，并逐渐取代内阁成为清最高决策机构。军机处任职者没有定数，少则三四人，多则六七人，一般由皇帝从满、汉大学士、尚书、侍郎等官员以及亲王中特选，称军机大臣。其属僚称作军机章京，俗称小军机。晚清时，汉族官员中仅有左宗棠、张之洞、袁世凯短时间担任过军机大臣。不过虽然军机处总揽军政大权，却并非是一个正式的国家机关，而只相当于皇帝的一个临时性的秘书处。军机处办公的地方不称衙署，仅称"值房"。军机大臣虽然每日出入宫廷，随从皇帝左右，但既无品级，也无俸禄，其任命只听凭皇帝一人决定。其职责也没有任何制度上的规定，只是随时奉皇帝旨意临时办差。军机处的存在标志着清代的皇帝和政府之间完全失去了平衡，皇权完全凌驾于政府之上。

❲ 总督 ❳

总督是明清时期的地方军政大员。明代实行空前的中央集权，地方长官权力不大，中央经常派尚书、侍郎、都御史等京官至地方安抚军民或主管兵事，事毕复命，称之为巡抚、镇守等。后这些下派官吏统一定名为都御史巡抚兼提督军务（或都御史兼其他事务）这样的名称，负责多方面事务的则称总督，并非正式官职。明朝代宗景泰三年（1453年）设两广总督，自此，总督成为专门官职。此后，又陆续设立凤阳总督、蓟辽总督、宣化总督、三边总督等，先后有12个，所辖地区广狭不等，一般在一省以上。明朝总的治国方略是重文抑武，总督的作用一方面在于以文臣钳制武臣，防止武臣割据；另一方面在于协调各省、各镇之间的关系，统一事权，防止各省、各镇有利互相争抢，无利互相推诿的情况，体现了中央对地方控制权的加强。一般而言，总督由中央政府的显官担任。

清朝刚开始时沿袭明朝的总督制，不过久而久之，总督又成了地方最高长官，俗称封疆大吏。总督辖一省或二三省，先后设有直隶、两江、陕甘、闽浙、湖广（也称两湖总督）、两广、四川、云贵及东三省9个总督。各总督综理军民要政，级别一般为正二品，如加尚书头衔则为从一品。此外，清代还有一些负责专门领域的总督，如专管漕运者称作"漕运总督"、专管河道的称作"河道总督"等。显然，这些专门领域的总督没有封疆总督实际权力大。一般而言，清朝的官员如果被简称为总督的，均指封疆总督。

总理衙门

　　总理衙门相当于清朝的外交部。鸦片战争前，中国没有多少外交事务，与清政府打交道较多的只有一个俄国，另外的朝鲜等国是清王朝的附属国，并不被视为严格意义上的外国。与这些国家的外交事务一般都由清政府设立的本是处理少数民族事务的理藩院一并处理。鸦片战争后，中国与欧洲国家事务日繁，除理藩院外，清政府又委派两广总督专门负责与欧美国家

总理各国事务衙门

的交涉，并特加钦差大臣头衔，称"五口通商大臣"。但欧洲各国不满足以"蛮夷"身份与效率低下的理藩院打交道，同时又认为地方大臣负责外交于制不合，要求清政府成立专门的外交机构。咸丰十年（1860年）《北京条约》签订后，在恭亲王奕䜣等人奏请下，清政府于同治元年（1862年）成立总理各国事务衙门，简称总理衙门。总理衙门头目称为首席大臣，由亲王担任。另外，按照一满一汉的原则下设大臣、大臣上行走、大臣学习上行走以及总办章京、帮办章京、章京等官职。其中，有权的是大臣，人数初为3人，后几人到十几人不等，其首席大臣，先是恭亲王奕䜣做了28年，其后庆亲王奕劻又做了12年。总理衙门下属机构有同文馆、海关总税务司署，名义上，南、北洋通商大臣也归其统属。在职责上，总理衙门最初主持外交与通商事务，后来还负责办工厂、修铁路、开矿山、办学校、派留学生等事，权力越来越大，凡外交及与外国有关的财政、军事、教育、矿务、交通等，全归其管辖，成为清政府的重要决策机构之一。总体而言，总理衙门的设立是中国重新直面世界、同时也是半殖民化的标志。光绪二十七年（1901年），清政府施行宪政改革，总理衙门改为外务部，居于六部之首。

❲ 钦差大臣 ❳

钦差大臣又简称钦差，是明清时一种临时官职。钦，意为皇帝亲自，钦差即是皇帝差遣之意，因此钦差大臣是由皇帝专门派出办理某事的官员。因为代表了皇帝本人，所以其地位十分了得。担任该官职往往都是皇帝信得过的高官，能得此职事本身也是一种荣誉。一般事毕复命后，该官职便取消。其实，皇帝派遣大臣外出办事在我国古代一直都有，但从明代开始，担任这种职事的官员才有了"钦差大臣"这种固定的称谓，其地位也高出以往历代此类大臣，这也与明代实行高度的中央集权制有关。清代更是实行空前的中央集权，派遣钦差更加频繁。清代钦差又称钦使，统兵者则称钦帅，驻外使节称钦差出使某国大臣。比如，当年林则徐到广州禁烟即是以钦差身份前往。总体而言，明清两代，钦差大臣的流行，与此两代均不设宰相，皇帝权力空前强大有关。

❲ 可汗 ❳

我国古代鲜卑、柔然、突厥、回纥、蒙古等少数民族的最高统治者叫可汗。其妻叫可敦。例如《木兰诗》："昨夜见军帖，可汗大点兵。"

❲ 天子 ❳

古代君主的称号。《礼记·曲礼下》："君天下曰天子。"古代认为君权是神授的，君主秉承天意治理人民，故称君主为天子。

"天可汗"唐太宗像

❲ 丞相 ❳

始于战国，为百官之长。到了秦代，在皇帝以下，主要由两府一寺组成中枢机构，两府指丞相府、太尉府，一寺指御史大夫寺。丞相府的首长是丞相，基本职责是辅助皇帝治理国政，丞相被尊称为相国，通称宰相，在大臣中，权力最大，官职最高。西汉初期，称相国，后来改称丞相，与太尉、御史大夫合称三公。西汉末年，改称大司徒；东汉末年，复称丞相。三国、晋、南北朝时，或称丞相，或称司徒，或称大丞相，或称相国。

从察举到科举

❮ 世卿世禄制 ❯

卿是古代的高级官吏，世卿世禄中的"卿"不仅指卿，还泛指卿、大夫、士等一系列官吏。"禄"是古代官员的俸禄，世卿世禄制即是指西周时期的周王室和各诸侯国的卿大夫等官吏可以父死传子，世袭此职，世代享有该职俸禄。有学者认为世卿世禄制开始于商朝，但并无确切的资料提供证明，可考的世卿世禄制见于西周时期。西周初年，周王室分封宗室和功臣，册封了一千多个诸侯国，而在周天子直接统治的地区和各诸侯国内，则进一步册封卿为治国的官员，卿下面则为大夫，再下是士。这些官员都有一定的封地，他们在对自己的上一级领主负责的同时，在各自封地内则享有世袭统治权。但也有学者对此提出异议，认为西周并没有实行世卿世禄制。比如在《尚书·立政篇》中载有周公对西周选官方针的阐述。在这篇文献中，周公一再强调：选拔官员时，要"俊（进）有德"，择用"吉士"、"常人"。可见，这里选拔官员的标准乃是有才德。有学者进一步提出，世卿世禄制的真正实行是在春秋中后期，这时许多诸侯国的卿大夫把持了诸侯国的政权，成为事实上的诸侯王。成"王"之后的卿大夫死后，自然是其儿子继承他的权力，继续掌控诸侯国政权，这才真正实行了这种世卿世禄制。总而言之，世卿世禄制是一种关于早期官员的权力和待遇的有效时限的制度，全面或部分地存在于商周时期。秦统一六国后，基本被废除。

❮ 春秋战国的养士 ❯

养士是春秋战国时期一种比较独特的选官途径。国君和贵族公子，把才德兼备或者有某方面特殊才能的人才，招揽起来，养在自己身边，时机

士的崛起
战国时期，养士之风盛行，著名的"战国四公子"都有养士千人。养士与主人之间建立起一种新型的隶属关系。张仪、苏秦便出自于这样的阶层。

适合时，就从中挑选人才，选派官职。齐国的孟尝君、魏国的信陵君、楚国的春申君、赵国的平原君，就是当时以养士著名的四大公子。

❨ 察举制度 ❩

察举制度是流行于汉代的一种人才选拔制度。秦朝建立后，商周时期的官员世袭制彻底终结，秦还未建立起系统的人才选拔制度便短世而亡。汉代时，建立了察举制。察举，即由诸侯王、公卿、郡守推荐人才给朝廷，作为官员来源。察举对象既可以是平民，也可以是官吏。具体分为两科，一为常科，即定时定人数举荐；二为特科，并不定期，由皇帝根据需要下诏举行。其中，常科是由各地郡守每年向朝廷举荐孝者、廉者各一名，后来统一称为孝廉；特科则具体包括贤良文学、明经、有道、贤良方正、敦厚、明法、阴阳灾异等名目繁多的诸科。另外，秀才刚开始为特科，后来也成为常科，并逐渐形成了州举秀才、郡举孝廉的体制。这些被察举的人才到朝廷后，还要经过考试，通过后才算过关。察举制度基本保证了王朝对行政人才的需求。察举制度在西汉时比较严格，但到东汉后期，政治腐败，权贵豪门请托舞弊，察举制度失去原本的效用。后来鉴于察举制的弊端，三国时期的曹魏政权建立新的人才选拔制度——九品中正制。但整个魏晋南北朝，察举制度虽不再是选拔人才的主渠道，但一直存在，直到隋朝科举制度建立，才宣告终结。

❨ 举孝廉 ❩

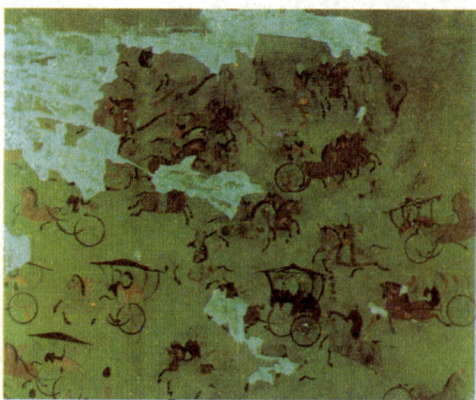

举孝廉图 西汉

汉代选官以察举和考试为主体，察举是经过考察后进行荐举的选官制度，盛行于西汉。孝廉、茂才等常科和特科成为察举制度实践的具体途径。图为内蒙古和林格尔墓壁画举孝廉图。

举孝廉可以说是汉代在继承战国及秦朝的人才选拔制度的基础上，进一步摸索出来的一套人才选拔方式。汉武帝时，鉴于郎官制度的人才选择面过窄和早期察举制的不定时，采用董仲舒的建议设置了举孝廉制度。举孝廉事实上是察举制度的一种，因为汉代推崇儒家的孝道，它规定各地郡守每年要向朝廷推荐孝者、廉者各一人，作为国家人才，后来统称为孝廉。

孝廉举至中央后，并不立即授以实职，而是入郎署为郎官，作为皇帝的侍从。其目的一方面在于考察其能力，另一方面也是使之熟悉行政事务。孝廉在宫里待几年后，一般便能被任命到地方上做官或者留在中央任职。举孝廉后来成为汉代人才选拔的最重要途径，"名公巨卿多出之"，是政府官员的重要来源。西汉的举孝廉比较严格，被举者如被发现不合标准，举者要承担责任，被贬秩、免官。但到东汉后期，由于政治腐败，孝廉名额基本被各郡里的大门第之家所垄断，举孝廉制度名存实亡，时有童谣讽刺："举秀才，不知书；举孝廉，父别居。"魏晋之际，九品中正制代替了举孝廉，但明清时期的举人仍俗称孝廉。

九品中正制

九品中正制是魏晋南北朝时期的一种官吏选拔制度，最早由三国时期的曹魏政权所创。三国时期，一方面由于乱世之中的士人大多流离失所，主要凭借宗族乡党评价的汉代举孝廉制度在操作手段上已经不太现实；另一方面，曹操为加强政府对人才选拔的控制力，采取了下派专门官员到各处评定选拔人才的方法。后来曹丕为拉拢士族，将这种办法定为制度，即九品中正制。其具体操作方法是由政府在各州郡派驻名为中正的官员，中正依据家世、道德、才能三个角度评议各州郡中人物，具体分为九品，分别是：上上、上中、上下、中上、中中、中下、下上、下中、下下。中正将评议结果汇报中央，中央则根据中正的评议结果来对这些人才分别委以官职。九品中正制初行时非常有效，为曹魏政权有效地遴选了大量的人才，当初曹操帐下之所以人才济济与此制度不无关系，这也是魏国最终得以统一三国重要的制度保障（晋实际上是魏的继续）。但到魏国晚期及晋朝，由于门阀政治的兴起，中正们评议人才逐渐忽略才德，而仅以家世为标准，所选人才基本为世家大族，以至于出现"上品无寒门，下品无士族"的局面，九品中正制仅是士族统治的工具。到南北朝之际，由于北方政权多为少数民族建立，九品中正制更趋衰微。到隋朝科举制度建立，九品中正制遂废。

科举制

科举制度是中国自隋至清1300多年间实行的一种选官制度。科举制度可以说是中国古人经过不断摸索所创立的制度。中国官员的来源，先是经过商周时期的世袭制，后又经历汉代的察举征辟制，再到魏晋的九品中正制，均因其弊端而终止。至科举制，才算固定下来，成为中国长时间的一种官员选拔制度。在1000多年的时间里，大体而言，科举制度经历了一个发端、完善到僵化的历程。隋朝

科举考试图

是科举制度的初建时期，当时的隋文帝鉴于魏晋南北朝的九品中正制已不再适用，为加强中央集权，将选官权力收到中央手中，首开科举制度。但科举制度尚未建立完善，隋朝便亡；至唐代，科举制度才得到了进一步的完善，根据朝廷需要的不同人才类型被分为众多科目，武则天时还添加了武举；到宋代，科举进一步规范化，正式形成三年一次、分三个等级（乡试、会试、殿试）的考试制度；明代由于朝廷的重视，科举考试到了繁盛期；清代在科举繁盛的同时，由于满、汉不平等以及晚清卖官现象的泛滥，也成了科举制度的衰败乃至灭亡期。就不同时期科举制的优劣而言，大体上，科举制在唐代时比较健康，当时的科举氛围比较宽松，不唯考试论人。考官往往在考前已经大体知晓哪些考生比较有才华而准备录取，也允许考生经别人推荐或自荐在考前向考官"推销"自己。至宋代，试卷实行糊名制，开始产生仅以一考定终身的弊端。至明清两朝，科举繁盛的表象之下，八股文的考试内容彻底使其僵化，逐渐弊大于利，终至废止。

总体而言，科举制度可以说是一项相当高明的官员选拔制度，不仅为历代政权源源不断地输送了总体上质量说得过去的官员，而且不以出身、门第、财富，而以学问作为官员选拔标准的做法使得中国长期以来存在尊重学问和读书人的风尚。可以说这是中国文化得以长期维系并不断创新的重要原因。另外，儒家思想之所以长期以来得以传承，科举考试可以说是其载体。

《 常科 》

唐代科举考试名目繁多，总体分为常科和制科。常科，即是常设的、有固定日期的考试科目。具体包括秀才、明经、进士、俊士、明法、明字、明算等五十多种。其中明法（考法律知识）、明算（考数学知识）等绝大多数科目不为人们所重视；秀才一科，则难度极高，很少有人敢报名，逐渐废弃。诸常科中最为人们所重视的是明经、进士两科。其中明经是考察考生对于儒经的记忆和理解情况；进士则主要考诗赋和策论，对考生的文学才能和政治见识有相当高的要求。

明经科相对简单，录取率也高，达到十分之一；而进士科则非常难，录取率仅有六十分之一，因此时有"三十老明经，五十少进士"的谚语。但进士科前途远大，仕途光明，唐朝中后期的宰相半数为进士出身，成为当时读书人入仕的首选途径。常科考生的来源有两个，一是生徒，一是乡贡。由京师及州县学馆出身，而送往尚书省受试者叫生徒；不由学馆而先经州县考试，过关后再送尚书省应试者叫乡贡。宋代王安石任宰相时，罢黜明经等科，之后的常科便只剩下进士科。

❰ 制科 ❱

唐代科举在常设的常科之外，又有非常设的制科。制科又称大科、特科，是皇帝根据特殊需要临时下诏安排考试，具体科目和结束时间均不固定，其目的在于有针对性地选拔某一类特殊人才。应试人的资格，初无限制，官员和布衣主要觉得自己有自信，均可自荐应考。后限制逐渐增多，需公卿推荐方可应考；布衣还要经过地方官审查。制科考试虽然由皇帝亲自主持，考中者往往也能获得不错的官职，但总体而言，在唐人眼中非是正途，在官场遭到轻视。唐代制科比较盛行，宋代渐趋衰微，整个宋代仅录取41人而已。至元、明，制科完全废弃。清代时，制科又开始设立，清初，康熙沿唐制重开博学鸿词科，其后雍正、乾隆又一度开此科；清末因政府财政困难，光绪又开经济特科。

❰ 进士科 ❱

进士科是古代科举考试的一个科目。隋炀帝时初设进士科，到唐代时，在多达五十多种科举考试科目中，进士科最受重视，被读书人视为科举正途。其考试内容，刚开始为时务策五道，另外帖一大经（当时将《易官义》《诗经》《书经》《周礼》《礼记》称为大经，《论语》《孟子》称为小经），即5个关于时事政治的论述题，另外则是考察其对于儒家经典的掌握情况。永隆二年（公元681年），为考察考生对学问的实际应用能力，又加两篇诗赋，这对考生的文学才能提出了更高的要求。事实上，诗赋本对个人灵感的依赖性比较大，在考场上强迫考生做诗赋，效果

选科而考（常举）

明经（考儒家经典）、进士（对策和诗赋）、明法（考律令）、明算（考数学）等。武则天时创立武举。

进士及第

取得做官的资格，除武举成绩优异者直接得官外，其余需参加吏部考试。

参加尚书省吏部考试，是为铨选，又称释褐试。惟五品以上官不用参加吏部铨选，由宰相提名，再由皇帝任命。

吏部考试及第者授以六品以下官，否则放回待选。

隋唐科举考试程序

并不理想，往往逼考生造就大量浮薄怄怩之辞。北宋时，王安石改革科举制度，罢其他诸科，唯留进士一科作为科举科目。针对进士考试中的虚浮现象，王安石罢诗赋，仍用经义、策论取士。之后进士科又具体分为两个层级，仅考中乡试者，虽算及第，有做官资格，但称举人，不称进士；殿试考中，才称作进士。其后的元、明、清的常规科举考试，也仅有进士科，其内容仍以经义为主，但明、清时的八股文制度则使其严重僵化。

《 翰林院 》

翰林院听上去像个学术机构，实际上是个官署，这个官署可以说在其存在的历代都是清贵之所。翰林院初建于唐代，最有学问者方有资格入中，称作翰林官，简称翰林。翰林刚开始只是作为皇帝顾问，后在皇帝身边待多了，权力也逐渐大起来。安史之乱后，翰林学士作为皇帝信得过的近臣，逐渐开始分割宰相之权，乃至后来的宰相经常从翰林学士中挑选。唐后，有时名称小有变动，翰林院这个机构本身为历代所沿设。宋代设学士院，也称翰林学士院。翰林学士充皇帝顾问，宰相多从翰林学士中遴选。明代翰林院虽名义上仅是五品衙门，其权力却发展至顶峰，尤其由翰林学士入值的文渊阁，是明朝的权力枢纽机构，其头目内阁首辅则是事实上的宰相。清代翰林院同样是人人想进的清贵之所，翰林不仅升迁较他官容易，而且由于经常主持科举考试，得以收取天下士子为门生，文脉与人脉交织，其影响延至各个领域。因此，翰林院可以说是古代政府中学问与权势都达到顶点的一个机构，翰林也就是传统社会中层次最高的士人群体，能入院者首先是一种荣耀。鉴于翰林院的特殊地位，因此历代能入院者都是当时饱学之儒，年轻后进则至少要进士资格才能入内。明代定制，状元、榜眼、探花可直接入翰林院，其他进士则要经过考察方可入内。

《 童试与乡试 》

童试并非正式的科举考试，而是取得参加科举考试资格的考试。其在唐宋时称县试，明清时称郡试。清代的童试3年举行2次。童试总共分3个阶段，分别为县试、府试和院试。其中，县试一般由本县知县主持，考试内容为八股文、诗赋、策论等，考试合格方可参加府试。府试由知府或知州主持，考试内容与县试差不多，合格者参加院试。院试由主管一省教育的学政主持，院试合格，就是秀才了，也叫"生员"，秀才便具有了到政府公立学校学习和参加科举考试的资格。

乡试是正式科举考试的第一关，在各省省城和京城举行，每 3 年举行一次，遇皇家有喜事则加恩科。考试通常在八月举行，因此又名"秋闱"。由皇帝钦命正副考官主持，凡秀才、贡生（生员中成绩优秀者）、监生（国子监学生）均可参加，考试内容分 3 场，分别考四书五经、策问、诗赋，每场考 3 天。在乡试中，每个考生只是和本省内的考生展开竞争，类似于现在的高考。乡试考中，称为举人，第一名举人称为解元。举人便具有了做官的资格，并且还可以进一步到京城参加会试，考取进士。因此，考中举人，古人读书做官的梦想就算基本实现了。但因举人名额有限，乡试这一关是相当不容易过的，不知有多少读书人将一生耗费在了这场考试上，写出了不朽名著《聊斋志异》的清代小说家蒲松龄就一直未能跨过这道坎儿。

❦ 会试 ❧

会试是科举考试中第一场国家级的考试，考生们的对手不再局限于本省之内，而是和全国范围内的才俊们展开角逐。因为会试之后的殿试基本上只是排定名次，不再淘汰，因此会试可以说是一场选拔进士的考试。明清时期的会试每 3 年在京城举行一次，在乡试次年举行。如遇乡试开恩科，则会试同样随着在次年开恩科。会试只有各省举人和国子监监生才有资格参加，主、副考官均由皇帝钦点。因为由礼部负责主持，又在春天举行，因此又称"礼闱"或"春闱"。会试考 3 场，每场 3 天。考中者称为贡士，第一名称为会元。考中了贡士，基本上就是未来的进士了。明初只按排名录取，仁宗时规定会试按地域分配名额。因南方富庶，文气盛于北方，按照南六北四的比例录取进士。后来比例偶有调整，但按地域分配名额的制度一直沿用至清末。这种制度保障了文化相对落后的边远省份在科考中有一定数量的进士，进入国家政治中心地带，这有利于保持落后地区的发展和对朝廷的向心力。

❦ 殿试 ❧

殿试是古代科举考试中的最后一级，由皇帝亲自主持。殿试最早由武则天设置，但并没有形成制度。后来宋太祖赵匡胤鉴于唐末出现科考官员结派的"牛李党争"的教训，在原来两级考试的基础上又加了一级由自己亲自主持的殿试。这样，取士的最终决定权便转移到了皇帝手中，新科进士都变成了"天子门生"。这便有效地防止了官员尤其是宰相利用科举考试认门生，进而结党营私的事情。

殿试图

此图描绘学子们正在完成皇宫中皇帝举行的殿试。明朝科举考试内容为八股文，也称制艺、制义、时艺、时文、八比文；因题目取于四书，又称四书文。八股文是封建统治者扼杀人才、钳制思想的工具。

自此，殿试制度确定下来，为后世历代所沿用。

殿试是科举考试的最后一级，由皇帝亲自主持和出题，并定出名次。参加殿试的是通过了会试的贡士。殿试只考一题，考的是对策，为期一天。相比于前面的考试，殿试的内容是相对轻松和简单的，并且殿试一般都不再淘汰人，能参加者基本上都已是进士，殿试只是将所有人排出次序。至于排名如何，除才华学识外，给皇帝一个好印象至关重要，因此还看点运气。殿试结果的录取名单称为"甲榜"，又称"金榜"，所谓"金榜题名"即指此。具体分为三甲，一甲只取3人，第一名为"状元"，第二名为"榜眼"，第三名为"探花"，剩下的分在二甲三甲。

❦ 状元及第 ❧

状元及第，即中状元，意思是在科举考试中考得进士第一名，是古代读书人的最高荣誉。

科举考试开始于隋朝，其时进士排名不分先后，没有状元一说。到唐朝，科举考试开始正式化，士子先在地方考中贡生（相当于后来的举人）后，才有资格参加在京城举行的考试，进一步考取进士，进士第一名称为"状元"。之所以称为"状元"，据说是因为进京考试的贡生先要到礼部填写包括自己的身世和近况的个人资料，名曰"书状"，或者"投状"。因此后来考得进士第一名的就是这些"投状"中的第一名，故称之为"状元"，或者"状头"。唐代的状元并没有太多的象征意义。到宋代，状元又不再指进士第一名，而是对于殿试三甲中一甲的统称，即进士前三名均可称为状元。明清之际，殿试一、二、三名，分别称为状元、榜眼、探花。自此，状元成为名副其实的第一名，其地位也日益特殊，自古有"天上麒麟子，人间状元郎"的说法。中状元也有了"独占鳌头"、"大魁天下"等听上去霸气十足、睥睨天下的说法，并成为中国读书人"一朝成名天下知"的象征。因此在古代许多文艺作品中，往往都以书生考中了状元作为剧情发展的高潮。另外在民间，传统的吉祥图案中也有大量"状元及第"类的图案，反映了人们对于状元及第这种事情的崇拜。

据史书记载，从唐代科举考试开始，至清光绪三十年（1904 年）最后一次科考，其间历代王朝有名有姓的文状元 654 名，武状元 185 名。其中历史上比较有名的有唐代的贺知章、王维，宋代的文天祥，明代的杨慎，清代的翁同龢、张謇等，而历史上最后一名状元，是清光绪三十年（1904 年）的刘春霖。

榜眼、探花

"榜眼"是古时人们对科举考试中第二名进士的称呼。

在北宋之前，第一名称状元，第二、三名都称为榜眼。原因是填进士榜时，状元的姓名居上端正中，二、三名分列左右，如其两眼。到北宋末年，只以第二名为榜眼，第三名则称探花。

"探花"一词则比"榜眼"出现得早，在唐代便有，但其时并非进士第三名的意思。唐代中进士者会游园庆祝，并举行"探花宴"。由进士中的年龄最小者作为"探花使"，到各名园采摘鲜花，迎接状元，这本是一种娱乐。至北宋末年，"探花"成为进士第三名的专门称呼。

"状元"、"榜眼"、"探花"都只是一种俗称，在正式发放的金榜之上，只会称进士一甲第一名，一甲第二名，一甲第三名。

进士

进士是中国古代科举考试最高一级的功名。隋唐时期，设有诸多科目，其中进士科最为人们所重视，视为入仕正途。宋代，科举的三级考试制度正式形成，乡试中榜者称举人，会试中榜者称贡士，殿试中榜者则称进士。之后历代，进士功名成为古代读书人科考金字塔的塔顶部分，同时也最难考，得中进士是古代无数读书人的终极梦想。其中，进士又具体分为三甲，一甲 3 人，赐进士及第，分别俗称状元、榜眼、探花；二、三甲，分赐进士出身、同进士出身。得中进士者一般都前途光明，一甲立刻可授官职，二、三甲则参加翰林院考试，学习三年再授官职。明清时期的官吏主要由举人和进士充任，其中举人基本上充任了县级官吏；而进士则一般都是备作中央官员，即使发放到地方上做小官，也都只是历练一下，将来自有比较好的升迁前景。每次科考进士录取人数，各朝不一，唐代较少，一次仅录取二三十人乃至几人；宋代较多，一般几百人，多时上千（当时举人无做官资格）；明清时期，因举人有了做官资格，进士录取人数下降到100人左右，且为平衡各地发展，往往按地域分配名额。

自隋唐至清，在我国1300多年的科举制度史上，考中进士的总数大约有10万上下。总体而言，这是一个才能卓著的群体，古代许多大政治家、文学家、学者都是进士出身，如唐代的王勃、王昌龄、王维、岑参、韩愈、刘禹锡、白居易、柳宗元、杜牧等，宋代的范仲淹、欧阳修、司马光、王安石、苏轼兄弟等，明代的张居正、徐光启等。

《 举人 》

"举人"一词最早得名于汉代的察举制度，被举荐者称为举人。唐代时，报考进士科的考生均称举人。宋代，举人方才成为乡试考中者的称呼。但宋代的举人只是具有了参加京城会试的机会，并无做官机会。并且，举人的资格仅是一次性的，如果在接下来的会试中没有被录取，则参加下次科举时，还要重新参加乡试，再次取得举人资格方可参加会试。而到了明清时代，举人的含金量才高起来，进退都比较从容。进，可参加京城会试，乃至殿试，向进士出身冲刺，且举人资格终身有效，这次不中，下次科举可直接参加会试；退，举人则已经具备了做官的资格，一旦朝廷有相应官职出缺，举人便可顶上。一般举人所任官职都是知县、候补知县，或者教谕、训导等县级教育长官，也有个别任知府的。因此，明清时期的读书人一旦中举，也便是基本上实现了读书做官的愿望。即便是不再参加会试暂时没官做，也会像《儒林外史》中中举的范进那样自有人前来巴结，送上银子，生活水准步入富贵阶层。总体上，举人构成了明清两代低级官员的主流来源。

《 秀才 》

"秀才"一词最早出现于春秋时期，原本并非属于科举功名的范畴，也不特指读书人，而是相当于现在的"俊才"、"英才"。汉武帝时期，朝廷推行官员选拔制度改革，"秀才"与"孝廉"一起成为地方官员举荐的两种优秀人才。东汉光武帝时期，为避光武帝刘秀名讳，"秀才"改称为"茂才"，三国曹魏时期，又改回"秀才"。至隋朝科举制度开科取士，最初也称为"取秀才"，这时的"秀才"成了考中功名者的指称。唐初，科举考试中设立秀才科，刚开始时秀才科第最高，因要求非常高，很少有人敢于问津。后来秀才科被废除，"秀才"一度成为读书人的统称。宋代时，凡是参加科举府试的人，无论考中与否，都称为"秀才"。

明清之际，秀才的意思逐渐固定下来。这时的秀才有一定门槛，参加科举考试的读书人，经过院试，取得入学资格的"生员"才可称为秀才。考中秀才之后，可以说是十年寒窗初步获得成果。进，可以去考取举人，一旦考中，便正式进入为官的士大夫阶层；退，则可以开设私塾。秀才虽然没有国家俸禄，但可以获得一定的特权，比如免除赋税、徭役，可以直接找县官提建议等。于是秀才这个最低功名成了明清两代出身贫困的读书人科举考试的"歇脚所"。他们往往一边通过教书获得经济来源，一边继续考取功名。但因为竞争激烈，许多人也就一辈子待在这个"歇脚所"了。

❧ 荫生 ❧

明清时期凭借上代余荫取得监生资格的被称为荫生。按入监缘由的不同，荫生又可具体分为多种名目：明代按其先代的品秩入监者称为官生，不按先代官品而因皇帝特恩入监者称为恩生；清代因皇家有喜事开恩得以入监者称为恩荫，由于先代因公殉职而入监者称为难荫。清代的一些荫生的科举试卷经常单独改卷，称之为官卷。总体而言，荫生与汉代的"任子"制度类似，乃是皇家对于官员子弟的一种仕途直通车政策，这种政策基本上历代都有。

握笔文吏俑　唐

❧ 蟾宫折桂 ❧

蟾宫折桂本意是攀折月宫桂花，古人用以比喻科举得中。蟾宫，即是嫦娥所住的广寒宫，据说由蟾蜍幻化而成。另外传说广寒宫中有一棵高五百丈的桂树。《晋书·郤诜传》中："武帝于东堂会送，问诜曰：'卿自以为如何？'诜对曰：'臣鉴贤良对策，为天下第一，犹桂林之一枝，昆山之片玉。'"说晋武帝有一天在东堂接见大臣，问大臣郤诜自我感觉如何。郤诜将自己比喻成月宫中的一段桂枝，昆仑山上的一块宝玉。此后，人们便经常用月宫桂枝来形容有才能的人。隋朝之后，科举制度开始。因为每年的乡试一般都在刚好在八月，所以人们便将科举应试得中者称为"月中折桂"或"蟾宫折桂"。《红楼梦》第九回中林黛玉听说贾宝玉要上学了，就挖苦宝玉道："好！这一去，可定是要蟾宫折桂去了。"关于此成语，古代的不少地方还有相关风俗，科考之年，应试者及亲友都用桂花、米粉蒸做广寒糕相互赠送，取科场高中之意。

❖ 科举四宴 ❖

科举四宴指的是古代科举考试结束后，朝廷为中榜者进行庆祝的四个例行宴会，其中文、武科举各有两个。

鹿鸣宴。此是为文科举乡试后的新科举人们举行的宴会。此宴起于唐代，后世一直沿用。该宴由地方官吏主持，除邀请新科举子外，考场工作人员也都会被邀请。之所以取名为"鹿鸣宴"，是因据说宴会上要唱《诗经·小雅》中的"鹿鸣"之诗。

琼林宴。此是为文科举殿试后的新科进士们举行的宴会。此宴始于宋代，当初宋太祖赵匡胤首开殿试制度，并规定殿试后为新科进士们设宴庆贺。因为宴会在当时都城开封城西的皇家花园琼林苑里举行，故名。琼林宴后来改名"闻喜宴"，元、明、清时，称作"恩荣宴"。

鹰扬宴。此是为武科考举乡试中榜的武举人举行的宴会。一般在发榜第二天举行，参加者为主考官和新科武举人。鹰扬，意为威武如鹰击长空，与文举子的"鹿鸣"相照应。

会武宴。此是武科举殿试发榜后为新科武进士们举行的庆祝宴，该宴自唐代产生武举之后便有，一般在兵部举行，规模浩大，比鹰扬宴要排场许多。

鹿鸣宴

学制和教育

《 学制 》

学制即学校的教育制度，涉及学校的性质、培养目标、入学条件、修业年限等各个方面。夏商时期，已经有了官立的学校，当时称作序或庠，到西周时期，学校的建制已经较为发达，《礼记·学记》记载："比年入学，中年考核。一年视离经辨志，三年视敬业乐群，五年视博习亲师，七年视论学取友，谓之小成；九年知类通达，强立而不反，谓之大成。"意思是讲，每年入学一次，隔年考核一次。一年考察辨明志向，三年考察是否专心和亲近同学，五年考察是否博学和亲近师长，七年考察是否有独立见解和择友能力，这些都达到了，就是小成，意味着已经掌握了基本的知识和技能；如果到九年的时候可以做到触类旁通，坚强独立而不违背师训，就是大成，意味着学业已经达到了成熟的水平。西汉武帝时设立太学，是中国古代学制的一项重要进步。太学并无明确的学习年限规定，但考试十分严格，西汉时每年考核一次，方式是"设科射策"，相当于今天的抽签答问，东汉中期改为每两年考核一次，通过者就授予官职，否则留下继续学习。隋唐时期的官学开始对学生年龄和学习年限做出明确规定，例如律学招收学生的年龄当在18到25岁之间，学习年限为六年，考试分"旬考"、"岁考"、"毕业考"三种，旬考内容为十日之内所学课程，不及格者有罚；岁考内容为一年之内所学课程，不及格者留级；毕业考及格则取得科举资格，否则勒令退学。北宋王安石在太学实行"三舍法"，即将生员分为外舍、内舍和上舍三个等级，生员必须依照学业程度，通过考核，依次晋升。元代又将学生分为三等六斋，通过考核积分逐级升斋。明代沿用了元代的积分制，入国子监就读的学生必须先入低级班，一年半以后，学业通过者升中级班，再过一年半，"经史兼通，文理俱优"者升入高级班，而后采用积分制，按月考试，一年积满八分为及格，这样就可以待补为官。到了清代，积分制已有名无实，毕业时间全凭年限来计。

隋唐之后，科举制度与教育制度相结合，虽然科举制度有着积极的一面，但是也存在着严重的消极因素，使得教育成为科举的附庸，影响了社会和学校对人才的更为科学和全面的培养。

❧ 太学的变迁 ❧

正始石经 三国

魏正始二年（公元241年）立，又名《三体石经》，用古文、篆书和隶书字体书刻，建于洛阳太学门前（今洛阳市偃师县）。石经共27块，后佚失，自宋以来屡有残石出土。

"太学"之名出现于西周，在周代是教育王室和贵族子弟的场所。汉武帝时，董仲舒提出"兴太学，置明师，以养天下之士"的建议，于是建元六年（公元前135年），作为国家最高教育机构的太学正式设立。太学在最初建立时规模很小，仅有博士弟子（即太学生）几十人，后来规模不断扩大，以至有数万人之众。汉末董卓之乱中，太学被毁，曹丕称帝后，恢复了太学。晋武帝时再度大规模地扩张太学，一时人数又达万余，但是西晋迅即灭亡，太学再次被毁。十六国时期，虽然也曾设置太学，但是政治环境动荡无序，太学并不能够进行正常运转。及至北魏孝文帝迁都洛阳后重建太学，太学方才出现复兴的局面，然则北魏分裂后，太学又一次走向衰落。到唐代统一之后，太学才又获得了良好的发展条件，体制和规模逐渐趋于完备。唐宋两代可谓是太学的极盛时期，南宋灭亡后，太学被废，国子监成为元、明、清三代的国家最高教育机构。

❧ 国子监 ❧

国子监是中国古代的中央最高学府和教育管理机构。晋武帝咸宁四年（公元278年），始立国子学，设国子祭酒和博士各一员，掌管教导诸生（即经过考试录取的生员）。北齐改国子学为国子寺。隋文帝时，复改寺为学，不久又废国子学，仅立太学，免除祭酒，设太学博士，总领学事。隋炀帝即位后改太学为国子监，复置祭酒，这一体制在后代沿袭下来。唐宋时期，国子监作为国家的教育管理机构，统辖国子学（与太学的区别是，国子学专以高级统治者之子弟为教育对象）、太学、四门学（四门小学，因初设于京师四门而得名）、律学（法令之学）、书学（书法之学）和算学，以及弘文馆和崇文馆（负责收藏和校理书籍）。在国子监学习的人叫监生。国子监一般仅设于京师，但也偶有例外，唐高宗龙朔二年（公元662年），又在东都洛阳设立了一个国子监，与长安国子监合称"两监"。明成祖北迁后，南京国子监仍保留，这样在明代就有北京和南京两处国子监。清末改革学制，国子监在光绪三十二年（1906年）并入新设立的学部，结束了长达1600余年的发展历程。

❰ 稷下学宫 ❱

稷下学宫是战国时期位于齐国都城临淄稷门之旁的讲学场所，设立于齐桓公田午时期，齐威王即位后，为了选贤任能与革新政治，扩大了学宫的建设，齐宣王时期，学宫趋于鼎盛，到齐国末代国君田建的时候，走向衰落，并随着齐国的灭亡而一同消失。稷下学宫广泛招徕天下贤士，容纳不同的学派，学术气氛非常浓厚，一时尊为闻名列国的文化圣地，孟子和荀子都曾任职于此。稷下学宫于存在的150年里，为战国时期学术思想的繁荣发展作出了重要贡献。

❰ 同文馆 ❱

同文馆是中国最早专门培养翻译人才的教育机构，同时也从事翻译和出版方面的工作，清同治元年（1862年）创立于北京，亦称京师同文馆，隶属于总理衙门，设管理大臣、专管大臣、提调、帮提调及总教习、副教习等职，由英国人赫德任监察官，并实际操纵馆务。同治八年（1869年），美国传教士丁韪良开始担任总教习，占据此职达25年之久。同文馆最初设英文、法文和俄文三班，后来陆续增加德文、日文、天文、算学等班，招生对象开始限于14岁以下的八旗子弟，第一批入学者仅十人，以后扩大招收年龄较大的八旗子弟和汉族学生，入学学生逐年增多，其后只招收正途人员，即科举出身的举人、进士和五品以下的京外官员，且年龄均在30岁以下，学生毕业后大多担任政府译员、外交官员、洋务机构官员、学堂教习等。同文馆是清政府开办的采用班级授课制的第一所洋务学堂，在教学之外，还附设有翻译处和印书处。光绪二十六年（1900年），因八国联军入侵，同文馆停办，两年后，并入京师大学堂。

❰ 京师大学堂 ❱

京师大学堂，是中国第一所国立综合性大学，诞生于戊戌维新运动期间。1898年6月11日，光绪皇帝在《明定国是诏》中强调："京师大学堂为各行省之倡，尤应首先举办，著军机大臣，总理各国事务大臣，会同妥速议奏……以期人才辈出，共济时艰。"7月3日，光绪批准了由梁启超起草的《奏拟京师大学堂章

大学堂匾 清

程》，原来的官书局和译书局均并入大学堂。根据章程，京师大学堂不仅是全国的最高学府，而且也是全国教育的最高行政管理机关。9月26日，即戊戌政变后的第五天，慈禧太后颁布谕旨，以"大学堂为培植人才之地"而准予继续兴办，京师大学堂成为变法维新得以保留的唯一成果。年底，大学堂正式开课，有诗、书、易、礼四堂和春秋二堂。1900年，八国联军入侵北京，京师大学堂暂时停办。1902年，大学堂恢复，进行革新，设预备科、大学专门分科和大学院三级。预备科分为政科和艺科，分别相当于现今的理科和文科，学制为三年，毕业后可升入大学专门分科，并给予举人出身资格。大学专门分科相当于后来的大学本科，共设政治、文学、格致、农业、工艺、商务和医术七科，学制3～4年，毕业后可升入大学院（相当于后来的研究生院）深造，并给予进士出身。大学堂另设速成科，分仕学、师范两馆，学制3～4年，毕业后可任初级官吏或学堂教习。同年，京师同文馆并入京师大学堂。1903年，大学堂创办进士馆、译学馆和医学实业馆，并增设经济科。辛亥革命后，京师大学堂改名为北京大学。

《私学》

私学即古代的私立学校。西周之前，教育是贵族阶层的专利，学校也全是由官方兴办的，到春秋时期，原来的一些贵族子弟由于代际的递变而降为士乃至平民，其中的一部分人开始在民间授徒讲学，开创了私学的风气。孔子对私学的发展作出了重大的贡献，使得私学真正地能够与官学相抗衡。战国时期，私家授学更是极为普遍，呈现出百家争鸣的繁荣局面。秦王朝统一之后，开始禁止私学，汉代以后，随着政治与文化大一统的实现，官学获得空前的发展，同时民间私学也逐渐恢复，再度兴盛起来，但已失去先秦时期所具有的那种自由的学术和思想氛围，教育内容也与官学趋同。两宋时期，书院兴起，私学显现出新的景象，教学方式变得灵活起来，教学内容也更为丰富，但是元代之后，书院也趋于官方化，失去了原有的活力。至于广泛存在的私塾，则普遍传授的是启蒙阶段的教育。总体来看，自秦汉以来，私学主要承担的是作为官学之辅助的角色，尽管如此，私学对古代社会的发展仍然发挥了巨大的作用，与官学相辅相成，共同建构了中国古代的教育体系。

❦ 六艺 ❧

"六艺"，即礼、乐、射、御、书、数，是中国古代教育中要求学生掌握的六种基本的才能。"六艺"的提法最早见于《周礼·保氏》："养国子以道，乃教之六艺：一曰五礼，二曰六乐，三曰五射，四曰五驭，五曰六书，六曰九数。"礼，即礼节，"五礼"指的是吉礼、凶礼、军礼、宾礼和嘉礼；乐，即音乐，"六乐"指的是云门、大咸、大韶、大夏、大濩和大武等古乐；射，即射箭，"五射"指的是五种具体的箭法，分别为白矢、参连、剡注、襄尺和井仪；御，即驾驭马车，"五驭（御）"指的是五种具体的驾车技艺，分别为鸣和鸾、逐水曲、过君表、舞交衢和逐禽左；书，包括识字和书法，"六书"指的是象形、指事、会意、形声、转注和假借；数，即算术，"九数"指的是九九乘法表。

❦ 孔门十哲 ❧

"孔门十哲"指孔子弟子中最优秀的十位贤哲，指的是子渊、子骞、伯牛、仲弓、子我、子贡、子有、子路、子游、子夏。"孔门十哲"这种说法的依据为《论语·先进第十一》所记载的孔子的一段话："从我于陈、蔡者，皆不及门也。德行：颜渊、闵子骞、冉伯牛、仲弓；言语：宰我、子贡；政事：冉有、季路；文学：子游、子夏。"孔子说的是跟随自己在陈国、蔡国经历困苦的人现在都不在身边了，表达了对这些学生思念的情感，然后

孔子讲学雕像

这组雕像是人们为纪念孔子讲学、传授儒家思想而雕刻的。相传孔子有弟子三千，贤者七十二人。正因为有了他们，儒家思想才得以传承发展。

分为几个方面叙述了这些学生的长处之所在，列举出了这十人。颜渊，就是颜回，字子渊，是孔子最为欣赏的学生，才学品性俱为优好，出身贫贱，不幸早亡；闵子骞，即闵损，以德行著称，洁身自守，坚持不仕；冉伯牛，名耕，不幸染恶疾，令孔子十分感叹；仲弓，即冉雍，出身微贱，父亲行为不端，因而受人轻视，孔子为其辩护，他的宽宏厚重的品性很为孔子称赞；宰我，即宰予，字子我，曾提倡缩短三年守丧的期限，受到孔子的谴责，因为善言辞，孔子曾派他出使齐、楚等国；子贡，即端木赐，长于雄辩，精于处世，是春秋时期著名的富商，子贡曾为孔子守墓

六年，体现出非同寻常的师生情谊；冉有，即冉求，字子有，生性谦谨，具有出色的政治和军事才能，曾因为帮助季康子聚敛民财而受到孔子的严厉批评；季路，即仲由，字子路，因曾担任季氏的家臣，所以也被称为季路，出身贫苦，性格豪爽，为人耿直，勇力超拔，在卫国的内讧中被杀；子游，即言偃，在鲁国的武城为官时倡行礼乐，深为孔子赞佩；子夏，即卜商，才思敏捷，经常与孔子讨论文学，时有不凡的创见，在孔子身后，儒家的许多经典都是通过子夏传授下来的。

❮ 四大书院 ❯

"四大书院"指中国古代历史上最为著名的白鹿洞书院、石鼓书院、应天府书院和岳麓书院。白鹿洞书院位于江西庐山五老峰南麓的山谷中，始建于唐代，李渤（公元773～831年）任江州刺史期间，在旧日隐居的地方广植花木，增设台榭、宅舍和书院，这就是白鹿洞书院的由来。书院的得名是因为李渤青年时期在此读书时曾养过一只白鹿，所以他读书的地方被称作白鹿洞。南唐升元四年（公元940年），白鹿洞建立学馆，称"庐山国学"，这是一所类于金陵国子监的高等学府。北宋初年，江州的乡贤明起等在白鹿洞正式创办"白鹿洞书院"，但不久即废，直到著名学者朱熹重修书院并主持书院的建设，白鹿洞书院才开始闻名四方。

石鼓书院位于湖南衡阳北面的石鼓山，唐宪宗元和年间（公元806～820年），李宽始在此地建庐读书，宋太宗于太平兴国二年（公元977年）赐"石鼓书院"的匾额，但是20年后此地才正式建立书院。宋仁宗景祐二年（1035年），石鼓书院再次得到御赐匾额，从此步入书院的鼎盛时期。周敦颐、苏轼、朱熹、张载、茅坤等众多知名学者都曾在石鼓书院执教讲学。

应天府书院，亦称睢阳书院，原址位于今河南商丘市，为后晋杨悫所创，与其他几大书院设于山林胜地不同，应天府书院居于繁华的闹市。宋真宗景德二年（1005年），将宋太祖的发迹之处宋州改名为应天府，取的是应天顺时之义，三年后，当地人曹诚上书请示拨款修建书院，经应天府知府上报朝廷，得到批准，第二年，宋真宗正式赐额为"应天府书院"。庆历三年（1043年），宋仁宗下旨将应天府书院改为南京国子监，使其成为北宋的最高学府之一，盛极一时。晏殊和范仲淹都曾先后主持过书院的建设。北宋末年靖康之难中，应天府书院被毁。

岳麓书院位于湖南长沙岳麓山东侧，紧邻湘江，宋太祖开宝九年（公元976年）由潭州太守朱洞创建，宋真宗咸平四年（1001年）赐以书院匾额，大中祥符五年（1012年）周式承接主持工作后，书院得到迅速发展，日益繁荣，后朱熹参与书院的建设，使得岳麓书院臻于鼎盛。

❦ 私塾 ❧

私塾是中国古代私人设立的教学场所，由早期的塾发展而来。《礼记·学记》追述西周的学制说："古之教者，家有塾，党有庠，术有序，国有学。"所谓"塾"，就是乡学的一种形式。私塾在春秋时期就已产生，但"私塾"这一称谓是近代才有的，在古代，私塾被称为学塾、乡塾、家塾、教馆、书房、书屋等，其中有塾师自己创办的学馆，也有地主、商人等富裕的人家聘请塾师而成的家塾，还有用祠堂、庙宇的地租收入或私人捐款兴办的义塾。塾师多为落第秀才或老童生。学生的年龄差异很大，小至五六岁，而年龄大的则有 20 岁左右的，但是以十二三岁以下儿童为主。一家私塾的学生少则一二人，多则可达三四十人。学生在入学的时候要向孔子的画像进行叩拜，而学制很为灵活，可长可短，教育的内容以启蒙为主，《三字经》、《百家姓》、《千字文》、《千家诗》等是常用的基本教材，同时注重礼节和品德的培养。私塾虽然大多限于教育的低级阶段，但是作为乡间启蒙的基本形式，两千多年间，与官学相辅相成，对于文化的传承和人才的培养发挥了巨大的作用。

❦ 东林书院 ❧

东林书院，位于江苏无锡，创建于北宋徽宗政和元年（1111 年），是当时的知名学者杨时长期讲学的地方，因杨时号龟山，所以又被称为龟山书院，至于"东林"之名则来源于杨时游庐山时所作的诗题"东林道上闲步"。东林书院在宋代曾为一时之盛，后来废置。元顺帝至正十年（1350 年），僧月秋潭在此地建东林庵，书院自此成为僧人的居所。明代成化二十年（1484 年），僧人信谅又加重修。万历三十二年（1604 年），被罢黜的顾宪成，偕同其弟顾允成，又联合高攀龙、安希范、刘元珍、叶茂才、史孟麟、薛敷教、钱一本等人，为继承杨时讲学遗志，共同筹款重建东林书院，并形成所谓的东林党人，志于世道，躬身践履，讽议朝政，裁量人物，指陈时弊，锐意图新，对明末的政治产生了很大的影响，而东林书院也成为明代最为知名的书院之一。

东林书院旧迹

明朝末年，宦官专权，朝政昏暗，一批清正的士大夫在东林书院讲论时事，评议朝政，被宦官集团称之为"东林党人"。后来宦官集团和东林党人展开了激烈的斗争，许多东林党人被冤杀。图中建筑为东林书院旧迹。

❧ 洋务学堂 ❧

洋务学堂是清末洋务运动中为培养新的实用人才而创办的以学习西方科技文化为主的新式学堂。它的出现标志着中国在与西方文化全面接触后所发生的第一次具有现代化意义的教育改革，完成了中国近代教育价值观念的转变，由此开启了中国大规模学习西方的热潮。一般认为，创办于1862年的京师同文馆是第一所洋务学堂，而其发展历史则在中日甲午战争后随着洋务运动的结束而一同终结。洋务学堂将"中学为体，西学为用"作为主导思想，其类别大体包括外国语学堂、军事学堂、技术学堂三种，前后共创办了二三十所。由于管理体制的落后、文化观念的保守、官员的腐败以及帝国主义对中国发展的遏制等因素，洋务学堂发展缓慢，并未引领中国走向富强。尽管如此，洋务学堂在40年的发展历程中还是作出了相当的历史贡献，更新了陈旧的教育思想，培养了中国最早的科技和外语人才，对清末的戊戌维新和科举制的废除等重要变革也都产生了积极的影响。

❧ 留学生 ❧

留学生意为正在外国学习的学生，有时也指已经学成归国的人员。这个词是日本人创造的。在唐代，日本为了学习中国的先进文化，曾多次派遣唐使来中国。遣唐使是外交使节，在中国停留的时间不能过长，不便于进行系统而深入的学习，所以日本政府后来派出遣唐使的时候就一同派遣"留学生"和"还学生"。所谓"留学生"就是不随遣唐使一同回国而依然留在中国学习的人员，"还学生"则与遣唐使一同回国。后来，"留学生"这个词就沿用下来，泛指留居外国学习或研究的学生。

❧ 因材施教 ❧

因材施教，指教师要根据学生自身不同的个人情况，进行有差别的有针对性的教学，从而使得每个学生都能够扬长避短，获得最好的发展。中国古代伟大的教育家孔子是因材施教的典范，《论语·先进第十一》记载，子路问："闻斯行诸？"子曰："有父兄在，如之何其闻斯行之？"冉有问："闻斯行诸？"子曰："闻斯行之。"公西华曰："由也问'闻斯行诸'，子曰'有父兄在'；求也问'闻斯行诸'，子曰'闻斯行之'。赤也惑，敢问。"子曰："求也退，故进之；由也兼人，故退之。"对于"闻斯行诸"（听到就去做吗）这一同样的问题，孔子对子路和冉有两个不同的提问者做了两种截然不同的回答，子路性情豪放，行事鲁莽，所以孔子要约束他，冉有则在做事的时候总是退缩，所以孔子要鼓励他。这是因材施教的一个典例。

学、思、习结合

将学习、思考与实践相结合，是孔子所明确主张而反复强调的教育思想。《论语·子张第十九》说："博学而笃志，切问而近思，仁在其中矣。""博学"就是广泛地学习，"笃志"就是坚持自己的志向，"切问"就是恳切地求问，"近思"就是认真地思考当前的问题，做到了这四点，也就会掌握仁德之义了。这句话虽然是子夏说的，但也体现出孔子的观点，这里提到了 4 点，实际也可以归结为两个方面，就是学和思，而笃志可以看做是学习的态度，切问可以看做为思考的表现。《论语·为政第二》说："学而不思则罔，思而不学则殆。"其意为，只是读书而不思考，就会变得迷惘而无所知；只是思考而不读书，就会产生疑惑而不得解。这就是说，将读书与思考割裂开来单独进行都不会得到好的学习效果。《论语·卫灵公第十五》说："吾尝终日不食，终夜不寝，以思，无益，不如学也。"这表达的也是将学习和思考结合起来的重要性。孔子不仅认为学习与思考应当很好地结合，也强调应当将学习与实践密切地联系起来，《论语·学而第一》说："学而时习之，不亦说乎？"表达的意涵也就是提倡不能仅仅关注于书面的学习，还要把学到的知识时时地应用到实践中去。

广博专精

广博与专精，是学习的两个维度，这两个维度必须有一种很好的统一关系才能够达到最佳的学习效果。在学习过程中，广博与专精相互依存，相互补充。广博是专精的基础，专精是广博的升华；广博离开了专精就会转化为杂乱，专精离开了广博又会转化为孤陋。取得广博与专精的和谐是一条基本的学习规律。孔子主张博学，但是也强调必须有一个中心来把广博的知识依照一个纲领贯穿起来，即所谓"吾道一以贯之"，也就是以简驭繁，使所学的知识博而不失其精，专而不害其广。《论语·雍也第六》所说的"博学于文，约之以礼"就集中地体现了这种深刻的认识。

古代礼制

❀ 宗法 ❀

宗法是我国古代规定一个家族内成员的权力等级秩序的制度。宗法制度是古代氏族父系家长制的延续，萌芽于商周时期，成熟于西周、春秋时期，其核心是嫡长子继承制。简而言之，即是嫡长子对于上一代的权力、地位及财产具有合法的继承权，是为大宗；其他儿子在这些方面只能有低一个等级的继承权，是为小宗。大宗对于小宗具有统辖权，小宗必须以大宗为尊。不过，大宗、小宗只是相对的概念，而非绝对。比如周代天子的嫡长子继承君位为大宗，其余分封为诸侯的儿子们为小宗；诸侯的嫡长子相对于天子仍是小宗，但相比于分封为卿大夫的兄弟们，则是大宗了。但总体上，宗族会在一定范围内形成一个有绝对权威的大宗以及族长，统领全族。周朝时的宗法制度主要是存在于贵族内部，并且因当时的各级政府便是由各级贵族的家族所掌控，因此当时的宗法与国法是混淆在一起的。

自秦开始，贵族统治模式的解体使得宗法制度与国家行政逐渐区分开来，退守到家族之内。基本上所有的宗族都制定了相应的族规，一个宗族的族长通过祠堂集神权与族权于一身，并通过族规对族人拥有统率、处置和庇护之权，并且国家法律也承认这种权力。事实上，由于古代政府均是一种小政府，其权力体系只下延到县一级，因此县以下的秩序维持很大程度上便是依靠宗法秩序的自我维持。尤其宋明以后，宗族制得到统治阶级的更大支持，族权布满农村社会各个角落的众多宗族，成为仅次于政权的权力体系。

汉初分封示意图

❦ 五礼 ❧

五礼是形成于周代的五大类礼仪，分别是：吉礼、凶礼、军礼、宾礼、嘉礼，其最早记载于《周礼》。五礼并非由周人所创立，其中的诸多礼仪是在夏商周一千多年的时间里逐渐形成的，到西周时期，周人对三代的礼制做了总结并将其归纳为此五类。其中，吉礼是五礼之冠，主要是对天神、地祇、人鬼的祭祀典礼；凶礼是哀悯吊唁忧患之礼，用以礼哀死亡、灾祸、寇乱等；军礼是与军事有关的礼仪，用以战前动员，鼓舞士气；宾礼是对于来访的宾客所实施的礼仪，以示尊重；嘉礼比较琐碎，用于国家或人民日常生活中对于比较高兴的事情的庆祝。五礼在西周形成之后，在春秋战国时期曾一度遭到破坏，即所谓"礼崩乐毁"。孔子所创立的儒家学派对周代礼制进行了继承和发扬，汉代时，儒士叔孙通以五礼为参考所设计的礼仪被汉高祖采纳为宫廷礼仪。自此，五礼成为后世历代帝王乃至民间礼仪的基本骨架，为后世国家政治的稳定和社会运转的有序提供了保障。五礼在后世历代都有所发展，其所涉及的范围不断扩大，内容日渐增多。以宋为例，各类吉礼已达 43 种，嘉礼 27 种，宾礼 24 种，军礼 6 种，凶礼 12 种，加起来总有 112 种。这些礼仪有形或无形地存在于国家政治和人们日常生活的各个方面，并深入人心，每个人都自觉不自觉地以其为行为规范，中国被称为礼仪之邦正源于此。

❦ 吉礼 ❧

吉礼是古代五礼之一，并居五礼之冠。吉礼是有关祭祀的典礼。其主要的祭祀对象可大体分为 3 类，分别是天神、地祇、人鬼。其中，天神包括昊天上帝、日月星辰、司中、司命、雨师等；地祇包括社稷、五帝、五岳、山林川泽等；人神包括宗庙、孔子等。吉礼的举行往往是一种国家政治行为，由统治者主持。在诸多的祭祀活动之中，尤为统治者所重视的是祭祀宗庙、社稷、天地、孔子。宗庙，也叫太庙，是皇帝先祖的祠堂，一般建在王宫前面，明、清两朝的宗庙就建在紫禁城外；社稷，是指土神和谷神。祭祀土社、谷神的地点一般称社稷，在古代，它是国家的象征。古代礼制规定，"左宗庙，右社稷"，社稷坛一般建在王宫前的右侧，与太庙对称；祭祀天地，在古代又称为"封禅"，十分隆重，由帝王亲自前往泰山举行，一般是比较有作为的皇帝才有此举动；祭祀孔子也是历代非常重视的仪式，是国家礼制的一部分。一般由大臣前往主持，有时皇帝亲自前往。

❮ 斋戒 ❯

中国古人的斋戒在佛教传入中国之前就已经存在，是参加祭祀前所做的一些清洁身心的准备。所谓斋，指的是主动意义上的沐浴更衣、凝聚神思；戒，则是防范意义上的杜绝欲望和欢娱，如禁止饮酒食辛、性行为以及各种娱乐活动等。中国早期有"三日斋，七日戒"的规定，其目的在于表示对于所祭祀的鬼神的虔诚，同时也是使人通过几天在身心方面的准备，最终能够心无杂虑，澄明清澈，以与鬼神进行精神相交。需要指出的是，早期的斋戒中并不禁食鱼肉荤腥，而只是禁食葱、蒜、韭菜等辛辣食物。事实上，人们在斋戒时往往还专门吃鱼肉荤腥。因为古代祭祀程式复杂，时间很长，有时一连几天，对人的体力要求很高，因此古人专门食肉以补充体力。只是在南北朝后受佛教影响，斋戒才逐渐与素食联系起来。后来，斋戒一词又被用以表示出家人必须遵守的清规戒律。即八关斋戒：一不杀生，二不偷盗，三不淫邪，四不妄语，五不饮酒，六不坐高广大床，七不涂饰香及歌舞观听，八过午不食。

❮ 祭品 ❯

用茶祭祀先祖

祭品是古人祭祀时给鬼神献上的礼品，一般都是古人认为比较贵重和美好的。最常见的祭品便是五谷、瓜果蔬菜、酒、动物等。各种祭品之中，动物最贵重。而在古代六畜之中，马是用来打仗的，不允许随便杀死。剩下的五畜之中，个头最大的牛、羊、猪成了最重要的祭品。因周朝初建时，牛是从雅利安人那里引进的新鲜物种，数量还比较少，比较珍稀，故被用来作为最高规格的祭品；羊当时也是刚从藏族人那里引进的新物种，数目也不多，被放在第二位；而猪为华夏族人最先驯养，是最普通不过的家畜，放在最后。作为祭品，牛、羊、猪三牲齐备叫"太牢"或"大牢"，只有天子才有资格用；只有羊和猪叫"少牢"，供诸侯或大夫之用；只有一头猪，则称为"特豕"，供低级贵族之用。天子或诸侯祭祀时，一般用毛色纯正的牲畜，称为"牺牲"。祭祀结束之后，鬼神自然不可能真的吃了祭品，因此天子或诸侯往往将祭品分赐臣下，称为"赐胙"。至于普通百姓，祭祀时一般只是根据节令摆放一些时鲜蔬谷，加上一些相宜的肉蛋类。不过，后来随着社会经济的发展，原为贵族专用的祭品，平民也可以用了。

❧ 礼器 ❧

礼器是我国古代贵族在举行祭祀、丧葬、庆祝等礼仪活动时所使用的器物，往往象征着使用者的身份、地位和权力。礼器大体上可分为四类，一类是用以盛放食物的食器，包括鼎、簋、鬲、盂、俎等；一类是酒器，包括爵、角、觚、尊、壶、卣、方彝、觥等；还有用以盥洗的水器，有盘等；再有就是用以标明身份尊贵的玉器和束帛（往往合称玉帛）。其中，玉器包括璧、璋、琥、琮、圭、璜等；束帛则是扎成捆的丝织品。因玉帛在古代被广泛用于各种典礼，因此经常被当作礼器的代名词。

诸多礼器之中，鼎是最具象征意义的。鼎本来是用来煮饭的器具，由青铜铸成，或圆形三足，或方形四足。做饭时，直接在其下烧火即可，因此相当于现在的锅，同时又附带了灶的功能。后来其被用来在祭祀时装胙肉。古代贵族往往在鼎的外面上铸上自己祖先的功绩，然后藏之宗庙。不同身份之人的鼎的数量和装饰不同，天子九鼎，饰以黄金；诸侯七鼎，饰以白金；卿大夫五鼎，饰以铜。禹当年曾用天下诸侯贡献之铜铸造九鼎，象征九州。此后，鼎便成了天下的象征。

❧ 丧礼 ❧

丧礼是安葬并悼念死者的礼仪，属于"五礼"之中的凶礼。在古代诸多礼仪之中，丧礼产生得最早。周朝时，丧礼已经形成了一系列繁复而严格的规定，孔子将丧礼说成是孝的一部分，主张对父母"生，事之以礼；死，葬之以礼"。因此古人十分重视丧礼，由专门以此为职业的人主持。其具体过程大体上可分为报丧、入殓、出殡、守丧几个步骤。死者去世后，亲属先要将死者去世的消息告诸亲戚、朋友、同事等，叫作"报丧"。这些被报丧的人则会陆续前来吊唁。然后是对死者举行"殓"的仪式。其中，给死者穿上专门的衣裳称作"小殓"；尸体入棺，称为"大殓"。"殓"之后，棺材放在家中等待下葬，叫作"殡"。"殡"者，意为将暂时未曾离家的死者当作宾客。殡的日期不固定，几天到几十天不等，待选定吉日和墓地便可下葬。下葬事宜称作出殡送葬，亲人、朋友、故旧等往往要一路随棺木到墓地，为死者送行。送葬时，根据与死者关系的亲疏，送葬者的孝服也可分为五种，称为"五服"。安葬之后，亲属根据孝服的不同有不同的守孝期。最短的三个月，最长的三年，乃是死者儿子的守孝期。期间，守孝者在饮食、衣着、起居等方面受到一系列约束。其实，这只是丧礼的大致程序，具体过程中还有很多琐碎的规定，比如对于哭就有诸多规定。

在历史发展的过程中，丧礼产生了不少演变，比如佛、道兴起后，水陆道场一度成为丧礼的一部分；不同地区的丧礼也逐渐形成了一定的地方色彩。总体上，中国的丧礼比较讲排场、爱热闹、好攀比。另外，死者只要寿终正寝，而非夭亡，在古人看来这是值得高兴的事情。因此，相对于婚姻庆典的"红喜事"，丧事又叫做"白喜事"。现代，中国在大部分古代礼仪已经丧失的情况下，丧礼应该是保存最完备的一种礼仪了。

❀ 葬仪 ❀

葬仪指安葬死者的方式。因中国是多民族国家，不同民族的安葬方式往往各具特色，因此中国存在土葬、火葬、水葬、鸟葬等诸多葬仪。就汉民族来说，早期人们一般实行土葬。这与汉民族作为农耕民族，重视土地有关。在古汉人眼里，人是由土地所养育的，因此死后回归土地相当于回家。《礼记·祭仪》中说："众生必死，死必归土。"与汉族不同，早期的一些少数民族则实行火葬。如《墨子·节葬》中曾记载在秦国西边的一个西羌人建立的义渠国中，"其亲戚死，聚柴薪而焚之"，称之为"登遐"（升天）。佛教传入中国后，由于佛教高僧死后，一般都实行火葬，因此火葬一度在汉族佛教徒中流行，以至于宋太祖曾明令禁止。南宋时，由于偏于一隅，人多地狭，火葬一度盛行。其后的明清时期依然如此。水葬一般是聚居于河流湖畔或海边的民族流行的习俗，他们一般将死者放于木筏上，任其漂流，这是因为他们以水族为食物，往往视水为自己的归宿。鸟葬多流行于牧猎民族，他们往往将亲属尸体放于郊野或高山之巅，任鸟啄食，认为这可使死者魂升入天界。另外还有悬棺葬、树葬、玉敛葬等葬仪存在于其他一些少数民族中。

❀ 陵寝 ❀

陵寝是古代帝王的坟墓。春秋时期，厚葬之风盛行，死者的墓越建越气派。其中，最气派的当然还是帝王之墓，一般称为"陵"。陵，本是山丘的意思，以之来称呼帝王之墓，也可见其规模之庞大。战国时，秦惠王规定："民不得称陵。"

自此，陵成了帝王之墓的专称。因古人相信人死后灵魂还要继续在地下"生活"，故帝王墓旁建有寝宫。另外，墓外还建有一系列用于装饰和祭祀的石雕、殿堂等。因为陵寝是一个以其墓穴为中心的庞大建筑群，故称"陵园"。

武帝茂陵　汉
被称为"中国的金字塔"。位于西汉 11 座帝陵的最西端，是汉诸陵中规模最大的帝王陵。

陵寝真正的大规模化，始于秦始皇。其陵寝高 120 米，底边周长 2167 米，37 年始建成，极尽豪华之能事，并设计了相应的机关防止盗贼。其后的历代帝王都沿袭了秦始皇的做法，往往不惜巨资，并调遣当时最高明的匠人参与建造。因此帝王的陵寝是古代留下来的极其珍贵的艺术品。一般一个朝代的帝王陵寝都会建在一起，形成一个陵寝群，其地点往往在其都城附近。如西安附近的唐陵、河南巩义市境内的宋陵、北京昌平区境内的明代十三陵、河北遵化市的清东陵和河北易县的清西陵。

❨ 避讳 ❩

避讳是中国古代特有的现象，指的是在口头或书面提到某个人的名字中含有的字时，避开此字。关于避讳的原则，《公羊传·闵公元年》中曾言："春秋为尊者讳，为亲者讳，为贤者讳。"这是古代避讳的一条总原则。其中的尊者，主要是指古代皇帝，有时也指贵族和官员；亲者指自己的长辈；贤者则指孔孟等圣贤。而避讳的方法，主要可分为 3 种：改字法，即将所避讳的字改作另一字，比如东汉时，秀才因避光武帝刘秀的名讳而改称茂才。又如苏洵的祖父名序，苏洵将文章中的序改称为引，至今沿用。空字法，即遇到避讳的字时，空开不写，读者也往往心领神会。缺笔法，即在写到这个字时，故意少写一笔。除此之外，古代还有其他的一些避讳法。当年吕后当权时，因其名雉，人们遇到雉时都改称野鸡；清乾隆时，为避顺治帝福临名，天下百姓不得贴"五福临门"；陆游的《老学庵笔记》记载，宋代田登做州官时，自避名讳，州中都将"灯"字称为"火"字。元宵节时，官府发布告曰："本州以例放火三天。"以至于百姓有"只许州官放火，不许百姓点灯"的讽刺。到后来，甚至连皇帝的属相也要避讳。比如因宋徽宗属狗，当时曾一度禁止民间杀狗。至于古人的圣讳，各朝略有不同，一般有孔子、孟子、老子、黄帝、周公等。圣讳相对不那么严格，一般是读书人自觉避讳以示尊重。

❁ 朝聘之礼 ❁

万国来朝图 清

朝聘之礼原指古代诸侯派使者或亲自定期觐见天子的礼仪，后来也指藩属国使节前来觐见中国皇帝的礼仪，属于"五礼"中的宾礼。具体而言，聘，是指诸侯派使者觐见天子；朝，则是诸侯亲自觐见天子。《礼记·王制》规定，诸侯每年都要派大夫前往王都拜见天子，称作"小聘"；诸侯每三年要派卿前去拜见天子，称作"大聘"；诸侯每五年须亲自前往王都拜见天子，称作"朝"。诸侯及卿大夫朝聘天子时，要携带当年该向天子交纳的贡赋，还要奉行严格的礼仪，以示对天子的敬重和臣服。其礼仪大致分为六个程序，分别是："效劳"（天子派人迎接并慰问来宾）、"赐舍"（安排来宾下榻）、"朝觐"（来宾正式拜见天子并献礼）、"请罪"（来宾向天子表示自己做得不好，求天子宽恕，是一种谦虚说法）、"赐礼"（天子赏赐来宾一些礼物）。朝聘之礼本来只有天子才有资格享受，但东周时，周王室衰微，各诸侯国也纷纷采用了朝聘之礼。秦统一中国后，中国在一千多年的时间里称雄于东方，期间各国派使节前来时，中国基本上都以朝聘仪式接待，因此"四夷来朝"的说法一直不绝于书。直到鸦片战争后，在西方人的强烈要求下，清王朝才废弃了朝聘之礼，而以现代外交礼仪与各国打交道。

❁ 军礼 ❁

军礼是有关军事活动的典礼，包括校阅、用兵、畋猎等活动时的礼仪。各个时代的军礼有所不同，如《周礼》中所记载的有"大师之礼"，乃是军队征伐之前举行的礼仪；"大均之礼"，则是天子或诸侯在分土地、征赋税时举行的军事检阅；"大田之礼"，用于天子狩猎时，并顺便检阅军队；"大役之礼"，用于国家建造城邑、宫殿、开河、造堤等大规模土木工程时的队伍检阅；"大封之礼"则是诸侯勘定各自封地地界、树立界碑的一种活动。另外，《通典》中记载了唐代的军礼，具体包括：告太庙、命将、出师、阅师、誓师、献俘等。古代军队出征打仗前宰头牛，甚至有时杀个违反军纪的人，称为祭旗，也是一种军礼。总体而言，军事活动中形成了定制的行为，都可算是一种军礼。军礼大体上是为起到一种宣示力量、鼓舞士气、检阅训练部队等作用。

❧ 宾礼 ❧

宾，客也；宾礼即是一种针对客人的礼仪，这个客人可以是个人，也可以是代表一个国家。宾礼在各个时期的种类和形式都有所变化。上古时期的宾礼主要包括朝、聘、会、遇、锡命等一系列的礼仪制度。朝，即是诸侯按固定日期朝见天子时的一系列礼仪；聘，是指诸侯国之间互遣使者访问的礼仪；会，指诸侯对天子不定期的朝见，或是诸侯之间无定制的会面；遇，指诸侯或官吏间偶然的邂逅，通常礼节比较简单；锡命，指的是天子或诸侯对下属封赐爵位、服饰、土地等时的礼仪。《通典》记载了唐代的宾礼："三曰宾礼，其仪有六：一，番国主来朝；二，戒番国主见；三，番主奉见；四，受番使表及币；五，宴番国主；六，宴番国使。"番，指的是唐周边的少数民族政权以及朝鲜半岛地区的新罗、日本等国。《清史稿·礼志二》则记载了清代的宾礼："宾礼：藩国通礼，山海诸国朝贡礼，敕封藩服礼，外国公使觐见礼，内外王公相见礼，京官相见礼，直省官相见礼，士庶相见礼。"

❧ 冠礼 ❧

冠礼是中国古代在男子20岁时对其施行的成年礼，属于嘉礼的一种。古人认为一个男子在20岁时，正式摆脱童稚，进入成年人行列。对其进行冠礼，是提醒他以后便要担负起一个成年人的责任，言谈举止也要遵循社会的种种规范。同时，周围的人也开始把他当作一个成年人来看待，对其表示尊重。先秦的冠礼仪式要繁琐一些，后来有所简化。其大致流程是：在加冠礼之前，通过巫卜的方式选定加冠的日期，并联系好加冠的大宾和协助加冠的"赞冠"。行礼那天，主人（一般是受冠者之父）、大宾及受冠者都穿礼服。授予其冠后，大宾要读一些祝辞，一般是诸如"从今天起，你就告别你的童稚，步入成年了，以后你要担负起责任，保持良好的道德情操，为社会多作贡献，祝你前途无量"之类的。另外，还有一个重要项目便是要给受礼者取字，之后，除父母与老师可以称呼其名外，其他人都要称呼其字。加冠仪式后，这个青年还要到处拜访亲友、当地长官和有名望者。别人也对其表示祝贺和勉励。

追溯起源，成年礼仪式源自原始社会，至先秦时形成这种冠礼的形式，并成为六礼（冠、婚、丧、祭、飨、相见）之首。需要指出的是，冠礼有时也会在 20 岁之前举行。因行冠礼后才可以成亲，古代有些贵族子弟成婚较早，因此冠礼也经常提前举行，大体上都是在 15 岁到 20 岁之间。

❀ 婚礼 ❀

婚礼是古人关于结婚的礼仪，属于嘉礼的一种。婚姻自古乃人生大事，因此婚礼在古代便是相当重要的礼仪，一点都马虎不得。在周代时，中国便已经形成了一整套完备的婚礼仪式，在《仪礼》中有详细规制。简而言之，可称之为"三书六礼"。三书，指聘书、礼书和迎亲书。六礼，则指从提亲到完婚的六个大体步骤。具体为：一是纳彩。此是男方家长托人向女方家长提出联姻的意愿，也即"说媒"。纳彩不是空口说白话，而是要送礼的。先秦时，以雁为纳彩礼。后世则经常用羊、鹿、阿胶、蒲苇等。二是问名。如果纳采时，女方收下礼物，就表示应允了。问名便是详细问女子的姓名、年龄、生辰及其家族情况。三是纳吉。此是男方家长请人测算男女双方生辰八字是否相合。因古人相信天命，因此这对婚姻的成败也起相当大的作用。四是纳征。就是下聘礼，这就不是一只雁或者一只羊能打发了的，而是要真金真银的，并且历代都不断在增加。五是请期。此为定下迎亲日期，一般是男方象征性地征求下女方意见，其实是自己决定后告诉女方，因此也叫告期。六是亲迎。这是男子娶媳妇的梦最后实现的步骤了。该步骤主要就是迎亲和拜堂，但其具体步骤则相当繁琐。在迎亲前一天，女家要为女儿"开脸"、"上头"，这两个步骤主要是使女子在发型上开始区别于未婚少女。拜堂第二天，新娘要拜见公婆等，此时婚礼才算基本结束。而严格算的话，婚后第三天，新妇归宁结束，婚礼才完全结束。

兵制与刑制

﴾ 兵制 ﴿

兵制指古代的军事制度，包括武装力量体制、军事领导体制和兵役制度等方面的内容。据《周礼·夏官》记载，早期以军为基本编制单位，一军有 1.25 万人。周王室有六军，诸侯则大国三军，次国二军，小国一军；在领导体制上，一般由卿大夫等贵族担任各级军官；而在兵役制度上，当时实行的是全民皆兵制。自秦汉时期起，中国的兵制开始形成了新的模式。在武装力量上，常规军体制各代不一，一般都分为中央军和地方军，且各代都采取强化中央军，弱化地方兵的强干弱枝策略，以防止地方割据。在领导体制上，不再以贵族统兵，而是以各级武将统兵。除个别镇守边关的武将之外，朝廷武将往往实行战时领兵，战完罢权的制度。在兵役制度上，因中国地广人多，因此自秦汉起便废除了全民皆兵的制度，而是实行征兵制、募兵制或世兵制等。如汉代实行每个成年男子都服三年兵役的"寓兵于农"的征兵制；隋唐时期则采用"寓农于兵"的府兵制；宋代是募兵制；元明是世兵制；清先是世兵制，后又改为招募。

﴾ 三军 ﴿

三军的说法产生自周代。周代以"军"作为最大的军队建制，《周礼·夏官·司马》记载："凡制军，万有二千五百人为军。王六军，大国三军，次国二军，小国一军。"因此，三军合 3.75 万人。不过，这只是制度所规定的天子及各诸侯国的常备武装人数。事实上，到春秋时期，各国的军队数量已经远远不止规定的数目，更遑论动辄出动几十万军队的战国时期了。不过虽然一军的人数已经大大超过规定，但各国军队依旧习惯上将部队编为三个军，只是各国名称有所不同。如楚国分别设中军、左军、右军；晋国设中军、上军、下军；魏国称前军、中军、后军。三军各设将、佐等军衔。其中，中军将是三军统帅。后来三军不再是军队建制，凡出征打仗，军队往往分作前军、中军、后军，分别担任先锋、主力、掩护警戒的职能。另外，三军也常常指古代步、车、骑三个兵种。现在，三军则成了对于海、陆、空三个兵种的泛称。

〖 征兵制 〗

征兵制是强制符合条件的男子入伍的兵役制度，与以自愿应征性质的募兵制相对应。在我国唐代之前，基本上实行的都是征兵制，将入伍作为一项义务分派到各家各户。春秋战国时期，战事频繁，各国的兵役都十分繁重，正是强制性的征兵制才得以保证士兵的来源。秦代男子满 17 岁便要开始为国家服兵役，总共至少三年。汉代基本继承了秦制，只是将年龄推迟到 23 岁。其后的魏晋南北朝，乱世之中，强制性征兵也是主要的招兵手段。北魏的花木兰替父从军，便是在征兵制的背景下发生的。征兵制的特点一是军费开支小；二是兵士服完役便离开，不会成为将领私人势力，造成武人自雄。其缺点则是军队战斗力不如招募的职业兵。隋唐及以后各代，实行的是府兵制、世兵制或募兵制等，征兵制逐渐废弃。

〖 战阵 〗

所谓战阵，是在军队投入战斗时根据地形、敌我力量对比等情况所组成的战斗队形。在古代冷兵器时代，军队组成训练有素、纪律严明的战阵之后，可以极大地增强军队的战斗力。《六韬·均兵篇》曾言，在平坦地形上作战，如果单个战斗，则一名骑兵抵挡不了一名步兵，但若列队成阵，则骑兵可与 8 倍于己的步卒作战，因此古代军队作战往往要组成各种战阵。就战阵的起源来说，最早的战阵乃是模仿原始社会的围猎模式而成的。到商周，尤其是春秋战国时期，由于常年大规模的战争，形成了一些以车兵和步兵相配合的战阵，常见的有以中军为主力，两翼相配合的三阵，以及在三阵基础上形成的五阵，军事家孙膑则发明了著名的以步兵为主体的八阵。汉代对匈奴作战之后，骑兵的作用日渐重要，战争更强调各兵种间的协调。诸葛亮根据战争军器的发展创造了使步、弩、骑、车等兵种有机协调的新八阵，即著名的八阵图。唐代重视骑兵的作用，打仗讲究灵活的奇袭战术，战阵不多，著名的有名将李靖的六花阵及用于撤退的撤退阵。宋代因缺少马匹，打仗靠步兵，创造了常阵、平戎万全阵、本朝八阵等诸多战阵，但效果一般，

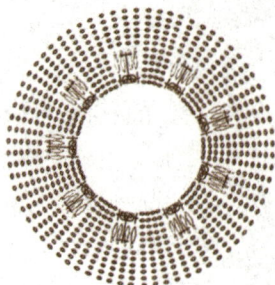

春秋方阵示意图（前列）

春秋圆阵示意图

三步兵 战车

春秋兵阵示意图

败多胜少。明清之际，火器的使用使得军队不适合再组成密集的战阵，军队战斗编制向小而疏散的方向发展，战阵逐渐淡化。

《 都护府 》

都护府是汉唐两代在边疆地区所设的特殊官署。"都"意为全部，"护"意为带兵监护，"都护"即"总监护"之意。西汉宣帝时，在乌垒（今新疆轮台县东北）设西域都护府，统一管理大宛及其以东城郭诸国，兼督察乌孙、康居等游牧行国之事。魏晋时，设有西域长史府，类似于西域都护府。唐代的都护府影响最大。由于强盛的唐王朝先后打败突厥、薛延陀等部，周边少数民族纷纷表示归顺。唐朝在这些少数民族地区设立州县，任其自治，只在一个大区域内设都护府，作为最高军政机关。都护府长官都护为一地最高军政长官，其职责在于"抚慰诸藩，辑宁外寇"，凡对周边民族之"抚慰、征讨、叙功、罚过事宜"，皆其所统。自太宗至武后，在北、西、南面少数民族地带设安东、东夷、安北、单于、安西、北庭、昆陵、蒙池、安南等九个都护府。到玄宗时，只剩下安东、安北、单于、安西、北庭、安南都护府，这就是著名的唐代六都护府。唐中后期，唐王朝不复昔日强盛，周边民族不服，各都护府逐渐废弃。

《 节度使 》

节度使是唐代后期出现的地方军政长官。唐代时，驻守各道的武将称作都督，其中带使持节者称作节度使。唐睿宗景云二年（公元711年），贺拔延嗣被任命为凉州都督充河西节度使，之后节度使成为正式的官职。唐玄宗开元年间，又设立了陇右、平卢、碛西、河西、朔方、河东、范阳、岭南、剑南9个节度使。因唐朝强盛，对少数民族失去警惕，此时的节度使多由少数民族担任，且往往封郡王。节度使刚开始只有军权，并无权干涉地方行政。后逐渐总揽一区的军、民、财、政，辖区内地方行政长官各州刺史均受其节制，有的干脆兼任驻在州之刺史。公元755年，平卢、范阳、河东三镇节度使安禄山伙同史思明发动"安史之乱"。"安史之乱"平定后，全国节度使遍布，多为"安史之乱"中叛乱或平叛的武人。其不受中央节制，军政人事，皆得自专，父死子继，形成藩镇割据的局面。五代时期，各地节度使摇身变为乱世军阀，中央政权的拥立与废弃都取决于节度使，后梁、后唐、后晋、后汉、后周的建立者均为节度使。宋代赵匡胤以文治国，节度使逐渐成为虚衔。元代废弃。

❨ 枢密院 ❩

枢密院是唐、五代、宋、辽、元时代的官署名称。唐永泰年间，以宦官任枢密使，帮皇帝处理机要。五代后梁改枢密使为崇政使，由士人充任，并设崇政院。后唐又改崇政院为枢密院，崇政使为枢密使，与宰相分执朝政，宰相掌文，枢密使掌武。宋代沿设枢密院并进一步完善，与中书省合称"两府"，并为宋代最高政务机关。庆历年间因对西夏用兵，宰相一度兼任枢密使。南宋宁宗后，宰相始例兼枢密使。辽曾分别设南、北枢密院，北院掌管军事，南院掌管官吏升降，分别相当于兵部和吏部。元代，枢密院为军政枢纽，并掌管禁卫军以及边防事务。战时，则在作战区域设行枢密院作为枢密院派出机构总领军政。明代，枢密院废置，其职权由大都督府代替。总体而言，枢密院与尚书、中书、门下三省的演变过程类似，先是作为内廷性质，后成为正式的政府中枢机关，与宰相分权，是皇权侵蚀相权的产物。

❨ 募兵制 ❩

募兵制是政府花钱招募，个人凭自愿报名参加的兵役制度，与其对应的是强制符合条件者入伍的征兵制。募兵制早在春秋时期就已经出现，当时的名将吴起便组织过一支最早的招募部队，叫作武卒。东晋名将谢玄也曾利用招募的方式组建了"北府兵"。唐中期，府兵制长时期运作后开始出现弊端，许多人不愿当兵，于是朝廷准许地方武将募兵。自唐之后，五代以及宋代，募兵制基本上完全取代原来的征兵制。宋代因招募大量士兵，且没有退休制度，要终身发饷，故军费开支庞大，给财政造成极大的压力。元明清时期，募兵制只是作为一种征兵制的补充而已。相比于征兵制，募兵制的优点是使军人职业化，军队战斗力往往比较强。例如明代抗倭名将戚继光募兵所建的戚家军，俞大猷募兵所建的俞家军，都堪称劲

更戍图 北宋
北宋为防止军事将领专权，实行兵无常帅、帅无常师的更戍法。更戍法在加强皇权的同时也大大削弱了军队的战斗力。

旅。但募兵制也存在一定弊端，其一方面给国家财政造成负担，另一方面因士兵职业化后与将领长期隶属，容易导致军阀产生。如唐末藩镇割据的局面便与募兵制有关。

卫所制度

卫所制度是明代的一种军制。明代上自京师，下至郡县，皆设卫、所作为基本的驻兵单位。一卫一般为5600人，其长官指挥使品秩正三品；一卫可分为5个千户所，每千户所1120人，其长官正千户品秩正五品；每千户又分为10个百户所，每百户所112人，其长官百户品秩正六品。另外，明代在一些特别的地方驻有不统辖于卫，单独建制的千户所，称为守御千户所；还有少量称作御的军事机构，其一般下辖两三个千户所。卫所数量时有变动，以洪武二十三年（1390年）为例，当时全国共有卫547个，所2563个。至于其具体的分布，则是朝廷根据全国各地的战略位置、防御需要来设置，有的一府数卫，有的数府一卫，有的则一府、一州一个千户所而已。明代实行世兵制，卫所兵士皆由“军籍”家庭世代充任，卫以下军官也都世袭。这些卫所平时同时受一省军事长官都指挥使司和中央军事机构五军都督府节制，战时则听命于朝廷委派的临时将领，战罢仍归卫所。这固然避免了武人拥兵自雄的现象，但也造成了将不熟兵，兵不习将的弊端，导致军队战斗力不高。

八旗制度

八旗制度是清代一种全民皆兵的制度，由清太祖努尔哈赤在女真人牛录制的基础上建立。八旗分别是正黄、正白、正红、正蓝、镶黄、镶白、镶红、镶蓝。努尔哈赤将所有满人都编入八旗之内，每300人为一牛录；5牛录为一甲喇；5甲喇为一旗。八旗既是社会生产组织，又是军事组织，旗内男子平时牧猎，战时从伍。

满洲入关后，八旗兵成为职业兵。后清太宗又在满洲八旗的基础上建立蒙古八旗和汉军八旗。清中期后，汉军八旗逐渐式微，因此人们所说的八旗通常只指满洲八旗。八旗之中，由皇帝控制的镶黄、正黄、正白三旗，称为上三旗，负责驻守京师；由诸王、贝勒统辖的正红、镶红、正蓝、镶蓝、镶白五旗，称为下五旗，负责驻守全国重镇。

八旗制度是清朝统一中国的经济与军事基础，并对清初的平定三番、远征新疆、戍守西藏、抗击沙俄等起到了关键作用。清中后期，八旗军失去了战斗力，

正
黄
旗

镶
黄
旗

正
白
旗

镶
白
旗

正
红
旗

镶
红
旗

正
蓝
旗

镶
蓝
旗

八旗军服

八旗军服以颜色作区别，但只为大阅礼时穿着，平时不用。起初各旗是地位平列的，入关之后才有皇帝自领上三旗的做法。所以正黄旗、镶黄旗、正白旗被称为上三旗，其余五旗为下五旗。

清朝的军事主力逐渐由汉人组成的绿营兵担任，八旗制度已失去原本作用，但一直存在至清亡。

❮ 刑部 ❯

刑部是中国古代最高司法机关。刑部最早设立于隋朝，为"三省六部制"中的六部之一，其长官为刑部尚书，品秩正三品；其副职为侍郎，正四品下。隋唐时期，刑部与大理寺一同行使最高审判权力。宋代，刑部、大理寺、御史台共同行使审判权。元代，刑部与大宗正府、宣政院共同行使审判权，刑部还兼有司法行政方面的职责。明清两代，刑部与大理寺、都察院合称"三法司"，共同行使审判权。其中刑部的职责是审核修订各种法律，复核各地送部的刑名案件，会同九卿审理"监候"的死刑案件并负责直接审理京畿地区的待罪以上案件。在组织机构上，刑部除在中央设有官署外，在各省都设有派驻机构，负责各省的刑名案件以及司法政务。清代的刑部各司还设有减等处（负责各案的赦减等事）、秋审处（掌核秋审、朝审各案）、督捕司（督捕旗人逃亡事件）、提牢厅（掌管狱卒，稽察监狱罪犯，发放囚犯日常用品等）等基层机构，职责相当宽泛。光绪三十二年（1906年），清政府宣布"仿行宪政"，刑部被改为法部。

《秦律》

《秦律》是对于秦代所颁布的一系列法律的统称。商鞅变法时，曾将春秋时李悝的《法经》稍做修改后作为秦律颁行全国。秦统一六国后，将《秦律》做一番修订推行到全国。后来秦二世又对《秦律》做了一些改动，最终成型。据考古所发掘的秦简发现，《秦律》不仅包含了《法经》6篇的内容，而且还有《田律》、《工律》、《置吏律》、《效律》、《仓律》、《金布律》等内容，涉及政治、经济、军事、文化等多个方面。从秦律的着眼点来看，其目的重在维护一种中央集权的政治制度，体现的是奴隶主及贵族的利益，某种意义上是镇压奴隶及底层人民反抗的工具。另一方面，因其使社会各领域"皆有法式"，也促进了社会经济的发展。从刑罚制度上讲，《秦律》内保留了许多古代残忍的酷刑，比较野蛮。秦亡后，汉在废除了其中一些酷刑的基础上继承了《秦律》，之后的魏晋南北朝因之，直到唐代，《秦律》才有大的改动。

《唐律》

《唐律》在广义上可指有唐一代的法律，又因唐代法典所遗留下来的版本以《唐律疏议》影响最大，故也常指《唐律疏议》，又叫《永徽疏议》。唐代建立后，初袭隋朝的《开皇律》，后经过武德、贞观两代的修改，至永徽年间经长孙无忌等19人再次修订后形成《永徽律》。后长孙无忌等又对其精神实质和律文逐条逐句进行疏证解释，撰成《律疏》30卷，与《律》合为一体，统称《永徽律疏》。其后《永徽律疏》虽被修改两次，但后人对其修改内容已不得而知，故将《永徽律疏》视作《唐律》。《唐律》继承了秦汉以来历代的立法和司法经验，对社会各个方面的

《唐律疏议》

法律进行了完善，并除去之前法律过于严酷的弊端，成为唐代之前法律之集大成者。至此，《秦律》才真正得到了大的变动，法律不再一味是严刑峻法，而是融入了儒家的一些伦理道德思想。《唐律》形成后，对后世影响巨大。《宋刑统》基本照抄《唐律》，《元典章》、《大明律》、《大清律例》也以其为蓝本。另外，《唐律》对于古代日本、朝鲜、越南等国也有深刻影响，被认为是中华法系的代表法典。

《明大诰》

《明大诰》是明太祖朱元璋所立的一套特别的刑事法规。朱元璋开国后，推行刚猛强断、严刑峻法的治国策略，自己在明朝政府法《大明律》之外另立了一套更为严峻的法规《明大诰》。在罪行上，其中设有"游食"、"官吏下乡"、"寰中士夫不为君用（即有才能者不肯出来做官）"等明律中没有的罪名；在处罚上，对于同一罪名，《明大诰》比《大明律》要重得多，并且还设有断手、刖足、阉割为奴等《大明律》中不存在的残忍刑法；从着重点来说，《明大诰》的大部分内容主要针对的是贪官污吏；在格式上，《明大诰》是由案例、峻令、朱元璋就案例所发的训导三部分组成，有些不伦不类，完全不是法律文本的样子。总体而言，《明大诰》提倡的是对人极度蔑视的封建强权主义和无节制的滥杀政策，严重违背了"罚罪相当"的法律精神，是朱元璋根据自己的好恶搞出来的一套恶法，可以说是中国法制的倒退。《明大诰》在明初一度是家家收藏、人人诵读的御制圣书，朱元璋死后，比较仁慈的建文帝即位，《明大诰》便失去了法律效力。

五刑

五刑是中国古代的刑法，分为奴隶制五刑和封建制五刑。夏朝初步建立了奴隶制的五刑制度，从轻到重依次是：墨（在面或额头上刺字涂墨）、劓（割去鼻子）、膑（挖去膝盖骨）、宫（毁坏生殖器）、大辟（死刑）。奴隶制五刑均是以摧残人的身体来实施惩罚，俗称肉刑。汉代时，肉刑被汉文帝、汉景帝废除，以自由刑为主的封建五刑制度逐步形成。在隋《开皇律》中，封建五刑正式以法令形式出现，经过唐朝的完善，封建五刑形成了完整的法律体系。这五刑分别是：笞（用竹板或荆条拷打犯人脊背或臀腿，按次数分等级）、杖（用大竹板或大荆条拷打犯人脊背臀腿，按次数分等级）、徒（强制服劳役，按期限分等级）、流（把罪犯押解到边远地方服劳役或戍边，按里程分等级）、死（即死刑，隋、唐定死刑为斩、绞两等）。相比于奴隶制五刑，封建五刑的建立乃是中国刑法制度的重大进步，直到清末方被废除。另

孙膑像

孙膑曾与庞涓一同学习兵法。庞涓嫉贤妒能，恐孙膑取代他的位置，设计陷害孙膑，使其受膑刑。

外，在五刑之外，封建社会还一直存在一些极其严酷的刑法，如凌迟、腰斩、诛九族、车裂等，这些都是针对犯了谋反等重罪的犯人而言。

监狱和班房

监狱在上古时代就已经存在，据说最早由舜帝时期的刑法官皋陶所造。监狱起初不叫此名，夏朝时叫"夏宫"，商朝时叫"圄"，周朝时叫"圜土"，秦朝时则叫"囹圄"，直到汉朝监狱才开始叫"狱"。之后历代沿用，到明代时，则叫"监"；清代，监狱成为固定的说法。早期的监狱比较简单，如夏代往往就是在地上挖个圆形土坑而已。到秦代，因实行严刑峻法的法家政治，监狱开始变得正规，监狱制度也变得完备，当时还实行轻刑囚徒监视重刑囚徒的制度。南北朝时，为防止犯人逃跑和同伙劫狱，创造了地下监狱，即地牢。唐代时，监狱组织形成了自上而下的完备体系，不同类型的罪犯往往关押在不同的监狱里。宋代的监狱制度基本沿用唐代，并且地方监狱增多，各州都设监狱。白天犯人出去劳役，晚上入狱休息。明朝由于长时期实行特务统治，司法混乱，各种监狱名目繁多，数量惊人，中央有刑部监狱、都察院监狱、军事监狱、诏狱等，地方各省、府、州、县都有监狱。清代监狱体制基本沿自明朝。

班房经常被作为监狱的别称，但与监狱有所区别，是关押临时性嫌疑犯的地方，类似于现在的拘留所。班房往往成为胥吏设立名目敲诈勒索的地方，明清两代普遍存在的胥吏之害，很大程度上便是通过此方式发作的。

赋役和其他制度

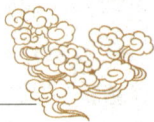

《 均田制 》

均田制是中国北魏至唐代官田分配的一种方式。北魏时，由于之前长时期的乱世造成北方大量的户口迁徙，土地荒芜，国家财政收入受到严重影响。为保证国家赋税来源，北魏孝文帝于太和九年（公元485年）下诏计口分配国有荒芜土地。其中，15岁以上男子可分用于种植农作物的露田四十亩，女子二十亩。奴婢同样授田。露田不得买卖，年老或死亡后，须归还官府。另外，男子还授桑田二十亩，用于种树，不需归还，死后下传子孙，但同样不得买卖。种田者则每年须向政府交纳一定粟谷和帛。这种制度使得社会经济得到恢复，政府财政收入也有了保证。其后的北齐、北周、隋、唐都沿用均田制，只具体实施细则有所变更。但由于当初分田时的国有土地本来就不足，加上后来禁止土地买卖的法令时紧时松，唐中叶以后，大量的土地又逐渐被一些豪强大户兼并。唐德宗建中元年（公元780年），实行两税制，在税制上承认了土地兼并的现实，均田制宣告废止。

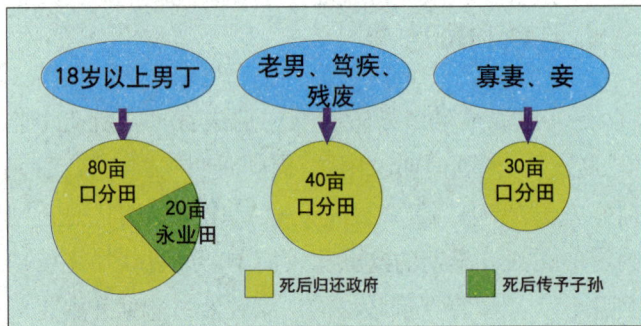

唐朝均田制示意图
唐时均田制规定寡妻妾以外的妇女及奴婢均不受田，以减少贵族养奴获田的数量，比前代更加完善。

《 户籍 》

户籍是登记户口的簿册。户口包含两个概念，以家为户，以人为口。中国最早的户籍制度建立于战国时期，当时的秦国曾实行五家为一保，十保相连，一人犯罪，十保连坐的制度。这就是后来的保甲制度的雏形。其他诸侯国也采取了类似的制度。秦统一六国后，在全国范围内推行户籍制度。汉承秦制，将户籍制度进一步完善。汉代每年八月都要进行一次全国人口普查，以作为征税、派役、征兵的依据。唐代，户籍制度得到进一步完善。当时朝廷规定，每三年修订一次户籍，各县户籍一式三份，州、县、中央的尚书省各保存一份。唐代的户籍登记已经相当详细，一家之中的男女人口、年龄、土地、财产情况都一一登记造册。后来历代基本上都沿用唐代的户籍制度。

古代的户籍制度只有一种统计学意义，用以作为政府自上而下收税派役的依据，而没有作为身份证明的意义。

❦ 井田 ❧

井田是中国商周时期的一种土地分配方式。有说井田始于夏朝。其具体方式是将每方圆一里内的九百亩土地划分为"井"字状的九块，周围八块作为私田，分予私人耕种；中间一块，其中二十亩作为宅基地，供八家盖房住人，剩下的八十亩作为公田，由八家共同负责耕种，其收成作为赋税上缴国家，算下来，税率大概为1/10。法律规定，各家公田忙完，方可忙私田。这里的私田，归属国家所有，私人只有使用权，而无买卖权，其使用权则父死传子。

事实上，井田制是一种土地国有并平均分配的制度，避免了土地兼并，在某种意义上实现了耕者有其田的理想。但这仅仅是针对大大小小的奴隶主阶层而言，当时的奴隶阶层只有无偿劳动的份儿。到春秋晚期，以铁器的使用和牛耕的推广为标志的农业技术得到提高，不再需要这种奴隶在大面积土地上集体劳作的模式，小户劳作开始流行，井田制逐渐瓦解。但井田制作为一种"平均分配"土地的制度，成了后世许多人心目中的理想土地制度。比如战国时的孟子便力主恢复古代井田制。王莽建立新朝后，鉴于土地兼并之风的流行，也曾试图恢复西周井田制，但以失败告终。尽管如此，后世历代帝王制定土地政策时，井田制的"耕者有其田"的制度内涵都成为他们重要的参考。

❦ 两税制 ❧

两税制是唐代中后期采用的一种赋税制度。唐中叶，尤其是安史之乱之后，由于土地兼并和户籍混乱，原来的以"人丁为本"租庸调制赋税制度不再合理。唐德宗年间，宰相杨炎实施了两税制。所谓两税，既指在时间上每年在春、秋各收一次，也指两种税收名称：户税和地税。户税和地税原本只是与租庸调制搭配的两项无足轻重的小税，在新的两税制下，则成了朝廷主要的两个税种。具体办法是，朝廷一改原来的"量入为出"的财政原则，而是实行"量出为入"的原则，先核算好一年要花的钱，然后分摊到各地的户税和地税里去。户税以家庭为单位，不分当地外地，"以见居为簿"，按财产多少征收；地税按占有土地多少征收。两税制按照财产与土地数量征收的方式使国家的财政负担很大程度上从穷人身上转移到了富人身上，同时也抑制了土地的进一步兼并，大大缓和了社会矛盾。唐朝之所以能在"安史之乱"后苟延残喘了100多年，两税制功不可没。另外，从税制的角度来说，两税制是我国税制的重大变化，此制度是朝廷首次放弃对土地的分配权，而是在承认土地私有的基础上，设置相应税制来征收税赋。其后宋代的"二税"、明代的"一条鞭法"、清代的"摊丁入亩"，都是对唐代两税制的继续和发展。

《 市舶司 》

南都繁会图 明
此图描绘了明中叶南京都市繁华的景象。

市舶司是我国古代在沿海城市设立的负责外贸事宜的官署，相当于现在的海关。我国汉代时，在开通丝绸之路的同时，也以广州为口岸，进行海上对外贸易。经魏晋南北朝及隋到唐代时，我国的海上对外贸易已相当繁荣。朝廷于是在广州、扬州等口岸设专职官员市舶使，负责检查出入口市舶（商船），并征收商税，同时对于一些珍贵商品则实行政府垄断。宋代，市舶使发展成为一个专门官署市舶司，朝廷在广州、密州（今山东胶县）、秀州（今上海松江区）、杭州等地均设此官署。个体商户须经市舶司颁发许可证方可出海。元朝统治者本身的外向性使海上贸易空前发展，明代商人更是沿着郑和开辟的新航线将生意越做越大，因此元明时期市舶司一直存在。清初一度实行禁海政策，康熙时解禁，在广州、宁波、漳州、云台山（连云港）四处设口通商，并配套设立粤、闽、浙、江四海关，行使原来的市舶司职能。乾隆时仅留广州一口通商。鸦片战争后，设税务司、总税务司管理海关诸事，大权却落入洋人之手。

❦ 徭役 ❧

徭役是古代政府强制性向人民派遣的军役、劳役等，与赋税共同构成了中国古代人民的赋役负担。徭役在先秦时已经存在，《诗经》中便有不少以此为题材的诗歌。秦汉之际，形成比较正式的徭役制度。秦时男子满 17 岁，汉时满 23 岁，须在地方和京师各服兵役一年，是为正卒；每个男子一生必须戍边一年，是为戍卒；另外还须再为地方政府服劳役一月，是为更卒。官富人家则可以银抵役。其后历代徭役制度不一。总体上，就形式来说，古代徭役制度沿着一条逐渐货币化的路线演进。唐代中期之后百姓交役钱，国家购买劳力或兵士的形式普遍流行。宋代出现了募役（雇人服役）、助役（津贴应役者）、义役（买田以供役者）等多种形式。到明清之际，因一条鞭法及摊丁入亩政策的实施，百姓基本不再出役，完全由银钱代替。另外，元代曾将大部分徭役专业分拨给一部分人户世代担负，如站户（负担驿站铺马）、猎户、盐户、窑户、矿冶户、运粮船户等。就轻重来说，唐之前徭役比较繁重，唐之后徭役负担相对减轻，尤其明清之际，因徭役货币化，且国家的财政收入重心由人丁转向土地，徭役负担以银钱的方式大部分转移到了富户身上，中下层百姓徭役负担大大减轻。

❦ 一条鞭法 ❧

一条鞭法是明代中后期实行的一种赋税制度，初名条编，后因谐音而得此名。明朝中期，由于土地兼并严重，被兼并者交不起赋税，大量逃亡；同时，作为兼并者的官僚地主阶层则瞒报土地，逃避赋税，加上官僚阶层的免役政策，明朝政府的赋税收入逐年下降，出现严重的财政危机。鉴于此，万历朝的内阁首辅张居正改革税制，施行一条鞭法。其内容总体上是将一县的田赋、种类繁多的徭役、杂税合并为一，折成银两，分摊到该县农地上，最后按照拥有农地的亩数来向土地主人收取赋税。这样，国家的财税负担便从中下层百姓转移到了官僚地主阶层，国家的财政收入得以增加，社会矛盾也得到缓和，因此此法被后世认为是挽救了晚明王朝。另外，从税制本身来说，首先，一条鞭法大大简化了赋税征收程序，改良了行政效率；其次，限制了官吏巧立名目加征赋役，减轻了农民负担；最后，首次实行赋税折银的办法，客观上促进了商品经济的发展。并且，以银抵役的做法使农民具有了较大的人身自由，从此，他们可以离开土地，为城市手工业的发展提供劳动力。总体而言，一条鞭法上承唐代"两税制"，下接清雍正的"摊丁入亩"，是我国税制的重大进步。不过一条鞭法以银代粮的做法也带来了农户争相种植经济类作物，导致粮食产量不足的弊端，成为农民起义的诱因。

❦ 摊丁入亩 ❧

摊丁入亩是清雍正时实行的一种税制改革。其具体做法是一改之前丁银（包括"人头税"、徭役等）和地银（即田赋）分别收取赋税的办法，将丁银摊入地银之中一并收取。这样地多者便需要承担较多的赋税，地少者则赋税较轻。其实质是明代张居正实行的一条鞭法的深化（一条鞭法只是将部分丁银摊入地亩）。摊丁入亩实施的背景是清军入关后，贵族官僚阶层大量兼并土地，出现大量无地少地农民。如此，广大贫民地少人多，丁役负担基本上压在他们身上。鉴于这种情况，康熙晚年时，便在广东实施了摊丁入亩试验，到雍正时，则正式向全国推广。此办法一方面减轻了无地农民的负担；另一方面，田地税赋增重也很大程度上抑制了土地兼并，为清政府保存了一定数目的自耕农，有利于政府财政收入和社会的稳定。值得一提的是，由于摊丁入亩政策取消了"人头税"，广大底层农民生养后代数量快速增长。整个 2000 多年的封建时代，中国人口数量一直徘徊在 2000 万 ~ 6000 万，乾隆时开始突破 1 亿，道光时则达到 4 亿。

❦ 太医署 ❧

太医署是古代医疗性质的官署名。太医署的基本职能是为皇家及达官贵族看病，有时还具有医政管理乃至医学教育的功能。其历代名称不一，西汉时正式设立太医一职，西晋时开始设立专门的太医机构，称医署；南朝的刘宋政权改医署为太医署，是全国最高的医政管理及医疗机构。隋唐时期，太医署的医学教学功能不断加强，当时在校师生达 300 多人，并分为医学、药学两科，医学还进一步分医、针、按摩、体疗、疮肿、少小、耳目口齿等诸多科目。其教师严格分职称，学生定期考试，俨然一个医科大学。北宋初沿唐制，后又在淳化年间改太医署为太医局，功能则变化不大。金、元、明、清时期的太医院相当于原来的太医署。清时太医院中的官吏和医务人员均称为太医，真正顶尖的医生则称为御医，只有十几人。

太医丞印
太医是专门为宫廷服务的医生。战国时代的秦国已有太医令之设置，作为宫廷医院的最高行政长官。汉代，太医丞是职位仅次于太医令的医官。图为故宫博物院收藏的一枚"太医丞印"。

政局大变革

❦ 尧舜禹禅让 ❦

尧舜禹禅让说的是上古时代华夏族的3个首领尧、舜、禹之间以"让贤"的原则依次传承"天子"位的故事。据《史记》记载，尧舜禹三人乃是中国原始社会末期华夏族的首领。当时的"天子"乃是部落联盟首领，实行民主推选制度。先是由各部落的酋长召开会议推举下一任天子，天子再对其进行一定时间的考察，认可后，则禅让于他。尧年老时，舜因为孝顺和有才德而被推举，尧对他考察了3年后，认为合格，禅位于他。舜老时，因禹治水有功，而禅位于他。尧舜禹禅让的事迹被后世之人，尤其是

尧舜禅位图

儒家人士传为美谈，三人也因此与之前的炎黄二帝，之后的周文王、孔孟等并列为圣人。不过，对于尧舜禹禅让的真实性，历代都有人表示怀疑，比如法家代表人物韩非子便怀疑所谓禅让实为逼让。不管其真假，作为历史事件来说，尧舜禹的"禅让"代表了华夏民族在原始社会的尾声，其后华夏民族便进入了更加高级的文明时期。

❦ 禹传子，家天下 ❦

禹的天子位本来由舜禅让而来，但他未将位置再次禅让于贤者，而是由其子启接替了天子位，禅让制自此结束。传说禹当初本来挑选自己的得力大臣皋陶作为自己的继承人，但皋陶早逝。禹又选定皋陶长子伯益，并在晚年授政于伯益。后来，禹东巡会稽时逝世，临终前遗言传位于伯益。但伯益为禹守丧3年后，又将天子位让给了禹之子夏启。于是夏启建立了中国第一个奴隶制王朝——夏朝。这是司马迁的说法。

除了司马迁的版本外，还存在另外一些版本的传说。如禹当年本来怀着私心，有意培养启的势力，并架空名义上的继承人伯益。禹一死，启便夺了伯益之位，并杀死了他。还有的说法则称禹本来是真心禅让于伯益的，其子夺位之行为和他无关。这些说法只是见于野史，考虑到历史都是由胜利者书写，也有相当的可信度。总之，此事的真相恐怕永远说不清了。自此，松散的原始部落联盟变成了组织更严密的国家。经过夏商两代，到西周嫡长子继承制确立，"家天下"政权模式正式形成，直至3000年后的清末才算结束。

商汤灭夏

夏朝最后一位天子叫夏桀。相传夏桀体格健壮，又勇猛非常，能赤手空拳与猛兽搏斗，作为个人来说倒是条好汉。但作为君王来说，却不修国政，骄奢淫逸，为讨美女妹喜欢心，不惜民力大盖宫殿，失却民心；对周围部落征伐无度，导致各部落首领对其离心。据《史记·殷本纪》记载，商是因辅佐禹治水有功的契被舜封在商地（今河南商丘附近）后形成的部落。夏桀当政之时，商汤是商族部落首领。看到夏桀迟早要亡国，商汤有心代之。他对内以仁政笼络民心，对外则经常主动救济有灾难的部落。如此，其影响逐渐扩大。后夏桀也察觉到了商族的威胁，将商汤骗到宫中，将其囚禁。商汤的部下伊尹用美女和重金贿赂夏桀及其身边奸佞小臣，商汤得以放回。商汤回去后，经过几年准备，于公元前1600年发动灭夏战争。因夏桀人心失散，军队一击即溃，夏朝灭亡，存世约500年。商汤定都于亳（今河南商丘境内），建立商朝。

文王兴周

文王兴周说的是商朝末年，位于西北渭水流域的周族在周文王的治理下崛起之事。周文王本姬姓，名昌，商纣时封为西伯，即西部诸侯（方国）之长，史称西伯侯，其子周武王代商立周后追封其为周文王。周文王共在位50年，对内奉行德治，宣以仁政，大力发展农业，鼓励商业，实行藏富于民的低税收政策，周族得以日渐强盛。对外一方面广泛招贤纳士，姜尚、伯夷、叔齐、太颠

周文王访贤 版画

等人先后归附其麾下；另一方面则通过调解小国间的纠纷（这本是商王的权责）等手段，在众诸侯国中树立自己的威信，使得众多诸侯国前来归附。另外，对于那些不肯主动归附的国家，周文王则实施铁腕政策。先是分化拉拢忠诚于商王的国家，不成则渡过黄河进攻耆、邢等国；又沿渭水东进，攻占了商朝在渭水中游的重要据点崇（今河南嵩县）；最后迁都丰邑（属今陕西西安），对商王朝形成钳形包围之势。正如孔子所言周文王"三分天下有其二"，为周武王伐纣奠定了基础。

❧ 周公制礼乐 ❧

周公旦姓姬，名旦，乃是周文王的第四子，周武王的同母弟。武王灭商 2 年后即死，其子成王继位，成王年幼，由周公摄政。周公摄政总共 7 年，期间，其先是平定了其兄弟勾结商人残余势力的叛乱，巩固扩大了周朝的疆域；然后又册封诸侯，分封众多诸侯国以屏卫周王室；最后为方便控制东边诸侯国，建立东都洛邑（今河南洛阳）。周公考虑到要想保持这套政权组织能够长时期有效运转，又进一步制定了礼乐制度。礼，即维护君臣宗法和上下等级的一套典章制度，主要作用是划分和规范人的身份地位，最终形成等级制度；乐，即音乐，乃是对礼制的一种辅助。礼制的内容上至国家政治，下到日常生活，相当庞杂，其中最主要的便是以嫡长子继承制为核心的宗法制和贵贱等级制。这两项制度为国家政权机器乃至社会的运转提供了规则。礼乐制度不仅为周王朝的有序运转奠定了基础，后来经孔子的传扬，基本为后世所继承，成了后来 3000 年整个中国古代社会的基础制度。周公制定礼乐后，就功成身退，归政于成王，因其功劳和德行，其被后人尊为圣人。

❧ 商鞅变法 ❧

商鞅变法指的是战国时期政治家商鞅在秦孝公的支持下在秦国主持的变法。商鞅本是卫国人，因不得志，投奔秦国，公元前 361 年起在秦国实施了一系列的变法。具体内容是：在经济上，重农抑商，奖励耕织，打破井田制，承认土地私有制度；在政治上，废除分封制以及世卿世禄制，实行郡县制和按军功授爵制；另外，统一度量衡，实行连坐制度等。总体上，商鞅变法的内容是以加强中央集权，富国强兵，发展更先进的地主阶级经济势力并培养其政治势力为目的。在商鞅变法十几年后，秦国大治。

事实上，相比于其他六国，秦国是最晚实施变法的一个，变法前秦的社会经济已经落后于关东各国许多。但因为秦本属夷族之列，传统文化羁绊最小，其变法成为最彻底的一个，由此后来居上。秦孝公死后，商鞅被其因变法而得罪的贵族势力车裂。商鞅建立的严酷法制导致普通百姓对其的仇恨，因此他遭受车裂时"秦人不怜"。但商鞅变法的成果保留了下来，为秦国后来统一六国奠定了经济、军事基础。

秦始皇统一六国

秦嬴政十七年（公元前230年），内史腾率兵灭韩；十九年（公元前228年），赵都邯郸被秦军破，赵王迁降秦；二十年（公元前227年），燕太子丹派荆轲刺秦失败，秦将王翦率军攻燕，次年，燕王逃到辽东；二十二年（公元前225年），秦将王贲率60万大军攻魏，包围并水淹魏都大梁（今河南开封），破之，魏亡；二十三年（公元前224年），王翦率60万人灭楚；二十六年（公元前221年），王贲率军南下攻齐，齐王不战自降。嬴政之所以能在短短10年之内陆续剪灭六国，并非偶然。事实上，自春秋时期始，中华大地上便开始了一场残酷的吞并扩张战争。春秋初期，总有140多个诸侯国；到战国初期，则只剩下了二十几家；到秦始皇时，则只剩下了7家。这场如石投井不到底不止的游戏，必然只剩下一个最后的赢家。从"七雄"的整体态势来看，秦国的商鞅变法乃是诸国之中最彻底的一个，因此其经济、军事制度乃至政治、人才制度都在了六国的前列；加上其优越的地理位置等因素，嬴政灭六国便有很大的必然性。因此其10年内统一六国的行为，在某种意义上可以说是摘下了秦国花几百年时间培养出来的果实而已。就更宏观层面来说，秦始皇统一六国可以说是开天辟地的大事件。自此，中国结束了自春秋以来五个半世纪的乱世，复归一统；更进一步说，中国自此在文明层次上更进一步，进入了封建时期。

汉高祖得天下

秦始皇建立秦朝后，在表面统一的政权之下，充满仇恨之情的六国残余政治势力伺机而动，秦朝的统治基础并不稳固。同时，秦政府在严刑峻法的同时，对百姓的赋役征收过重，赋税竟达2/3，每年征调劳役占总人口的15%，这样的政权显然不是能国祚长久的。后来陈胜吴广振臂一呼，六国百姓纷纷响应，秦王朝基本上是瞬间崩溃。在秦末诸强争霸过程中，刘邦通过联合众多势力弱小者共

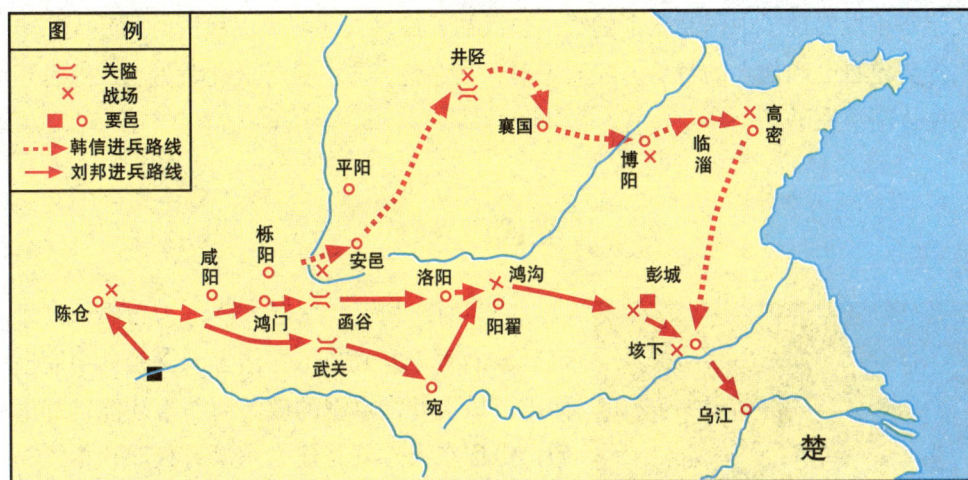

楚汉相争示意图

同对付势力最强的项羽，最终击败了项羽，于公元前202年结束了割据混战的局面。汉朝建立之初，因为一些异姓将领已经拥兵自重，刘邦不得已封了他们为异姓王，7个异性王所据面积占到汉疆域的一半。此时刘邦所得之天下其实只有一半而已。后来刘邦花了自己最后12年的时间，逐个剪灭了主要的异姓王，才算是真正得了天下。得天下后的刘邦认为秦朝的灭亡是其缺少同姓王国的藩卫，故封赐同姓子弟为王者9个，这又为继承者埋下隐患。值得一提的是，因上自刘邦，下至萧何、陈平等诸多大臣都是布衣出身，由此打破了自西周以来的由贵族把持政治的局面。此后，随着察举、征辟等制度的建立，汉朝政府向底层有才能的人士开放了。

汉武帝大一统

秦始皇虽然统一六国，建立了中央集权的秦朝，但因六国残余势力依然存在，伺机而动；同时因政府实行严刑峻法，百姓负担沉重，因此秦朝所建立的只是依靠武力维持的暂时一统。秦亡后，刘邦建立汉朝并逐个灭掉异姓王，实现中国的重新统一，但其临死前又分封了九个同姓王。九个同姓王的疆土占到了汉疆域的一半以上。刘邦死后，这些同姓王逐渐不再听中央指挥。因此自汉高祖，历吕后专权、文帝、景帝，汉朝并非真正一统的政权。到汉武帝时，因其父景帝已经通过镇压"吴楚七国之乱"大大削弱了诸侯王的实力，汉武帝先是通过允许诸侯王进一步分封子弟的策略使剩下的诸侯国自行分裂，又通过查办淮南王刘安和衡山王刘赐谋反案，彻底击垮了诸侯王的势力。汉王朝至此真正实现了大一统。不仅是地域和行政上统一，汉武帝通过确定历法，独尊儒术，进一步统一货币、文字等手段实现了中国文化上的统一。汉初，许多人还习惯以战国时的楚人、秦人等界定自己和他人的身份。汉武帝时，秦、楚、齐、鲁等文化大融合，这种现象便逐渐消失了。

❈ 光武中兴 ❈

光武帝涉水图 明 仇英

王莽的新朝灭亡之际，已沦为布衣的汉景帝后裔刘秀（光武帝）在诸多起义领袖中脱颖而出，最终凭借卓越的政治与军事才能定都洛阳，史称东汉。刘秀建立东汉政权后，指挥军队镇压赤眉等农民起义军，消灭了乱世中形成的诸多割据势力，实现了真正的一统。之后，刘秀实行以"柔术"治天下的策略，采取了一系列措施解决王莽政权乃至西汉留下来的社会问题。经济上，鼓励耕织，组织军队屯垦，恢复西汉时三十税一的轻税政策，与民休息；实行减轻穷人赋税负担的度田制度。政治上，偃武修文，裁并400多县，简政减吏；加强中央集权，对功臣赐予优厚的爵禄，但收回兵权，并禁止他们干政。文化上，兴建太学，提倡儒术，尊崇节义。此外，他还下令释放奴婢、刑徒，减轻刑法等。虽然遇到不小的阻力，但各项政策都得到不同程度的实施，东汉的经济水平、人口、文化由此逐渐恢复到西汉强盛时期的水平，史称"光武中兴"。光武帝也因此被后世认为是历史上仅有的几个"千古一帝"之一。

❈ 曹魏代汉 ❈

东汉中后期，因多为幼帝登基，权力在外戚与宦官之间轮换。政治的腐败导致公元184年黄巾起义爆发，各地州牧在镇压农民起义的过程中培养起自己的武装力量，成为军阀，东汉政权名存实亡，此后中国进入了一个群雄逐鹿的混战时代。公元 196 年，曹操将汉献帝迎到许都（今河南许昌市东），"挟天子以令诸侯"。之后，曹操逐渐铲除了北方的其他武装割据势力，统一了北方，与西蜀的刘备势力和江南的孙权势力形成了三足鼎立的局面。公元 216 年，曹操被汉献帝封为魏王。曹操自称要学习周文王，将代汉的机会留给了儿子。公元 220 年，曹操去世，其子曹丕办完曹操丧事便逼迫汉献帝"禅让"，代汉建魏，史称魏文帝，东汉正式宣告结束。曹丕称帝后，刘备于次年称帝，自称汉政权；公元 229 年，孙权称帝建吴。曹魏代汉后仅二十几年，朝廷实权便落入司马氏手中，曹氏皇帝成了傀儡。公元 265 年，曹氏皇帝便又"禅位"于司马氏。

❖ 诸葛亮治蜀 ❖

事实上，《三国演义》中所说的诸葛亮与刘备的"鱼水关系"有相当大的夸张成分。诸葛亮真正获得特殊的政治地位，开始治理蜀国，是在刘备白帝城托孤之后，如后主刘禅所说"政由葛氏，祭则寡人"。外交上，在刘备夷陵兵败，蜀国受魏、吴夹击的危急情况下，诸葛亮重新建立了吴蜀联盟，为蜀国寻求了一个暂时能得以自保的外部环境。内政上，诸葛亮实行一种"以教令为先，诛罚为后"的德治与法制相结合的策略，并且始终以身作则，秉公执行，赏罚必信，正如陈寿所言："刑政虽峻，而无怨者。"在用人上，诸葛亮则在维持新人旧人平衡的基础上尽量巩固新人地位，为蜀国的未来储备人才。诸葛亮在经济上也采取了一系列卓有成效的政策。在诸葛亮的治理下，蜀国大治。吴国的张温出使蜀国回去以后，曾赞美蜀政，以致引起了孙权的忌恨；魏国有才智的大臣刘晔、贾诩也对诸葛亮的治国才能十分钦佩。诸葛亮因此被誉为中国历史上"四大贤相"（管仲、诸葛亮、王安石和张居正）之一。

七擒孟获图

魏孝文帝改革

指北魏孝文帝所实施的经济、政治、文化改革。北魏是北方草原上的鲜卑族人建立的政权，公元 439 年，北魏太武帝结束北方"五胡十六国"乱局，统一中国北方。太武帝死后，魏孝文帝继位。鉴于以落后民族统治先进民族的弊端，魏孝文帝采取了一系列改革措施。一方面，推行均田制，使得广大汉族百姓耕者有其田，并颁布与均田制相适应的新的租调制，减轻农民负担。废除鲜卑族"交足上面的，余下是自己的"的落后官吏俸禄制度，而是实行汉族的自上而下发放的俸禄制，目的同样在减轻人民负担。另一方面，魏孝文帝在鲜卑族内部推行汉化制度，以使鲜卑族的夷族身份逐渐淡化，最终得到汉族人的心理认同。具体而言，首先将都城从接近鲜卑族故地的山西大同迁到了汉族中心地带洛阳；其次是在鲜卑族中推行汉话、汉服、汉姓，鼓励鲜卑族与汉族人通婚。上述措施使得北魏的经济得到发展，政治清明许多，鲜卑统治者得到了汉族人更多的心理认同，其统治基础由此更加稳定。

隋文帝杨坚

隋朝虽短，却出了一位了不起的皇帝，便是隋文帝杨坚。杨坚的父亲杨忠是西魏和北周的军事贵族，被封为随国公。杨坚承袭父爵，本人也在对北齐的战争中立下战功，他还是北周宣帝的岳父。宣帝死后，杨坚以辅政大臣的身份夺取了年幼的静帝的皇位，建立隋朝。隋朝建立后，南下灭陈，重新实现中国统一。隋文帝建立统一的隋朝，意义非凡。就承前来说，是继东汉末年直至南北朝 200 多年的乱世后，重新建立的大一统政权；就启后来说，隋文帝建立隋朝后，不仅使其疆域辽阔，经济繁荣，文化昌盛，军事上也所向披靡，周围少数民族臣服，后来唐朝的兴盛正是建立在隋朝的基础上。其次，隋文帝时所创立的三省六部制、州县两级制、开皇律、均田制、科举制等新制度均为后世历代所沿承。值得一提的是，隋文帝不仅因其文治武功被誉为中国历代最有才智的皇帝之一，而且因其与民休息，废除古代酷刑等措施，也被誉为历代最仁慈的皇帝之一。

贞观之治

贞观是唐太宗李世民的年号。李世民在位的 23 年里，唐王朝在经济、政治、文化、军事等方面均达到了历史的高峰，史学家称之为"贞观之治"。唐朝建立后，隋末乱世导致的人口减少造成了地广人稀的局面，再加上人心思安，为唐朝的兴盛创造了经济和心理基础；隋朝对周边少数民族的征服也为唐朝创造了良好的外部环境；再加上京杭大运河的修通、三省六部制、科举制等也在商业繁荣、政治制度、人才选拔等方面为唐朝奠定了良好的基础。唐高祖李渊称帝 8 年后，唐王朝基本稳定下来，此时唐太宗继位。因其雄才大略、任人唯贤、广开言路，采取了一些以农为本、减轻徭赋、休养生息的政策，唐朝很快达到了历史的巅峰。当时唐朝疆域辽阔，军事强盛，国际威望极高，吸引了大量外国人前来落户，当时仅在广州便居住了 20 万西方侨民。唐太宗当政时政治清明，官吏极少贪污，这并不是靠严刑峻法所维持的，而是靠政治制度上的设计以及官员自律；社会安定，百姓安居乐业，夜不闭户，路不拾遗。值得一提的是，因当时社会极少有不公平之事，社会犯罪率极低。据载，贞观三年（公元 629 年），全国判处死刑者仅有 29 人，由此可以想见当时盛世景况。

《 女皇武则天 》

武则天是中国历史上唯一一个被史学家所承认的女皇帝（北魏的元氏和唐高宗时的陈硕真也曾做了皇帝，但因种种原因不被后世史学家所承认）。武则天本是唐开国功臣武士镬次女，14 岁入宫为唐太宗昭仪（属于嫔妃一种）。太宗死后，其先是出家为尼，后又做了唐高宗妃子，并成为皇后。高宗死后，武则天之子中宗继位，武则天作为皇太后把持朝政。后废了中宗，立睿宗李旦。公元 690 年又废睿宗，自称圣神皇帝，改国号为周，并迁都洛阳。当时武则天已经 67 岁，乃是中国以最大年龄登基的皇帝。公元 705 年，宰相张柬之趁武则天年老病危，拥立中宗复位，尊武氏为"皇太后"。同年冬，武氏死，享年 82 岁。

可以想见，武则天以女子身份称帝，并且当了 15 年皇帝，显然是相当有才干。在其治理下，政治上，关陇旧贵族势力遭到打击，政治更加清明，各项制度得到进一步发展；军事上，唐朝击败了突厥、契丹的军

武后步辇图　唐　张萱

事进犯；经济文化上，上承贞观之治，下启开元盛世，乃是唐朝繁荣昌盛时期的重要一环。有趣的是，遵武则天遗言，唐中宗为其立了一块无字碑。功过是非都留于后人说，这无疑是相当睿智的行为。

❮ 陈桥驿兵变 ❯

公元 959 年，周世宗柴荣去世，年仅 7 岁的恭帝即位。时任殿前都点检、归德军节度使的赵匡胤与禁军高级将领石守信、王审琦等结义兄弟掌握了军权。公元 960 年春，赵匡胤和赵普、石守信等，在京城散布"点检做天子"的谣言并谎称北汉和辽国的军队联合南下，攻打后周。宰相范质难辨真伪，急派赵匡胤统率军北上御敌。

军队行至陈桥驿（今河南封丘陈桥镇）时，赵匡胤授意赵匡义（赵匡胤之弟）和赵普等发动兵变，众将把黄袍加在赵匡胤身上，拥立他为皇帝，反叛后周。随后，赵匡胤率军回师开封，京城守将石守信、王审琦大开城门，迎接赵

河南封丘陈桥乡"宋太祖黄袍加身处"碑

匡胤入城，翰林学士拿出早已准备好的禅让诏书，逼迫周恭帝退位。赵匡胤即位，是为宋太祖，改国号为宋，史称北宋，改元建隆元年，仍定都开封，史称"陈桥兵变"。

❮ 王安石变法 ❯

王安石变法是北宋宰相王安石所发动的一场旨在去除国家积弊的改革，因在熙宁年间举行，又称熙宁变法。北宋王朝的积弊主要在于两个方面，一是因宋太祖遗言要优待文人，导致冗官太多；二是因燕云十六州为辽所占，北方门户洞开，需要大量养兵，导致冗兵太多，所谓"一天下之民养两天下之兵"。此两项首先导致宋财政吃紧；其次因赋税过重，农民不愿种地，便又牵连出土地兼并等一系列社会问题。事实上，在王安石变法之前，宰相范仲淹便进行过一场类似的变法，史称"庆历新政"。因反对派势力太大，无果而终。王安石任宰相后，又针对这些问题颁布了方田均税法、青苗法、裁兵法、募役法等一系列新法令，主要着眼点便在于增加政府财政收入、强兵、减轻农民负担。

王安石实施变法后，朝廷财政收入增加不少，士兵数量减少的同时质量得到提高。但因遭到既得利益者和保守大臣的反对，阻力过大；同时，王安石也有些刚愎自用，未能充分团结苏轼等中间派人士；加之变法宣传不足，没能吸引优秀的人才进行有力的执行，导致变法利弊兼有。元祐元年（1086 年）司马光执政，尽废新法，只部分内容保留下来，王安石变法宣告失败。之后的宋人以支持或反对王安石变法分为"元丰党人"、"元祐党人"两派。从此宋朝进入了党争的泥沼，不可自拔。后人对于王安石变法的评价也是褒贬不一。

❧ 岳飞抗金 ❧

岳飞，北宋相州汤阴（今河南汤阴县）人，宋朝重要的抗金将领，与韩世忠、张俊、刘光世并称为南宋中兴四将。岳飞的抗金活动在北宋时期已经开始，他在 20 岁时投军抗金，凭战功逐渐成为高级军官。靖康二年（1127 年），北宋灭亡，北宋皇室几乎全部被金人俘虏回金国。赵构在临安（今杭州）建立南宋政权，是为宋高宗。宋高宗初期主张收复失地，启用了岳飞等大批主战派将领。岳飞领导的岳家军的主要抗金活动有四次北伐，前三次北伐均收复大量失地，将南宋的疆界逐渐向北方推移。1140 年，岳飞的第四次北伐已经打到开封城下，金人已经弃城北逃。宋高宗赵构却在一日内连发 12 道金牌将岳飞召回，致使前功尽弃。岳飞回朝后，被奸臣秦桧以"莫须有"的罪名害死在杭州风波亭。

❧ 成吉思汗雄霸草原 ❧

成吉思汗本名铁木真，生于 1162 年，本是蒙古草原上一个部落首领之子。9 岁时其父被杀，其族离散，铁木真跟随其母艰难度日。铁木真长大后又逐渐召集其父旧部，凭借自己的军事与政治才能逐渐统一了蒙古各部，于 1206 年建立蒙古汗国，自称"成吉思汗"，意为天下之主。成吉思汗统一蒙古后，先是逼降西夏，然后沉重打击了金国元气。因自忖一时不能灭金，成吉思汗暂时与金国议和，向西扩张。1219 年，成吉思汗灭西辽，为西征扫清障碍。次年，成吉思汗率军 20 万西征。蒙古军先后攻破讹答剌（在今锡尔河中游）、布哈拉及撒马尔罕等地，向南抵达印度河，西则至克里米亚半岛。成吉思汗将占领的土地分给自己的

成吉思汗放鹰捕猎图
这是一幅中国丝绸上的绘画，狩猎是蒙古人重要的生活内容。在狩猎时，鹰是猎人的向导，它负责搜寻猎物，引导方向，所以蒙古人出猎时往往将鹰带在身边。

四个儿子，形成了窝阔台、察合台、钦察、伊利四大汗国。1225 年，成吉思汗回蒙，两年后灭西夏，在筹划进一步灭金时逝世。

相比于历史上的匈奴、鲜卑、突厥、回纥、契丹、女真等曾经称霸草原的北方少数民族，成吉思汗所拥有的土地面积乃是最大的。并且，成吉思汗也是第一个不再将眼光局限于南下中原，而是将目光投向了遥远的西边的北方草原民族首领，气魄又是不同。成吉思汗死后，其子孙在成吉思汗的基础上先是联宋灭金，之后灭南宋与大理，又进行了两次西征，最终建立了横跨欧亚的蒙元帝国。

明太祖的擘画

明太祖朱元璋立国后，没有满足于简单继承前朝的制度，而是在参考前面历代制度的基础上，进行了一番颇有决断的擘画。明朝的各项制度可以说是相当有特色的。就效果而言，朱元璋的擘画则是优劣参差。就设计得比较好的制度而言，首先是值得一提的便是朱元璋所设立的卫所兵制。卫所兵制兼具征兵、募兵之长，养兵百万，不废百姓一粒米。统兵权与调兵权的分离既使军队可保卫国家安全，又防止了武人专权。其次，朱元璋所实施的扶植自耕农，奖励移民垦荒屯田的经济政策也比较成功，加上重新丈量土地使得赋役负担更加公平，因此明初的小农阶层生活整体不错。另外，有明一代的官员乃是历代最清廉的官员，应该说也是受朱元璋所影响，但是通过严刑重典实现的，并不可取。另一方面，朱元璋的一些擘画也给明朝遗留了相当大的麻烦。朱元璋所设计的最不好的制度有两个，其一是不设宰相，其二是特务组织。不设宰相的制度使得有明一代尤其是中晚期一直受到宦官专权的影响，而特务组织最终也发展成为明代政治的痼疾。明中晚期，宦官干政的同时又控制了"东厂"特务组织，两个痼疾纠结在一起，最终导致了明朝的灭亡。还有些制度，刚开始比较好，随时间推移，便由利变为弊了。比如朱元璋分封子侄为王藩卫中央的策略，在朱元璋在世时固然起到了巩固国防的作用，但朱元璋死后，这些藩王却成了其后世帝王的麻烦。

❧ 李自成起义 ❧

李自成起义是明末的一场农民起义。明天启、崇祯年间，陕北连年大旱，朝政黑暗，加之财政困难，无法赈济，农民纷纷暴动。山西米脂农民李自成于崇祯三年（1630年）加入起义军，并逐渐成为起义军领袖，以"均田免粮"为口号吸引农民入伍，最后队伍达到几

李自成雕像

十万之众。崇祯十六年（1643年），李自成采纳谋士顾君恩之策，先取陕西作为根据地，在西安宣布建立大顺政权，李自成改名自晟，称王。同年二月，起义军分两路进攻北京，在三月中旬攻入北京。崇祯皇帝自缢于煤山（今景山），明朝灭亡。李自成攻下北京后，明朝只剩下驻守山海关的明总兵吴三桂还有一定军事实力。本来吴三桂已经答应了李自成的招降，但因李自成骄傲自满，轻视吴三桂的实力，软禁了吴三桂在京城的家属，导致吴三桂反悔投清。李自成率军征讨吴三桂时被吴三桂和多尔衮率领的清军夹击而败退北京，仓促称帝后准备退回陕西再起。后在湖北九宫山下被地主乡团所围，李自成战死。余部由刘宗敏、李过率领南下，联明御清，终未成气候。

❧ 努尔哈赤崛起 ❧

努尔哈赤是清王朝的前身——东北后金国的缔造者。明嘉靖三十八年（1559年），努尔哈赤出生在赫图阿拉（今辽宁新宾县）建州左卫一个小部落酋长的家里。万历十一年（1583年），努尔哈赤之父被女真另一个部落与明军联合所杀，年仅25岁的努尔哈赤率部起兵。凭借卓越的军事才干，努尔哈赤先是花10年时间统一了建州女真各部，后又降服海西、野人等众多分散的女真部落，势力日大。在其崛起的过程中，对内，努尔哈赤逐渐建立起了经济、军事一体化的八旗

制度，为其征战提供了物质和组织上的保证；对外，在起兵后30年间，都实行尽量稳住明朝，避免引起其注意的策略。努尔哈赤拜明朝辽东总兵李成梁为干爹，更是为其崛起赢得了极大方便。万历四十四年（1616年），努尔哈赤自觉羽翼丰满，在今辽宁新宾县称汗，建立后金，表面上向明称臣。两年后，努尔哈赤起兵叛明，在莎尔湖大战中杀前来征剿的明军6万人，自此明朝廷提努尔哈赤色变，以致无人敢到辽东做官。1625年，后金迁都沈阳，基本控制整个东北。次年，努尔哈赤死，但其为后来清政府的入主中原已经奠定了基础。1644年清军入关后，尊努尔哈赤为清太祖。

❧ 康熙统一清朝版图 ❧

康熙是清圣祖爱新觉罗·玄烨的年号，因明清帝王多只用一个年号，故往往以年号代称帝王。康熙是清朝入关后的第二个皇帝，于1667年登基。16岁时，康熙在其祖母太皇太后孝庄文皇后的帮助下，赢得了与顾命大臣鳌拜的斗争，开始亲政。清朝立朝时并未在军事上取得完全的胜利，只是与明朝投降势力取得了政治上的妥协。清朝立国后，明朝降将平西王吴三桂、平南王尚可喜、靖南王耿精忠三个藩王事实上与清廷分庭抗礼，因此当时清朝并非一个真正统一的王朝；郑成功在台湾自称南明朝廷，与清廷对峙。康熙20岁时，宣布撤藩，三藩起兵，康熙花了8年时间平定了三藩。3年后，康熙又统一了台湾。至此，清王朝实现了真正的统一。后来，康熙又花了9年时间平定了蒙古势力噶尔丹的叛乱，击退了当时沙俄对我国东北地区的侵略，签订了《尼布楚条约》，维持了东北边境150多年的和平。通过这一系列的军事行动，康熙将清王朝的基业稳定下来，基本奠定了中国今天的版图。

❧ 洪秀全与太平天国运动 ❧

洪秀全是广东花县人，道光年间科举不中，遂借用早期基督教义中的平等思想，创立拜上帝教。道光三十年（1851年），洪秀全借用拜上帝教的组织体系，发动金田起义，建国太平天国，自称天王。太平军以平均地权、建造无处不平等的理想社会为口号，吸引大量农民，声势浩大，达百万之众。咸丰三年（1853年）太平天国定都南京，拥有长江中下游地区，占据清政府的半壁江山。因清政府无力征剿，以曾国藩、李鸿章为首的地主武装湘军和淮军成了打击太平天国运动的主力军。在外国军队的帮助下，淮军于1864年攻破天京，太平天

洪天福贵被擒图

幼天王（1849～1864 年），本名洪天贵，洪秀全长子。1861 年洪秀全在其名下加一"福"字，为其即位后用。同治三年（1864 年）6 月 1 日洪秀全病逝后，幼主随即即位，称幼天王。幼天王玉玺名下横刻"真主"二字，清方误称为"福"。幼主后随陈得才、赖文光等辗转江西玉山之际，在石城杨家牌为清军所袭，被俘。一个月后，在南昌殉难。中国封建历史上最后一个农民政权至此彻底瓦解。

国运动失败。

太平天国失败的原因，在军事上是由于偏师北伐孤军深入，导致全军覆没；在政治上则是因其缺乏政治远见，洪秀全定都南京后耽于享乐，后又出现领导集团内部的自相残杀，石达开出走，此后太平天国由盛转衰。另外，太平天国所提出的均田制度则完全是乌托邦性质，因此其缺乏有效的经济纲领。

❲ 戊戌变法 ❳

1895 年《马关条约》签订以后，康有为等人发动公车上书，提出变法的主张。他们陆续创办报刊，组织社团，宣传维新变法。在维新人士和帝党官员的积极推动之下，1898 年 6 月 11 日到 9 月 21 日，光绪皇帝先后颁布了一系列变法法令，进行自上而下的改革。主要内容有：设立农工商局、路矿总局，提倡开办实业，修筑铁路，开采矿藏，组织商会，改革财政；广开言路，允许士民上书言事，裁汰绿营，编练新军；废八股，兴西学，创办京师大学堂，设译书局，派留学生，奖励科学著作和发明。这些革新政令，目的在于学习西方文化、科学技术和经营管理制度，发展资本主义，建立君主立宪政体，以达到富国强兵的目的。维新变法遭到了以慈禧太后为首的顽固派的极力反对。他们在 9 月 21 日发动政变，囚禁了光绪，慈禧太后宣布"亲政"，戊戌变法失败。变法从开始到失败，前后仅 103 天，因此又称"百日维新"。

❁ 清帝退位 ❁

上海各界欢送孙中山赴南京就职
1912年1月1日上午10时，孙中山与各省代表汤尔和、王宠惠及军事顾问荷马李等，乘沪宁铁路专列赴南京就职。

1911年武昌起义爆发后，清朝政府陷入了内外交困的境地。清廷重新起用袁世凯收拾局面。袁世凯与黎元洪议定停战，并且密议商定只要袁世凯逼迫清帝退位，即推举他当中华民国大总统。孙中山从海外回国，被各省代表推举为中华民国临时大总统，同时又决定一旦袁世凯逼退成功，孙中山须将总统职位让出。袁世凯暗中指使北洋文武官吏请愿，迫使宣统逊位。经过多次磋商，最后达成了退位的协定。中华民国给清帝提供逊位之后的优待条件。1912年2月12日，清政府颁布了皇帝退位的诏书，布告全国。中国历史上最后一个封建王朝——清朝宣告结束。清帝退位以后，仍然住在紫禁城，国民政府每年拨给400万元的费用。

❁ 中华民国成立 ❁

1912年1月1日，孙中山在南京宣誓就任第一任中华民国临时大总统，他在临时大总统誓词中说："倾覆满洲专制政府，巩固中华民国，图谋民生幸福。"中华民国南京临时政府成立，规定改用西历纪年，1912年为中华民国元年。黎元洪为副总统，临时政府各部部长分别是黄兴、黄钟瑛、伍廷芳、蔡元培、张謇等人。1月11日，决定以红、黄、蓝、白、黑五色旗为民国国旗，以武昌起义的军旗为陆军旗，青天白日旗为海军旗。临时政府随后相继颁布了《修正中华民国临时政府组织大纲》和《中华民国临时约法》，迅速组建起临时政府的政治体制。

第二篇

思想学术

古代哲学命题

❖ 太极 ❖

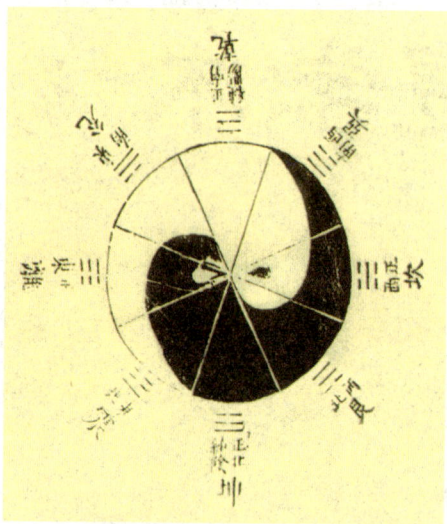

《太极图》(阴阳鱼)
这种《太极图》据考始制于东汉炼丹家和气功学家魏伯阳的《周易参同契》。它反映了阴阳两方面既相互对立,又相互依存,阴中有阳,阳中有阴。这种阴阳对立互根的思想在中国古代医学中得到了广泛的应用。

"太极"在中国古代哲学中是用来表述宇宙本原及其无限性的一个概念,"太"有至的意思,"极"则为极限之义,"太极"就是至于极限,无有相匹,既包括了至极之理,也包括了至大至小的时空极限。"太极"一词最早见于《易经·系辞传上》:"易有太极,是生两仪,两仪生四象,四象生八卦。"其中的"太极"即为天地未开、阴阳未分之前的混沌状态。"两仪"即为太极的阴、阳二仪,其意指浩瀚宇宙间的一切事物和现象都包含着对立而相依的阴和阳两个方面,而它们之间的这种既互相对立斗争又相互滋生依存的关系,既是事物存在的一般规律,是宇宙中万事万物的纲领和由来,也是一切事物产生与毁灭的根由所在。这其中包含着朴素的哲学辩证法,是中国古代哲学思想的光辉体现。北宋周敦颐在《太极图说》中又提出"无极而太极"的命题,太极也被理解成阐明宇宙从无极而太极,即从无到有,从无形无象的元始以至混沌初蒙,而再至万物化生的自然过程。

❖ 道 ❖

"道",在中国古代哲学中是一个表达宇宙本源与自然规律的范畴。"道"字的原本意义是指供人行走交通的路径,后来引申为一种抽象的含义,用来表达道理、道义,而作为一个哲学概念来表述,则始于老子。道家的经典著作《老子》,就分为《道经》与《德经》两部分,因而又合称为《道德经》。老子超越了纷纭变幻的凭人类感性所能觉知的经验范围，而将人事运行做了一种形而上的思索和阐发，在其思想体系中，"道"是一个核心性的概念，"道"字在五千余言的《老子》一书中出现达七十余次之多。概括而言，"道"在老子那里基本有两种含义：一种是作为宇宙本原的"道"，一种是作为自然规律的"道"。到了庄子那里，"道"的意涵又有了新的表述："夫道有情有信，无为无形，可传而不可受，可得而不可见；自本自根，未有天地，自古以固存；神鬼神帝，生天生地；在太极之先而不为高，在六极之下而不为深，先天地生而不为久，长于上古而不为老。"（《庄子·大宗师》）庄子认为，得"道"者可以达到一种"天地与我并生，万物与我为一"的逍遥境界，即是后来所传称的"得道成仙"。"道"，成为宇宙人生的真谛，代表着人生所能达到的最高修化。而"道"并非道家哲学的专有概念，儒家也有关于"道"的论述，例如西汉董仲舒曾说："道之大原出于天，天不变，道亦不变。"（《天人三策》）但儒家思想中的"道"基本上指的是更为实在的自然与社会的运行秩序和发展规律，并不如同道家之"道"那样的高深玄妙。唐代韩愈则用"道"来阐发自上古尧舜时期以来直至孔孟历代相延传的中国正宗的文化价值系统。宋代朱熹又将"道"表述为"天理"，指出："理也者，形而上之道也。"（《答黄道夫书》）朱熹由此把"道"提升至本体论的范畴来阐述，从而使"道"成为儒家学说中的一个核心概念。总体而言，"道"的阐释基本体现于宇宙本体和事物运行规律这两重意义上。

气

"气"，在中国古代哲学中是一个特别重要而又非常复杂的概念，在各种典籍的不同阐述中有着各不相同的内涵。从根本上来讲，"气"体现的是关于物质存在和运动的哲学范畴，具体说来，中国古代学者从以下几个意义上阐释"气"这一基本概念。首先，气是运行不息而且无形可见的一种极细微的物质，是构成宇宙万物的本原或本体，如《庄子·知北游》说："人之生，气之聚也。聚则为生，散则为死。"另见《列子·天瑞》："夫有形者生于无形，则天地安从生？故曰有太易，有太初，有太始，有太素。太易者，未见气也；太初者，气之始也；太始者，形之始也；太素者，质之始也。气，形质具而未相离，故曰浑沌。"其次，气分为阴阳二气或五行之气，各种气之间的交互运动，推动着宇宙万物的发展与变化，如《老子》说："万物负阴而抱阳，中气以为和。"周敦颐在《太极图说》里讲："二气交感，化生万物。万物生生，而变化无穷焉。"气充塞于宇宙万物之间，与万物相互渗透，是万物之间相互感应的中介物质，令万物之间相互联系，相互影响，从而使万物处于和谐有序的运动之中并且相互感应而构成一个有机的整体。气也同样地存在于人体之内，是人体生命的体现，是推动和调控人体生命活动的动力源泉，人的生命状态与气密切相关，气的运动停止标志着人体生命活动的终结，如《管子·枢言》所说："有气则生，无气则死，生者以其气。"人要保持健康的身体，则必须认真保养运行于人体中的气。气还表现着一种崇高的道德状态和人生修养境界，即孟子所言的"至大至刚，以直养而无害，则塞于天地之间"的"浩然之气"。

❈ 阴阳 ❈

"阴阳"是人们把握和描述事物的对立统一属性的哲学范畴，阴阳这一观念产生于人们对天象的观察，其最初含义是很朴素的，用来表示阳光的向背，向日为阳，背日为阴，后来则引申为气候的寒暖、方位的上下、状态的动静、性质的刚柔等普遍的两两对立的范畴。中国古代的哲学家们认为自然界中的一切现象都存在着既相互对立而又相互依存的关系，于是就用阴阳这个概念来解释自然界两种相互对立同时又相互消长的物质势力。《易经·系辞传上》中"一阴一阳之谓道"，《素问·阴阳应象大论》中"阴阳者，天地之道也，万物之纲纪，变化之父母，生杀之本始"，意思是说，阴阳的这种对立统一的运动规律是自然界一切事物运动变化固有的规律，世界本身就是阴阳二气相互作用互为运动的结果。周敦颐的《太极图说》中有这样的表述："无极而太极。太极动而生阳，动极而静，静而生阴，静极复动。一动一静，互为其根。分阴分阳，两仪立焉。"（阴阳）二气交感，化生万物。万物生生，而变化无穷焉。"这是中国古代哲学中对于阴阳概念最为完备的阐述。阴阳学说，是中国古代朴素的唯物论和自发的辩证法思想，这种学说对中国古代哲学思想的发展有着极为深远的影响，并且广泛地体现于医学、音乐、数学、化学、天文学等多个领域的科学和文化知识体系建构之中。

❈ 五行 ❈

"五行"，是中国古代哲学中在阴阳之外的又一个重要的基本概念，是用来表述宇宙和社会属性及其变化规律的范畴系统。同阴阳的概念一样，五行最初的含义是指5种具体的物质，即水、火、木、金、土，这5种在人们生活中占有重要位置的基本物质，并且人们认为宇宙间的万物都是由这五种基本物质构成的。这同古希腊恩培多克勒的"四元素说"（水、火、土、气）类似。中国古代哲学中之所以选择用"五"这个数字，是与中华民族对"五"这个数字有一种特殊的情感偏好有关，《易经·系辞传下》曰："天数五，地数五。"中国古人对"五"有一种带有神圣意味的崇拜之情。另外，中国的五行概念有着比古希腊的四元素说远为广阔的内涵，"五"代表着五种基本物质，而"行"则含有运行的意思，五行之间有着相生和相克的关系。具体说来，木生火，火生土，土生金，金生水，水生木；水克火，火克金，金克木，木克土，土克水。战国时期著名的阴阳家邹衍就是用五行相生相克的原理来阐释宇宙自然与人类社会的发展演变。五行的概念起源于何时

五行图

五行说是中国古代论说宇宙构成万物的元素论，它的特点是从万物中分析出五种完全不同形质的基本物质——水、火、木、金、土，认为这是构成宇宙万物的根本元素。图中实线所示为相生关系，虚线所示为相克关系。

并没有确凿的依据可以查考，但在《尚书·洪范》中已经有明确的阐述："五行：一曰水，二曰火，三曰木，四曰金，五曰土。"《国语·郑语》中也有："先王以土与金、木、水、火杂，以成百物。"五行在哲学思想中不仅指代五种基本的物质，而且延伸至事物所具有的五种基本的属性，广泛地应用于各种思想学说和知识体系中，五行与阴阳结合而形成的阴阳五行学说，是贯串中国古代哲学思想的一项基本原理。

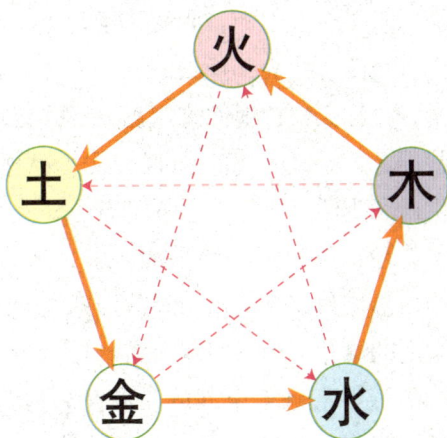

❧ 八卦 ❧

"八卦"中的"卦"，是一个会意字，从圭，从卜。圭，指土圭，是一种以泥做成的用于测日影的土柱；卜，为测度之意，测度的方式为在四正四隅八个方位上分别立圭，而后将观测到的日影加以记录和总结，也就形成了八卦的图象。又一说是"卦"字的右边"卜"字，是象形，表示在地上竖立杆子，右边那一点代表太阳的影子；"卦"字左边的"圭"字是尺子，用来测量影子的长度位置，所谓八卦，就是在地之八方对日影进行测量之结果的记录。两种说法对于"卦"字两部分构成的解释不尽相同，但作为"八卦"这一整体概念的表达则基本是一致的，即八卦表示的是对日影从八个方向进行测量的记录。通过这种长期的观察和测量，人们逐渐掌握了春夏秋冬的季节更替规律，从而用于指导农业生产和日常生活。后来八卦演化成为一套有象征意义的符号，其基本单位是爻，爻有阴阳两

类，阳爻表示阳光，阴爻表示月光，用"—"代表阳爻，用"--"代表阴爻。每卦有三爻，代表天地人三才。三才的天部，意指天体运行和气象变化，即星象之学，又称天文；地部指观测日影来计算年周期的方法，从而知晓地面事物的运行状况，即地理；人部指把天文、地理和人事相结合，以便按照这些规律来从事生产和生活。用3个这样的符号，共组成8种形式，叫做八卦。八卦代表8种基本物象：乾为天，坤为地，震为雷，巽为风，艮为山，兑为泽，坎为水，离为火，总称为经卦。八个经卦两两组合，则构成六十四卦。这样八卦就成为一种哲学上的概念，用来表示宇宙、社会与人生中各种事象的运行状况。关于八卦，最早的资料来自于西周的《易经》，其书记载："易有太极，是生两仪。两仪生四象，四象生八卦。"据考证，所谓太极即宇宙之原始，两仪指天地，亦可称之为阴阳，四象就是四季天象，长日照的夏季称为太阳，短日照的冬季称为太阴，春为少阳，秋为少阴。据传，八卦的创始者为伏羲，伏羲八卦，也叫先天八卦。后来周文王在伏羲八卦的基础上进行修改，形成了自己的乾坤学说。他认为先有天地，天地相交而生成万物，天即乾，地即坤，八卦其余六卦皆为乾坤之子女：震为长男，坎为中男，艮为少男，巽为长女，离为中女，兑为少女。相应于伏羲八卦，文王八卦又称为后天八卦。及至宋朝，八卦符号通常与太极图搭配出现，代表中国传统信仰的终极真理——"道"。八卦是中国古代哲学思想的重要组成部分，除了在占卜和风水中占据着基本地位之外，还广泛地影响到医学、武术、音乐、算学等多个知识领域，其带有神秘意义的博大而精微的内涵至今仍有待人们进行更深入的认识和研究。

❦ 有与无 ❦

有与无，是道家关于宇宙起源和本体问题的哲学范畴。"有"指实有，为事物的存在之意；"无"指虚无，为事物的无有之意。最早提出有无范畴的是老子，他指出："天下万物生于有，有生于无。"又言："无名天地之始，有名万物之母。"也就是说，天地万物起始于"无"，"有"从"无"中生发而来，这是老子关于天地起源和万物源生的哲学观点。而后庄子言："泰初有无，无有无名。"（《庄子·天地》）并且说："有始也者，有未始有始也者，有未始有夫未始有始也者；有有也者，有无也者，有未始有无也者，有未始有夫未始有无也者。俄而有无也者，而未知有无之果孰有孰无也。"（《庄子·齐物论》）这段话可以看做是庄子对老子的有无论的进一步深入。宇宙生成于"无"，而这"无"又从何而生的呢？庄子对这一问题的解答是，"无"并非宇宙的起点，无穷地追溯上去，"有"与

"无"都是不可知的，不能够断定终极的有无。关于有无的论述在庄子这里变得更加玄奥，而这种玄而又玄的问题在相当长的时期遭受到人们的冷落，直到魏晋之际老庄之学盛起之时才又被提上案端，有无之辩成为一个流行的哲学话题。在辩难之中，形成了"贵有"与"崇无"的两派，如王弼以"崇无"论出发，主张"以无为本"，而裴頠则认为"至无"是不能够生"有"，因而主张"以有为本"。有无之论是中国古代哲学所特有的哲学范畴，与西方哲学中的唯心论和唯物论并没有对应关系，以西方的和当代的视角来简单地框定中国的和古代的哲学论题是十分荒谬的。

名与实

名与实，是关于事物的实质与其概念的哲学范畴。"名"，指名分、概念，"实"，指实际、实质。对名与实之关系的论述最初是一个政治层面的话题，孔子曾提出"正名"的说法，《论语·子路第十三》记载："子路曰：'卫君待子而为政，子将奚先？'子曰：'必也正名乎！'"子路问孔子，卫国国君等待您去治理国政，您准备先做什么呢？孔子回答说，议定书是纠正名分上的用词不当吧。子路认为孔子的想法很不切实际，名分又有什么可以纠正的呢？孔子于是接着解释说："名不正，则言不顺；言不顺，则事不成；事不成，则礼乐不兴；礼乐不兴，则刑罚不中；刑罚不中，则民无所措手足。故君子名之必可言也，言之必可行

灵公问陈
鲁哀公二年，孔子从陈国返回卫国，卫灵公询问陈国的事，孔子说："军事方面我还没有学，明天再回答你吧。"这时，灵公看到有大雁飞过，抬头凝视，心灵已不在孔子身上，孔子觉得受到了轻视又返回了陈国。

也。君子于其言，无所苟而已矣。"这里的"正名"，指的是依据人的等级名分来明确其权利和责任以及一整套从于礼法的行为规范。孔子指出：概念不明确，说话就不能顺理成章，礼乐制度就不能实施，而没了礼法的尺度，定刑判罚就会失据，老百姓就会手足无措。概念明确了，社会生活才能纳入正道，次序井然。以人为例，君、臣、父、子的概念都明确了，身当其位的个人才能各守其职分，享有相应的权利，担起相应的责任，履行相应的义务。这就是孔子对齐景公所讲的为政之道，是言"君君，臣臣，父父，子子"，这4种关系所表达的实际就是名与实的问题。孔子强调的是要让行为的实际符合其所承担的名分，即追求所谓的名副其实。荀子继承了孔子的"正名"思想，提出"制名以指实"，后来韩非子也主张"循名而责实"。名实之论发展到后来演变为哲学上的问题，战国时代很多学说流派都对名实关系提出了自己的见解，如墨子提倡"取实予名"，即认为"名"是"实"的反映，应当依实而赋名，而庄子主张"名者实之宾"，"实"为主体。《尹文子·大道上》说："形以定名，名以定事，事以验名。"惠施、公孙龙等名家则将逻辑学引入对名实问题的论说，提出了诸如"白马非马"、"鸡三足"、"规不圆"等一系列诡谲的命题，这些论点在开启人们思路的同时也带有浓重的诡辩和谬论的色彩。

❰ 动与静 ❱

动与静，是关于宇宙万物的状态及其变化的哲学范畴。关于动静关系的论述最早见于《论语·雍也第六》："子曰：'知者乐水，仁者乐山；知者动，仁者静；知者乐，仁者寿。'"孔子在此处所说的动和静指的是个人性情的分别，并没有涉及抽象意义的层面。而在《老子》中动与静则成为一种哲学范畴："重为清根，静为躁君。""躁"，即为动。老子认为"静"主宰着"动"，其书又言："夫物芸芸，各复归其根，归根曰静，静曰复，复命曰常。"这表达了静是宇宙万物的最后归宿之意。《易经·系辞传上》曰："动静有常，刚柔断矣。"是说宇宙万物的动与静都遵循着恒常的规律。北宋周敦颐在《通书》中专有《动静》一篇，系统地论述了动与静的问题，他将动和静视作宇宙生成与变化的根本原因："太极动而生阳，动极而静，静而生阴，静极复动。一动一静，互为其根。"南宋朱熹所提出的"动静互待"、"动静互涵"、"动静无端"等哲学命题亦出于此，而且已经具有明显的辩证色彩。而朱熹又说："静是太极之体，动是太极之用。"这继承了先代哲学中以静为本的观念。明末清初著名思想家王夫之对动静做了最为深刻的论述，他认为"天地之气，恒生于动，而不生于静"（《读四书大全说》卷十），动是绝对的，而静是相对的，甚至认为静也是一种动，指出："动静皆动也，由动之静，亦动也。"这已经达到了现代哲学中对于动静关系的认识水平。然而为中国传统哲学多所崇奉的是"主静说"，若《礼记·乐记》所载："人生而静，天之性也。"

天人感应

"天人感应"是董仲舒提出的关于天与人交互感应的命题，这其中蕴含着天有意志和天人相通两个前提，就科学的观点看来，这两个前提都是靠不住的，但在古时，人们认为这两个前提是自然成立的，因而也就对"天人感应"之说产生信任。"天人感应"思想源于中国先秦哲学，到西汉时，董仲舒将这一思想发展为一套系统的神秘主义学说，其基本意涵为：人的活动与行为全都处于上天的观测之中，人若为善，天则喜悦，也会示人以祥瑞，即出现凤凰、麒麟、灵芝等吉祥之物；反之，人若为恶，天就会愤怒，从而对人施以恶兆，就会发生地震、冰雹、日食等灾异的事件。汉武帝有感于历史兴替、福祚无永，因问策于天下贤良，以求讨"大道之要，至论之极"，是一种博大渊然的具有终极性的道理和谋略，而不是仅可施于一时一事的权宜之计。董仲舒连上策三篇作答，即著名的《天人三策》。在《天人三策》的首篇中，董仲舒集中论述了天人关系，说道："国家将有失道之败，而天乃先出灾害以遣告之；不知自省，又出怪异以警惧之；尚不知变，而伤败乃至。以此见天心之仁爱人君，而欲止其乱也。"指出天子如有过失，将遭受上天的警示，也就是所谓的"天谴"。

"天人感应"是一种悖于客观实际的唯心主义观念，但是在历史上产生过积极的作用。封建王朝，帝王一人独尊，但是在"君权神授"的观念控驭下，皇帝也不可恣意妄为而违背天的意志来行事，这对皇帝的行为产生了一定的约束力。历史上曾有过的皇帝下达"罪己诏"的事件以及免租减赋等益民之举，

天人感应帛画　汉代
古代天文学中天象和人文有密切关联，这种关联被称为"天人感应"。至汉代，董仲舒为"天人感应"作出了理论上的阐明。他认为天与人之间存在象与数的关联，天与人是同类的，是可以彼此感应，互相影响的。从此"天人感应"论被历代王朝纳入上层建筑与社会意识形态之中。

往往就与"天谴"的发生有关，这在古代史书中会找出很多相关的事例。流传至今，"天人感应"的思想仍然在某种程度上存在于中国人的意识理念中。

《 性三品说 》

"性三品"是董仲舒提出的人性论。董仲舒将阴阳的观念引入对人性的分析，如同天有阴阳一样，人也分善恶。人所具有的善的品质，体现了天的阳性，董仲舒称之为"性"；人所具有的恶的品质，体现的是天的阴性，他称之为"情"。尽管"性"蕴含着善的一面，但并不等同于善，而只是意味着善的可能，他比喻说："性比于禾，善比于米；米出禾中，而禾未可全为米也；善出性中，而性未可全为善也。"董仲舒依据人所具有的"性"和"情"的地位不同而将人性分为三品，上品为"圣人之性"，是"性"主导，而"情"很少，因此不教而可为善的品性；下品为"斗筲之性"，是"情"主导，而"性"缺乏，因此虽教而亦不能为善的品性；介于两者之间的为"中民之性"，是"性"、"情"相当，是为善而亦可以为恶的品性。董仲舒的"性三品"说将先天的人性进行了有差异的类分，这与孔子所言的"性相近"和孟子所说的"人皆可以为尧舜"是迥然不同的。东汉时期的思想家王充指出：董仲舒之言本性有善有恶，说的是普遍的人的本性；孟子之言性善，说的是上等人的本性；荀子之言的性恶，说的是下等人的本性，几种言说的差异在于论说对象范畴的不同。王充的这种提法对董仲舒的"性三品"说给予了充分的肯定。到唐朝，韩愈作《原性》，对董仲舒的"性三品"说进行完善，更进一步地将"性"与"情"都分为上、中、下三品，"性"与"情"相互对应，"上品之性"发为"上品之情"，"中品之性"发为"中品之情"，"下品之性"发为"下品之情"，这是一种更为精致化的"性三品"说。

《 格物致知 》

"格物致知"，是儒家哲学中关于认识论的命题，语出《礼记·大学》："欲诚其意者，先致其知；致知在格物。物格而后知至，知至而后意诚。"但是"格物致知"在《礼记·大学》中并未做具体阐释，而且其他先秦典籍中也未见此语，这使得"格物致知"的含义没有确解，引发了后来的争论。宋代朱熹将"物"解释为"天下之物"，"即凡天下之物，莫不因其已知之理而益穷之，以求至乎其极。至于用力之久，而一旦豁然贯通焉，则众物之表里精粗无不到，而吾心之全体大用无不明矣"。朱熹的观点是通过究察事理从而获得知识。同时代的陆九渊则持与朱熹相反的观点，认为"格物致知"意在言格去物欲而求得天理，反对在心外去穷理求知。明代王守仁也反对朱熹的"即物穷理"，认为："先儒解格物为格天下之物，天下之物如何可格得？且谓一草一木亦皆有理，今如何去格？纵格得草木来，如何反来诚得自家意？"王守仁因此认为"致知"就是致良知，"格物"就是正物，于是将"格物致知"说成"致知格物"，也就是"致吾心之良知于事事物物"，然而无论是朱熹，还是陆、王，"格物致知"的意义在于个人的道德修养，而不在于对自然物理的认识上，这与清末时期以"格致"来统称物理、化学等自然科学的含义是不相同的。

天人合一

"天人合一"，是中国古代哲学中对于天人关系的经典命题。天人关系，是哲人所必然要面对、要思考的一个基本问题，其关键在于对"天"的理解。在原始社会人的智慧尚未开化的阶段，华夏先民将"天"视为有意志的神灵，原始巫术的基本意义就是进行天人之间的沟通，《易经》中所载伏羲发明八卦，其意图就是"以通神明之德，以类万物之情"。"天人合一"的命题建立在天人相通的基础上。发展到东周时代，在人们的社会生活中巫术的作用已经淡化，这时人们的关注重心已经由"天"转向人，"天"的神化色彩也开始消退，开始转向自然和人伦意义的一面。孟子将"天"视为道德的本原，认为人的心性受之于天，尽心知性而可与天地相通达。"仁义忠信，乐善不倦，此天爵也"，孟子在此即用天赐的爵位来表示人的高尚道德。"夫君子所过者化，所存者神，上下与天地同流"，这是君子的道德修养所能达至的崇高境界。在庄子那里，"天"指向自然的意涵，人是自然的一部分，所以天人本来就是一体的，而天与人的分隔是人的文化造成的，所以庄子倡导"绝圣弃智"，返璞归真，从而可达天人相融的本然境界。最早明确表述"天人合一"这一命题的是西汉的董仲舒，他在《春秋繁露》中提出"天人之际，合而为一"的主张。此后，"天人合一"一直都是中国传统哲学思想中的核心。

天文气象杂占帛书

这是秦汉时期写成的有关天文星象的占卜书。它体现了中国古人天人合一的思想，也反映了古代中国人以天象附会人事的传统。

伦理、修养和品格

礼义廉耻

"礼义廉耻"，语出《管子·牧民》："何谓'四维'？一曰礼，二曰义，三曰廉，四曰耻。"又言："国有四维，一维绝则倾，二维绝则危，三维绝则覆，四维绝则灭。"由此可观，礼义廉耻占有着作为国家纲纪的崇高地位。管子解释说："礼不逾节，义不自进，廉不蔽恶，耻不从枉。故不逾节则上位安，不自进则民无巧诈，不蔽恶则行自全，不从枉则邪事不生。"意思是，礼要求人们的行为不超越一定的界限，义要求人不自矜，廉要求人们不隐瞒自己的过错，耻要求人有羞耻之心，不跟邪恶者同流合污。做到了这四点，就可以避免种种社会问题的产生。欧阳修在《新五代史·冯道传》中对管子的这一论说大加激赏："善乎，管生之能言也！礼义，治人之大法；廉耻，立人之大节。盖不廉，则无所不取；不耻，则无所不为。人而如此，则祸乱败亡，亦无所不至，况为大臣而无所不取，无所不为，则天下其有不乱，国家其有不亡者乎！"

三纲

"三纲"，即所谓"君为臣纲，父为子纲，夫为妻纲"。"纲"的本义为提网的总绳，其比喻义为事物中占据支配和控制地位的关键成分。"三纲"的提法并非出于儒家，而是始于韩非："臣事君，子事父，妻事夫，三者顺则天下治，三者逆则天下乱，此天下之常道也。"孔子对君臣关系的看法是："君使臣以礼，臣事君以忠。"而孟子则认为："君之视臣如手足，则臣视君如腹心；君之视臣如犬

马，则臣视君如国人；君之视臣如土芥，则臣视君如寇仇。"可见，孔子、孟子所言的君臣关系是相互的、双向的对等关系，而韩非所言的君臣关系以及父子关系、夫妻关系则是单向的、一方对另一方具有控驭权的服从关系。韩非将君臣完全对立起来，倡扬权术和法制的重要性，而儒家则强调亲情和仁义是维持社会关系的根本。"三纲"的正式提出者是西汉时期的董仲舒，他在《春秋繁露》中说："君臣、父子、夫妇之义，皆取自阴阳之道：君为阳，臣为阴；父为阳，子为阴；夫为阳，妻为阴。"又言："阴者阳之合，妻者夫之合，子者父之合，臣者君之合。""合"，是配合的意思，也就是被支配的一方。这也就是后来统驭中国社会思想两千余年的"王道三纲"。"三纲"虽然打着儒家的旗号，但与孔孟之学相去甚远，实则是后来君主专制社会的思想家为迎合政治需要而制定的伦理规范。

《 五常 》

"五常"，指仁、义、礼、智、信这五种精神信念与行为规范，是儒家伦理思想的核心。"五常"的定称，出于董仲舒《天人三策》："仁、义、礼、智、信五常之道，王者所当修饬也。"之所以将仁、义、礼、智、信称作"五常之道"，是因为"常"表达的是永恒不变之义。后来，"五常"与"三纲"常常并称，成为中国传统社会的最高伦理准则，但是实际上"五常"的观念比"三纲"早很多，在孔子之前就已经是社会上广为认同的德行规范，孔子继承了华夏文化的优秀传统，并将之发扬光大，泽于后世。可以说，"五常"作为一种思想理念，有着比"三纲"更为广泛的适应范围，当今虽不再有"五常"的提法，但是仁、义、礼、智、信这些基本理念仍在相当程度上影响着中国人的思想和行为。

"三纲""五常"
此长卷形象地展示了"三纲""五常"的内涵。①君为臣纲。②夫为妻纲。③父为子纲。④仁，仁者爱人，取材自谢安劝哥哥谢奕善待老翁的故事。⑤礼，取材自景公尊让的故事。⑥义、礼、信，取材自孔子化行中都的故事。当时，孔子制定制度：尊老爱幼、各行其道、路不拾遗、等价交换、童叟无欺等，这反映了儒家重义、明礼、诚信的伦理观。

《 孝 》

孝，指的是子女对父母所应当尽到的职责和义务，包括尊敬、顺从、赡养、送终、守制等内容。在动物界中存在着"反哺"的现象，人类的孝在生物意义上来讲也是以这种"反哺"为基础的，但是人作为一种"道德动物"，这种"反哺"就具有了较之动物界的本能现象远为复杂的含义，并且升华为"孝"的概念。应当说，"孝"是全人类所共有的伦理行为，但是在中国有着尤为重要的意义。早在上古时期，孝的理念在中国人的意识中就已经相当强烈。这种理念的产生，或与原始的宗教情感有关，先民们认为祖先的在天之灵可以福佑子孙，因而对祖先产生一种敬畏的心理。另外，在中国古代的宗法制社会中，家国同构，宗统与君统合二为一，孝与忠紧密相连，这也加重了中国人孝的意识。在孝的内容中，"慎终追远"是尤为重要的一条，语出《论语·学而第一》："曾子曰：'慎终追远，民德归厚矣。'"其意为，慎重地办理父母的丧事，虔诚地祭祀远代的祖先，这样就可以令人民的品德归于忠厚。又如，孔子在解释孝的时候说："生，事之以礼；死，葬之以礼，祭之以礼。"这表明了孝不仅在于父母的生前，而且亦重于父母的身后。由于对父母葬祭格外重视，所以古代有"守制"的规矩，也就是父母亡故之后要在家守丧三年，而不得从事嫁娶、应官、交游等活动。关于此点，孔子说："子生三年，然后免于父母之怀。夫三年之丧，天下之通丧也。"守丧的礼法尤其展现出中国人在对待孝这一问题上的独特性。

《 忠 》

忠，是中国传统社会中一项基本的道德要求。"忠"原初是指对别人尽心尽力的忠诚态度，而不是专指臣对君的道德规约和行为职责。《论语·述而第七》载："子以四教：文、行、忠、信。"忠，就是孔子的四项基本教育内容之一。在先秦时代，并没有后来那样的忠君观念，孔子关于臣对君忠的看法是："君使臣以礼，臣事君以忠。"也就是说不是单方面地要求臣对君的忠诚，首先提到的是君要以礼待臣。孟子更说："贼仁者谓之'贼'，贼义者谓之'残'。残贼之人谓之'一夫'。闻诛一夫纣矣，未闻弑君也。"由此可见，在孟子这里，暴虐之君如纣者，实为民贼独夫，杀掉这样的暴君，是无所谓弑君的。这样的话是完全没有死忠、愚忠的色彩的。而要求臣下绝对忠于君主的始作俑者还是法家的韩非。韩非认为，根本不存在所谓的共同的国家公利，君主和臣民之间的利害完全相反，因而绝无道义可言，彼此之间纯粹是相互利用的关系。但是，韩非是以君主本位来处理君臣关系的，他倡言："故人臣毋称尧舜之贤，毋誉汤武之伐，毋言烈士之高，尽力守法专心于事主者为忠臣。"这可以说是汉代大一统时期董仲舒的"君为臣纲"的理论渊源。自从"忠"被列入"三纲"之后，这一观念为封建统治者绝对化，皇帝作为万民之君，受命于天，受权于神，要求民众对皇帝无条件地履行忠诚，也就是所谓"君让臣死，臣不得不死"。另外，在帝制时代，皇帝往往是作为国家的代表被看待的，臣民效忠于皇帝常常与尽忠于国家是合在一起的，出于对国家的情感和职责，贤臣也要求自己尽到对皇帝的忠诚。

信

信，是中国传统的核心价值范畴之一。信，就是诚，是无欺，是使人无疑。"信"不仅被奉为人际相处的起码准则，亦是治理国家的基本理念。孔子曾说："人而无信，不知其可也。大车无輗，小车无軏，其何以行之哉？"孔子将人没有诚信比做犹如车没有輗、軏（輗、軏，指车辕与横木相连接的关键部位）无法立足于世。孔子在回答子贡关于政事的提问时指出"足食"、"足兵"与"民信"这基本的三点，又言其中最为重要的是取信于民这一点，称："民无信不立。"另外，孔子的弟子子夏也说："与朋友交，言而有信。"曾

商鞅像
商鞅变法初，担心百姓不相信自己，立木南门，让百姓相信自己重信。

子的每日三省其身中的一项重要内容同样是"与朋友交而不信乎"。在法家的治国之术中，尤其重视对人民的守信，商鞅"南门立木"就是重信的一个明证。到了汉代，"信"这一道德准则被奉为五常之一，更是确立了至高无上的地位和影响力。

义

义，是中国传统的基本价值规范之一。"义"的本义是指合宜的行为表现，而这种合宜的判断标准是社会公认的准则，"义"的繁体字为"義"，在造字上含有群我关系的因素，也就是说令自己的言行符合群体的规范要求者乃称之为"义"。概而言之，"义"体现着一种超乎个人利益之上的道德范畴。孔子曾言："不义而富且贵，于我如浮云。"并且有"义然后取"、"见得思义"、"见义勇为"等关于"义"的行为要求，孔子是将"义"作为自身去就取舍的准则来看待的，

如有所取，必当符合义的要求而后可；若有所去，亦当首先思考是否符合义的标准。孟子发扬了孔子的义的思想，言称："生，我所欲也；义亦我所欲也。二者不可得兼，舍生而取义者也。"由此人们常将"舍生取义"与"杀身成仁"相并述，"仁"、"义"二字也成为儒家思想的标志，作为中国传统的核心价值理念，传承千年，根深蒂固。

《礼》

礼，是中国传统价值的一个核心范畴。礼最初是指祭神的宗教仪式，后来发展到人事方面，表示与人的身份地位相应的行为规范和仪式制度。《礼记·中庸》载："礼仪三百，威仪三千。"可见当时的礼仪是非常繁复的，礼制涉及人们生活的方方面面，无大无小，细至举手投足之间都有相应的礼节来规范。如此繁缛的礼仪显然只有在物质生活余裕的贵族阶级才能施行，所谓"刑不上大夫，礼不下庶人"。根据传统的说法，西周初年，周公旦制订了严密的礼乐体系，奠定了以礼为治的教化传统。孔子对周公之礼极为尊奉，将礼视作修身与治国的基础，曾对其子孔鲤言："不学礼，无以立。"并且提出著名的"克己复礼为仁"的论说。礼之所以具有如此之重要的地位，是因为礼所反映的不仅仅是行为表面上的一套规矩，更是体现着言行规范的后面所蕴含的严肃的道德伦理基础，其严格的形式性承载着重要的实质性。

《智》

智，是儒家的核心价值范畴之一。儒家思想中的"智"，指的并不是科学智慧，而是一种道德智慧，也就是辨别善恶、是非的能力，也就是孟子所言的人的与生俱来的"是非之心"。《论语·雍也第六》记载："樊迟问知（即智）。子曰：'务民之义，敬鬼神而远之，可谓知矣。'"孔子的解释是，致力于民众应当遵从的义德，尊敬鬼神但是并不亲近它，这就是可以叫做"智"了。又，《论语·宪问第十四》记载："子曰：'君子道者三，我无能焉：仁者不忧，知者不惑，勇者不惧。'子贡曰：'夫子自道也。'"孔子在这里将"知者不惑"作为君子所具有的基本美德之一，其后孟子进一步指出，所谓"智"，就是生而有之的"是非之心"，只要尽心将这种智慧来发扬，就能够做到知性，由知性而知天，知天则意味着达到超凡脱俗的人生之境，这是"智"的最高境界，也是儒家思想中作为一种道德智慧范畴的"智"的概念的本真之义。

《 勇 》

勇，是儒家的重要道德范畴之一，指勇敢、果断的品格，孔子将勇看做是仁者所必备的条件，并且将勇与智和仁相并举，曰："知者不惑，仁者不忧，勇者不惧。"但是君子的勇是应当以义为前提的，"君子以义为上，君子有勇而无义为乱，小人有勇而无义为盗"。孔子又说"恶勇而无礼者"，可见，勇的品质的发扬是应当以对于礼和义的尊崇为基础的。孟子继孔子之后对勇的内涵做了更为详细的阐发，指出真正的勇是深明大义，能够通过自省而作出进退选择的"理性"之勇，是合于气节、道义，敢于担当的道德之勇，而不是逞强好胜的血气之勇、匹夫之勇。孟子以气养勇，以义配勇，崇尚"舍生取义"，其勇与"心"、"志"、"气"有着密切的关系，是一种体现情感与行动相统一的道德品质。孟子认为勇的培养需要立其志、养其气，从而最终形成具有"浩然之气"的理想人格。

《 持志养气 》

"持志养气"，是儒家提倡的修养方法，源出孟子，关于"持志养气"这一问题的论述，集中见于《孟子·公孙丑上》。孟子说："夫志，气之帅也；气，体之充也。夫志至焉，气次焉，故曰：'持其志，无暴其气。'"这段话的意思是，心志，是气的主宰；而气则支持着人的身体。心志是最为重要的，而气为其次，所以说："掌握了心志，就不会令气出现什么问题。"这表达了持志为首要，养气为根本的意义内涵。孟子还说："吾善养吾浩然之气。"孟子所言的"气"，指的是一种博大高深的精神状态和人格境界，其含义包括当今所言的"气质"，但是比普通的气质要更为高远，是一种难以具体形容的概念。孟子在向弟子解答何谓"浩然之气"时说："难言也。其为气也，至大至刚，以直养而无害，则塞于天地之间。其为气也，

食气养生图　清　黄慎

配义与道。"由此可知，在孟子看来，这种"浩然之气"意味着一种与天地同流、共道义同在的至高无上的修养境界。孟子也指出，这种境界的达到和养成是不能够一蹴而就的，并且以"揠苗助长"这则寓言来形象地说明。孟子"持志养气"的论说对有志于道德修养和获得自我提升的古人产生过极大的感召力。

《 温、良、恭、俭、让 》

"温、良、恭、俭、让"，是儒者所具有的五种美德，语出《论语·学而第一》："子禽问于子贡曰：'夫子至于是邦也，必闻其政，求之与，抑与之与？'子贡曰：'夫子温、良、恭、俭、让以得之。夫子之求之也，其诸异乎人之求之与？'"这段话的意思是，子禽问子贡："孔子到了一个国家一定会了解到那个国家的政事，这是主动问来的呢？还是别人自动告诉的呢？"子贡回答说："那是孔子依靠温、良、恭、俭、让这些美德所得来的，孔子得到这些听闻的方式与别人获取的方式是不相同的吧。"温、良、恭、俭、让，指的就是温和、善良、严肃、节俭、谦虚这 5 种品德，这是孔子的学生对他的评价，可见孔子自身是躬行着这些美德的，而这也成为后世效法的榜样。

《 中庸 》

"中庸"，是儒家思想中的一项核心主张，意涵是执两用中，不偏不倚，不过亦无不及，调和折中，恰到好处。《论语·雍也第六》："中庸之为德也，其至矣乎？"孔子是将中庸作为最高的道德规范来看待的。《礼记·中庸》载："仲尼曰：'君子中庸，小人反中庸。君子之中庸也，君子而时中；小人之反中庸也，小人而无忌惮也。'"到了宋代，"中庸"被特别地强调出来，程颐将《礼记》中的《中庸》一篇看做是"孔门传授心法"，阐释说："不偏之谓中，不易之谓庸；中者，天下之正道，庸者，天下之定理。"(《中庸章句序》）朱熹又作《中庸集注》，把《中庸》和《大学》、《论语》、《孟子》并称为"四书"。后来，《中庸》成为官定的教科书和科举考试的必读书，对中国古代的教育产生了极大的影响。由于中庸学说的盛行，人们往往将中庸与中国人的性格特点联系起来，以为中国人是很中庸的，实际上，中庸是儒家倡导的一种道德准则与行为规范，却并非是对中国人的事实性格的描述与概括。孔子曰："（中庸之德）民鲜久矣。"这就是说中庸之道在民众之间已经缺乏很久了。鲁迅曾解释这句话说："然则圣人为什么大呼'中庸'呢？曰：这正因为大家并不中庸的缘故。"

❧ 立德、立功、立言 ❧

立德、立功、立言，即"三不朽"，语出《左传·襄公二十四年》："太上有立德，其次有立功，其次有立言。虽久不废，此之谓不朽。"当年，鲁国的叔孙豹与晋国的范宣子就何为"死而不朽"这一问题各自发表过见解。范宣子认为，他的祖先自虞、夏、商、周以来世代为贵族，家世显赫，香火不绝，这就是"不朽"。叔孙豹则以为不然，他认为这只能叫做"世禄"，而并非"不朽"，在言及什么是真正的"不朽"时，叔孙豹说了上面那段话。唐代孔颖达在《春秋左传正义》中对立德、立功、立言三者分别做了明确的阐释："立德谓创制垂法，博施济众"；"立功谓拯厄除难，功济于时"；"立言谓言得其要，理足可传"。也就是说，"立德"指道德操守，"立功"乃指事功业绩，而"立言"指的是把真知灼见形诸语言文字，著书立说，传于后世。"立德"、"立功"与"立言"，指向的都是身后之名的流传不绝，因此而谓之"不朽"。而对身后不朽之名的追求，正是古圣先贤超越个体生命的局限而追求永生、超越物质欲求而追求精神满足的独特形式。孔子说："君子疾没世而名不称焉。"屈原在《离骚》中说："老冉冉其将至兮，恐修名之不立。"司马迁在《报任安书》中也说道："立名者，行之极也。"这些话语都表达了先贤对于不朽之名的热衷，不朽之名与通常而言的名利之名并不是一回事，因为不朽之名指向的是一种极致的人生境界，对这种人生境界的追求，激励着个体生命拼搏奋进，敢于取舍，从而释放出无比巨大的能量，昭己名于后世，亦泽被于千秋，而绝非针对求得一时的浪声虚名以得心慰而已。

宋人伐木
孔子离开曹国，路过宋国，在大树下与弟子练习礼法，宋国司马要害他，欲拉倒那棵树，弟子们说："可以离开这里吗？"孔子镇静地说："天地赋予了我德行，司马能把我怎么样呢？"

女史箴图（唐摹本）

图卷采用一文一图的形式，每图前楷书"箴"文。人物用游丝描，细劲流畅，不惟造形准确，于神情也描绘得颇为生动。画中舍身挡熊的冯媛在众人恐慌避走之时傲然不惧。对镜梳妆的姬妾，典雅秀逸姿态从容，表现出贵族女子的特征。

◆ 三从四德 ◆

"三从四德"是中国古代社会对妇女的德行所做的规范。

"三从"出自《仪礼·丧服》："妇人有三从之义，无专用之道，故未嫁从父，既嫁从夫，夫死从子。""三从"在这里与后来习称的"三从四德"之中的含义并不一样，"三从"原本指的是贵族妇女为亲属服丧的仪制，"从"的意思是在仪制上的依从，而不是权力关系上的服从。

"四德"出自《周礼·天官》："九嫔掌妇学之法，以教九御，妇德、妇言、妇容、妇功。"据郑玄的注释，"妇德"指贞顺，"妇言"指辞令，"妇容"指修饰，"妇功"指纺织，这是王妃所应当学习的4种"妇道"。东汉才女班昭作《女诫》，将其称为"女人之大德"，并阐释说："清闲贞静，守节整齐，行己有耻，动静有法，是谓妇德；择辞而说，不道恶语，时然后言，不厌于人，是谓妇言；盥浣尘秽，服饰鲜洁，沐浴以时，身不垢辱，是谓妇容；专心纺绩，不好嬉笑，洁斋酒食，以奉宾客，是谓妇功。"这也就是"四德"所蕴含的具体内容。

"三从四德"开始时是作为贵族妇女的日常仪德而制定的，后来经过儒家的提倡，成为全社会所遵奉的"妇道"。"三从四德"对妇女所做的要求体现出明显的男权色彩，因而在"五四"新文化运动中备受抨击，尤为女性主义者所不容。

儒家

《 大同 》

"大同"，是儒家所提出的最高范畴的社会理想，《礼记·礼运》中记载孔子对大同世界的描绘："大道之行也，天下为公。选贤与能，讲信修睦，故人不独亲其亲，不独子其子，使老有所终，壮有所用，幼有所长，矜寡孤独废疾者，皆有所养。男有分，女有归。货，恶其弃于地也，不必藏于己；力，恶其不出于身也，不必为己。是故谋闭而不兴，盗窃乱贼而不作，故外户而不闭，是谓大同。"清末康有为为宣传变法改制而将

壁画中宁静的尧舜时代

《史记》载，舜在20岁时就以孝闻名。30岁时，尧询问可用的人才，四岳诸侯都推荐舜。经过一番长期的考察，尧对舜很满意，就把帝位禅让给了舜。

孔子的大同理想与西方的近代社会制度相比附，并亲著数十万字的《大同书》来表述自己的政治理想。孙中山对大同世界的理想描述也是十分推崇，并将"天下为公"作为自己的政治格言。"大同"是孔子对人类理想社会的构想，表达了自己对"天下为公"的大同世界的向往，只是没有同时指出人类走向大同社会的可由之径。

《 小康 》

"小康"，是儒家所描述的一种社会状态，《礼记·礼运》中记载孔子在讲述"大同"之后接着说道："今大道既隐，天下为家。各亲其亲，各子其子，货力为己。大人世及以为礼，城郭沟池以为固，礼义以为纪，以正君臣，以笃父子，以睦兄弟，以和夫妇，以设制度，以立田里，以贤勇知，以功为己。故谋用是作，而兵由此起，禹汤文武成王周公，由此其选也。此六君子者未有不谨于礼者也，

以著其义，以考其信。著有过，刑仁讲让，示民有常。如有不由此者，在势者去，众以为殃，是谓小康。"在孔子看来，禹汤文武成王周公之时的社会可以称作"小康"，"小康"虽不及"大同"，却也是一种比较好的社会风貌。康有为根据《春秋公羊传》的"三世"说，将"小康"比作"升平世"，将"大同"比作"太平世"，社会的发展规律是由"据乱世"走向"升平世"，再进入"太平世"。

尊尊与亲亲

"尊尊"与"亲亲"，是周朝的基本政治思想，其意是尊重应当尊重的人，亲近应当亲近的人。"尊尊"与"亲亲"所体现的是一种严密的尊卑与亲疏的等级关系。周朝统治者认真地总结了商朝灭亡的教训，认为商朝在纣王时覆灭的一个基本原因就是众叛亲离，在国都遭受危险的时候，没有地方上的势力进行有效的支援。因此，周朝建立了以分封制和宗法制为基础的政治制度，周王将自己的家族成员分封到各地，成为诸侯，诸侯之下再有大夫，权力层层下递，都选择关系亲近者来担任，同时，这种受封的爵位又是世袭的。这就是"尊尊"与"亲亲"的思想在政治制度上的具体呈现。"尊尊"与"亲亲"的观念落实到最后，其目的就是要任何人都遵守由这种原则所确定的制度，各安其位，不存妄想，百姓做顺民，百官做顺臣，这样国家就会长治久安。到了春秋特别是战国时期，"尊尊"与"亲亲"的原则在相当大的程度上被打破了，官吏的任用不再唯亲是举，秦朝建立之后，世袭制也被废除，而以任命制代之。

君君，臣臣，父父，子子

"君君，臣臣，父父，子子"，语出《论语·颜渊第十二》："齐景公问政于孔子。孔子对曰：'君君，臣臣，父父，子子。'公曰：'善哉！信如君不君，臣不臣，父不父，子不子，虽有粟，吾得而食诸？'"这段话表达的意思是，齐景公向孔子询问治理国家的方略，孔子回答的对策是，要令做君主的像个君主的样子，为臣的要像个臣的样子，当父亲的要像个父亲的样子，而做儿子的要像个儿子的样子，也就是说，要各自都按照自己的身份行事，各就其位，名副其实。齐景公对孔子的论述非常地肯定，并且说如果不这样的话，即使国家有很多的粮食，自己都会吃不上的，非这样做不可，否则国家就会大乱的。孔子的这种关于君臣父子的表述被后世演化为"君为臣纲，父为子纲，夫为妻纲"的伦理准则，而其实这与孔子的原意是相去甚远的，孔子强调的是每个人都应当

臣子拜见皇帝图

图中皇帝高坐于堂上，左右有太监、仕女侍候，堂下一臣子匍匐在地上毕恭毕敬地叩头，似乎在等待皇帝的吩咐。这幅图表现了封建社会臣子对皇帝的绝对服从。

依照礼法来做符合自己身份的事情，而"三纲"强调的是君对臣、父对子、夫对妻的统领，两者的目的都是实现国家与社会的安定有序，但办法却是不同的。

名不正则言不顺

"名不正则言不顺"，语出《论语·子路第十三》："名不正，则言不顺；言不顺，则事不成；事不成，则礼乐不兴。礼乐不兴，则刑罚不中；刑罚不中，则民无所措手足。"孔子说这段话所要表达的是，做任何事情，都要名义正当，如果名义不正当，讲话就不能通顺，事情就做不成，礼乐制度也就无法兴办，刑罚也就不会得当，如此一来，老百姓也就会不知所措。孔子是极为重视名分的，在这里从名之不正的负面影响的角度来讲述了正名的重要意义。孔子所讲的名正，是实至而名归的"名"，通过正名所要强调的是事理的端正，名之正是行事有方的端始。前面的话从正面来讲就是，名正而可言顺，言顺而可事成，事成而礼乐可兴，礼乐兴则刑罚为中，刑罚为中则民可有所循，如此则天下治。

上行下效

"上行下效"，语出班固《白虎通义·三教》："教者，效也，上为之，下效之。"意思是上面的人怎么做，下面的人也跟着怎么做，一般指不好的事情，用以告诫地位高的人特别是最高的领导人物要注意自身的言行，以免给社会造成不良的影响。《战国策》中记载了莫敖子华的对楚威王说的一段话："昔者楚灵王好士细腰，故灵王之臣皆以一饭为节，胁息然后带，扶墙然后起。比期年，朝有黧黑之色。"这个典故后来被概括为"楚王好细腰"。《墨子·兼爱》中也记载了这一典故，并且明确指出："君说之，故臣能之也。"臣下之所以能够那样做，是因为国君喜欢那样的事情。"楚王好细腰"，后来比喻当权者的爱好引导着社会的潮流，东汉马廖在《上长乐宫以劝成德政疏》里也引用了这样的句子："吴王好剑客，百姓多创瘢；楚王好细腰，宫中多饿死。"这就是"上行下效"的典型案例。

《 王道与仁政 》

孔子圣迹图页 清 焦秉贞 绢本
图中湖石峻挺，绿意浓深，孔子正与国君相对而谈。此画当源自孔子周游列国，游说诸王，宣扬儒家"仁政"，"以德治国"的典故。

"王道"与"仁政"，是儒家所主张的政治理念，"王道"，就是圣王之道，是符合仁义准则的治国之道，而"仁政"，是将仁义作为基本的政治观念治理国家，"仁政"是"王道"在政治措施上的具体实现，而"王道"则是"仁政"的思想内涵。"王道"的概念发端于孔子的仁的思想，孟子进行了明确阐述。孟子说："仁也者，人也；合而言之，道也。"这句话言简意赅，指出了仁与道的基本关系。孟子在谒见梁惠王的时候，具体地阐述了自己的"王道"理想："谷与鱼鳖不可胜食，材木不可胜用，是使民养生丧死无憾也。养生丧死无憾，王道之始也。五亩之宅，树之以桑，五十者可以衣帛矣；鸡豚狗彘之畜，无失其时，七十者可以食肉矣；百亩之田，勿夺其时，数口之家可以无饥矣；谨庠序之教，申之以孝悌之义，颁白者不负戴于道路矣。七十者衣帛食肉，黎民不饥不寒，然而不王者，未之有也。""王道"是孟子极力提倡的以仁义治天下的政治主张，可是在孟子所生活的时代，通行于世的却是与"王道"截然相反的"霸道"。"霸道"，也就是凭借武力、刑法和权势对外征伐和对内管理的政治思想，这是法家积极主张的施政理念。战国中后期，各国政治是沿着"霸道"的方向前进的，《史记·孟子荀卿列传》说："当世之时，秦用商君，富国强兵；楚、魏用吴起，战胜弱敌；齐宣王用孙子、田忌之徒，而诸侯东面朝齐。天下方务于合纵连横，以攻伐为贤；而孟轲乃述唐虞三代之德，是以所如者不合。"《史记·十二诸侯年表·序》还记载："孔子明王道，干七十余君，莫能用。"这都表明当时孔孟所主张的"王道"与"仁政"的理想是屡屡碰壁，不被当时的统治者采纳。

❦ 移风易俗 ❧

"移风易俗"，指的是某种行为所具有的扭转社会风气和改变人民习俗的教化作用。《荀子·乐论》说："乐者，圣人之所乐也，而可以善民心，其感人深，其移风易俗，故先王导之以礼乐而民和睦。"又说："故乐行而志清，礼修而行成，耳目聪明，血气和平，移风易俗，天下皆宁，美善相乐。"荀子在此表达的是礼乐教化对于形成良好的社会风气所具有的巨大作用。《吕氏春秋·先识览第四》记载了这样的事："鲁国之法：鲁人为人臣妾于诸侯，有能赎之者，取金于府。子贡赎鲁人于诸侯而让其金。孔子曰：'赐失之矣。夫圣人之举事，可以移风易俗，而教导可施于百姓，非独适己之行也。今鲁国富者寡而贫者多。取其金则无损于行，不取其金，则不复赎人矣！'子路拯溺者，其人拜之以牛，子路受之。孔子喜曰：'鲁人必多拯溺者矣！'"这段话的意思是，鲁国有一条法律，鲁国人在国外沦为奴隶，有人能把他们赎出来的，可以到国库中报销赎金。有一次，孔子的弟子子贡（端木赐）在诸侯国赎了一个鲁国人，回国后拒绝收下国家赔偿金。孔子说："赐呀，你采取的不是好办法。圣人所做的事，可以改变风俗习惯，影响老百姓的行为，并非个人的事情。现今，鲁国富人少而穷人多，你收取国家的补偿金，并不会损害你的行为的价值；而你不肯拿回你抵付的钱，从今以后，鲁国人就不肯再替沦为奴隶的本国同胞赎身了。"子路救起一名落水者，那人感谢他，送了一头牛，子路收下了。孔子高兴地说："这一来鲁国人一定会勇于搭救落水的人了。"孔子强调"圣人之举事，可以移风易俗"，是告诫人们在做事的时候不要只考虑一己的范畴，而应当更广阔地想一想，自己采取这种选择的后果是什么，会给他人、社会带来什么样的影响，是对"移风易俗"作用的看重。

❦ 魏晋风度 ❧

魏晋风度，指的是魏晋时期的名士们所具有的那种率真任诞、清峻通脱的行为风格。饮酒、服药、清谈和纵情山水是魏晋名士所普遍崇尚的生活方式，一部《世说新语》，可以说是魏晋风度的集中记录。魏晋

刘伶像
刘伶宣扬纵酒放诞之情趣。他视酒如命，喝酒时常令仆人拿一锹，说："若我醉死，可直接挖坑埋我。"

风度的出现是与汉末延至魏晋之际的政治局面的混乱有着密切关系的，当时的许多名士或为当权者所杀或被杀于乱军之中，士人们没有一个安定有序的生存环境可以依托，因而转向放诞，将精神寄之于老庄，流连山水，肆意酒乡，一方面是为了全身避害，一方面也是为了麻痹自己的思想。这种有不得已而为之的行为方式，因为其展现出人生中艺术的一面，又演变为一种社会所共同偏好的普遍风气。

《 经世致用思潮 》

经世致用思潮，是清代初年由顾炎武、王夫之、黄宗羲等知名学者的提倡而掀起的一股思想潮流。经世致用，就是说要将学术理论同社会实践结合起来，运用自身所掌握的理论知识积极地致力于解决现实社会中的各种问题。南宋时期，吕祖谦、叶适、陈亮等思想家就提倡经世致用，反对当时的理学家只谈心性命理的空疏之学。清朝初年，由于明朝灭亡、清军入关的沉重打击，理学的统治地位被强烈地撼动，一批有识之士深切地感受到明朝空疏不实的学风对国家和民族所造成的巨大灾难，因而积极提倡经世致用的真学问和以实为宗的新学风。他们以社会问题为中心，在救世济时的思想指导下，提出了解决当时社会问题的各种方案：在政治上，猛烈地批判封建专制制度，揭露专制君主的罪恶，提出了一些带有初步民主启蒙因素的主张，如黄宗羲的"公其是非于学校"、顾炎武的"庶民干政"的主张等；在经济上，针对封建的土地兼并，提出了解决土地问题的各种办法，这些办法都贯串着"均田"的精神，表现出对农民问题的关心和同情；在教育上，激烈地批判束缚思想的科举制度和八股文，要求注重学校教育，从而培养出真正有学问有实际能力的有用人才……由于这些杰出思想家的积极号召和清朝初年特殊的社会与政治环境，一股以经世致用为标志的思想潮流应时而起。

道家

老子之道

"道"，是老子思想理论体系的基础，是一个本原性的最高的哲学范畴，既是世界的本体，又是万物运行的根本规律。《老子》第二十五章讲："有物混成，先天地生。寂兮寥兮，独立而不改，周行而不殆，可以为天地母。吾不知其名，强字之曰道，强为之名曰大。"这段话是说，有一个浑然一体的东西，它先于天地而存在，又独一无二；它永远不依靠外在的力量，周流运行，永不停歇，因此，它可以看做是天地产生的根本。由于不知道它应该叫做什么名字，姑且给它起个名字叫做"道"，勉强再给它起个名字叫做"大"。老子又说，它统率着一切，主导着万事万物的发展，可是它做的这些又看不见，所以称之为"逝"；它运行不息，遐而无所不及，又须臾不离开万物，因此称之为"远"；而它运行不息，伸展遥远又返回本原，因而称之为"反"。"大"、"逝"、"远"、"反"，是老子对"道"所具有的各种品性的表述。"大"，说的是"道"涵盖一切，至高至上；"逝"，说的是"道"神妙莫测，不可见其形；"远"，说的是"道"运行不息，无时不存，亦无处不在；"反"，说的是"道"所具有的万物归宗的本原性。

道生一，一生二，二生三，三生万物

"道生一，一生二，二生三，三生万物"，语出《老子》第四十一章："天下万物生于有，有生于无。道生一，一生二，二生三，三生万物。"这段话讲述的是，天下万物来源于有，有则来源于无，这就是"无中生有"的道理。根据这个道理，最早的那个"有"必定是从"无"中而来

紫气东来　清　任颐
图中老子身着赤衣，须眉皆白、高额、凸颧、阔耳、长颔、笑意盈盈、童颜鹤发。

的，而这个原初的"无"，也就是"道"，所以说"道生一"；而一旦有了第一个"有"，那么这第一个"有"就会产生第二个"有"，这就叫做"一生二"；接着，有了第一个"有"和第二个"有"的出现，第三个"有"也就会产生出来，即"二生三"；以此类推，继之以无穷，则万物化生，也就是"三生万物"。老子这段话讲的是"道"的本源性和万物由来的原理。

❦ 无为而治 ❦

道教养生追求无为、飞升、得道成仙。图中所表达的正是这种思想。

"无为而治"，是道家的基本思想，首先是由老子提出来的。老子认为天地万物都是由道化生的，而且天地万物的运动变化也都遵循着道的规律，而道所遵循的又是自然的规律，也就是"道法自然"。既然道以自然为本，那么对待事物就应该顺其自然，无为而治，让事物按照自身的必然性自由地发展，使其处于符合道的自然状态，不对它横加干涉，不以有为影响事物的自然进程，只有这样，事物才能正常地存在和健康地发展。老子说："是以圣人处无为之事，行不言之教。""上德无为，而无以为；下德有为，而有以为。""为学日益，为道日损，损之又损，以至于无为。无为而无不为。"这些讲的都是"无为而治"的好处。当然，所谓"无为"，并不是一无所为，不是说什么都不做，而是不妄为，不随意而为，不行违反自然规律之为。

❦ 祸福相倚 ❦

"祸福相倚"，语出《老子》第五十八章："祸兮福之所倚，福兮祸之所伏。"祸福相倚表达的是祸与福相互依赖，相互转化的辩证观念，《淮南子·人间训》中记载的"塞翁失马，焉知非福"的典故就是对祸福相倚的具体而生动的说明。祸福相倚，告诫的是人们在面对幸福之时，不可盲目乐观，应当要敏感地意识到眼下的好景中可能存在的背反因素；面对灾祸之时，也不要盲目地悲观，应当在不幸之中看到幸运的一面，要在不利之中提取出有利的因素，使事情的发展向着对自己有益的方向转化。居安思危、有备无患等行事的法则，其思想依据也就是祸与福之间的互有依存又相为转变的关系。

庄子的齐物论

"齐物论"是庄子的一种哲学思想，也是《庄子》一书中一篇文章的名字。关于"齐物论"的解读，基本上有两种，一种解为"齐物"之论，一种解为"齐"之"物论"。按照前一种理解，"齐物论"讲的是对万物的齐一；而按照后一种理解，"齐物论"讲的就是对于各种看待事物之观点的齐一。其实这两种理解是有着相通的一面的，虽然前一种说法的重点是齐"物"，而后一种说法的重点是齐"论"，但是这种"论"也是"物之论"，可以说是间接地齐"物"。庄子在《齐物论》中提出了"吾丧我"这一著名的表述，"吾丧我"，说的就是自己忘掉了自己，准确地讲，是自己的心神忘却了自己的形体，这是"天地与我并生，而万物与我为一"的物我皆忘的精神状态，也就是一种齐一的超然境界。庄子说："忘年忘义，振于无竟，故寓诸无竟。"意思是忘掉死生，忘掉是非，到达无穷无尽的境界，因此圣人总把自己寄托于无穷无尽的境域之中。这就是对"吾丧我"的一种讲解。庄子还讲述了自己梦蝶的故事，说道："不知周之梦为胡蝶与，胡蝶之梦为周与？周与胡蝶，则必有分矣。此之谓物化。"物化，也就是物我之间的交合变化，因为这种变化，而万物之间浑然为一，是故"众人役役，圣人愚，参万岁而一成纯，万物尽然，而以是相蕴"。众人总是一心忙于去争辩是非，圣人却好像十分愚昧无所觉察，糅合古往今来多少变异、沉浮，自身却浑然而一不为纷杂错异所困扰，万物全都是这样，而且因为这个缘故相互蕴积于浑朴而又精纯的状态之中。

材与不材之间

"材与不材之间"，语出《庄子·山木》："周将处乎材与不材之间。材与不材之间，似之而非也，故未免乎累。"一次，庄子在山中行走的时候看见一棵大树枝叶十分茂盛，可是伐树的人却停留在旁边而不去砍伐它。庄子问为什么不去砍这棵大树呢，伐树的人说："这树没有什么用处。"庄子由是感慨地说："这棵树就是因为不成材而能够终享天年啊！"庄子走出山来，留宿在朋友家中。朋友叫童仆杀鹅来款待他。童仆问主人："一只能叫，一只不能叫，请问杀哪一只呢？"主人说："杀那只不能叫的。"第二天，弟子问庄子："昨天遇见山中的大树，因为不成材而能终享天年，可是主人的鹅，却因为不成材而被杀掉，先生你将怎样来对待呢？"庄子说："我庄周将处于成材与不成材之间。"庄子的这种观点表达的是为人处世要把握好一种分寸，做到应时而顺变，不可拘泥于一方，应当力求达到这样一种境界："与时俱化，而无肯专为，一上一下，以和为量，浮游乎万物之祖，物物而不物于物。"人要通过这种随顺的处世原则来过一种悠游自在的生活，役使外物却不为外物所役。

庖丁解牛与养生

"庖丁解牛"，典出《庄子·养生主》："庖丁为文惠君解牛，手之所触，肩之所倚，足之所履，膝之所踦，砉然响然，奏刀騞然，莫不中音。合于《桑林》之舞，乃中《经首》之会。"这段话是讲，有一个名叫丁的厨师替梁惠王宰牛，手所接触的地方，肩所靠着的地方，脚所踩着的地方，膝所顶着的地方，都发出皮骨相离声，进刀时发出的响声，这些声音没有不合乎音律的。它合乎《桑林》舞乐的节拍，又合乎《经首》乐曲的节奏。后来，"庖丁解牛"就作为一个成语用来形容经过反复的实践，掌握了事物的客观规律，做事得心应手、运用自如的情形。梁惠王对庖丁精湛的技艺十分惊叹，庖丁却对梁惠王说："臣之所好者道也，进乎技矣。"也就是讲，自己所看重的是自然的规律，这已经超过了对宰牛技艺的追求。然后，庖丁向梁惠王讲述了自己多年宰牛的经历感受，由最初的眼里只有一头牛，到后来对牛的肌体结构十分精通，以至于达到了"彼节者有间，而刀刃者无厚，以无厚入有间，恢恢乎其于游刃必有余地矣"的高超境地。梁惠王听后感慨地说自己学习到了养生之道。庖丁讲的是宰牛，梁惠王却体悟到了养生，两者看似不相及，但是在对自然规律的认识和运用这一点上却是相通的，也就是庖丁说的"所好者道也"，"道"这个原理是普适于万事万物的。

庄周梦蝶

"庄周梦蝶"，典出《庄子·齐物论》："昔者庄周梦为胡蝶，栩栩然胡蝶也，自喻适志与！不知周也。俄然觉，则蘧蘧然周也。不知周之梦为胡蝶与，胡蝶之梦为周与？周与胡蝶则必有分矣，此之谓物化。"这段话讲述的意思是：过去有一天，庄周梦见自己变成了蝴蝶，一只翩翩飞舞着的蝴蝶，自己感到非常快乐，悠然得意，而不知道自己是庄周。一会儿梦醒了，惊惶不定之间却发现自己

梦蝶图 刘贯道 元
此图取材"庄周梦蝶"的典故。

是庄周。不知是庄周做梦变成了蝴蝶呢，还是蝴蝶做梦变成了庄周呢？庄周与蝴蝶必定是有区别的，这就是物与我的交合与变化。《齐物论》是庄子阐述齐物思想的名篇，所谓"齐物"者，说的是世界万物包括人的品性，看起来是千差万别的，然而归根结底却又是齐一的，是相对而同一的。"庄周梦蝶"是庄子提出的关于齐物思想的一个重要的哲学观点，这种观点认为人不能够确切地区分真实和虚幻，万物亦真亦幻，相对而互化。在一般人看来，一个人在醒时的所见所感是真实的，梦境是幻觉，是不真实的，庄子却以为不然。醒是一种境界，梦是另一种境界，二者是不相同的；庄周是庄周，蝴蝶是蝴蝶，二者也是不相同的，但是在庄子看来，这些都只是一种现象，是"道"之运动中的一种形态、一个阶段而已，既相为分离而又互为交合的。17世纪法国哲学家笛卡尔在《形而上学的沉思》中阐述了这样的观点：人通过自己的意识感知世界，世界万物都是间接被感知的，因此外部世界有可能是真实的也有可能是虚假的。这就是怀疑论的思想基础和理论前提。"庄周梦蝶"这一典故所寓含的哲学意义与笛卡尔的这段话是有着相通之处。

法家、墨家和其他思想

❀ 法先王 ❀

商汤网开一面

汤经常出外巡视农业生产和畜牧情况。有一次，他驾车来到郊外山林，看见一个狩猎者正在张挂捕捉飞禽走兽的网。他的网在东西南北四面都张开了，结得严严实实，并且跪在地上祈祷："我的网已在四面张好。求上天保佑，凡是天上飞下来的，从地上跑出来的，从四面八方来的鸟兽，都钻到我的网中来吧。"汤看了这个狩猎者所布的网，听了他的祈祷，笑着说："啊，如此张网，一定会把鸟兽全部捉尽。那岂不是太残酷了吗？只有夏桀才会如此啊！"于是汤命人撤下三面的网，而只留下一面。

"法先王"，是儒家所崇尚的政治主张，意为效法先古的圣明君王的言行和制度。"先王"，一般指的是尧、舜、禹、汤、文王等，儒家的经典《尚书》中记载了这些先王的德政，这些先王的做法也成为后世君王的楷模。孔子"祖述尧舜，宪章文武"，孟子"言必称尧舜"，指出："规矩，方圆之至也；圣人，人伦之至也。欲为君，尽君道；欲为臣，尽臣道。二者皆法尧舜而已矣。不以舜之所以事尧事君，不敬其君者也；不以尧之所以治民，贼其民者也。"当然，儒家所谓的"法先王"，并不是说要拘泥于先王的一言一行，而是"五帝殊时，不相沿乐；三王异世，不相袭礼。"也就是说，所遵法的不是具体的形制，而是其思想精神和政治理念。"法先王"的观点对中国古代的社会思想有着非常深远的影响，形成了中国人"信古"的思想传统，历代屡屡出现的托假先贤的伪作就是一种显然的说明。

❀ 法治 ❀

"法治"，即依靠法律来治理国家，是法家的基本政治主张。儒家提倡的是"德治"和"礼治"，孔子说："道之以政，齐之以刑，民免而无耻；道之以德，齐之以礼，有耻且格。"对于人民，如果用政法来引导，用刑罚来整顿，人民虽然会免于罪过，但是没有羞耻之心；如果用道德来引导，用礼仪教训来整顿，人民就会有羞耻之心，就会在心理上归服。与其用外在的法令来约束人民，孔子更加看重于人民内在的自律的作用，认为通过道德礼教的引导，发挥人民自身的向善的精神，这才是实现政治清明有序的根本所在。法家的思想出发点则是否定人所具有的这种自律向善的品质，认为人与人之间都是依靠利益而联系的，是相互利用的关系，实现天下的治理，只能够靠外在的约束，因而提倡"法治"。我们应当看到的是，法家所倡导的"法治"，与现代的"法治"精神是有所区别的，法家虽然强调法律在国家政治中的根本作用，但是"法治"的立足点是君主专制，这种"法治"是为君主的统治服务的，制定什么样的法律，最终还是要看君主的心思，而且法律对君主并不具有约束力，所以说，法家所主张的"法治"在君主专制制度之下，只能是一种不彻底的"法治"。

❰ 法、术、势 ❱

"法"、"术"、"势"，是韩非所总结的帝王术。"法"，指的是作为国家政治之根本的法律；"术"，指的是君王统治的手段和策略；"势"，指的是君王所具有的权力和威势。韩非认真地总结了此前法家的思想，成为法家理论的集大成者，形成了一套以君王的统治为出发点，以法为本，法、术、势相辅相成的严整的政治理论体系。在韩非之前，法家人物以商鞅、申不害和慎到为代表，商鞅重视法的作用，申不害崇尚术的长处，慎到则推尊势的威力，韩非将法、术、势三者有机地结合起来。关于法，韩非提出"以法为本"、"以法为教"、"立法于君"等具有纲领性的政治主张。韩非还非常强调法的稳定性和平等性，指出："法也者，常者也。""法之所加，智者弗能辞，勇者弗敢争。刑过不避大臣，赏善不遗匹夫。"关于术，韩非指出："术者，因任而授官，循名而责实，操生杀之权，课群臣之能者也，此人主之所执也。"就是说，要根据每个人的能力给他相应的官职，按照名称来考察实际内容，要求名实相符，用自己手中的生杀大权，考察臣子的才能，这是君主所掌握的。韩非认为，术是应当隐藏起来而不露于外的，这与法不同，他说："人主之大法，非法则术也。法者，编著之图籍，设之于官府，而布之于百姓者也。术者，藏之于胸中，以偶众端，而潜御群臣者也。故法莫如显，而术不欲见。"关于势，韩非指出："君持柄以处势，故令行禁止。柄者，杀生之治也；势者，胜众之资也。"就是说，君主掌握了权柄来处理权势，所以下达的命令就能贯彻执行。权柄，是控制臣民生死的一种法定职分；威势，是制服民众的一种资本。在论述势的重要性时，韩非指出了：圣人具有尧舜那样的贤德和伯夷、叔齐那样的懿行，可是如果不依靠势，也就会无法立功成名。君王能够统治天下的首要原因并不在于其能力高强、品德出众，而是因为他拥有势而位尊权重。韩非由此提出"法势合一"的主张，声言"抱法处势则治"。依照韩非的理论，身为君主，只要将法、术、势三者加以完美地运用，则天下可运于掌。

明故、辨类、是非之理

"明故"、"辨类"、"是非之理"，是墨子的逻辑学思想的重要体现，在中国古代逻辑学史上也有着重要的意义。"明故"，指的是对原因的明确；"辨类"，指的是对类属的辨别；"是非之理"，指的是对是与非的判断。"类"与"故"，在墨子的论述中是两个具有重要逻辑学意义的概念，"类"的概念把握的是事物的关联性，"故"的概念把握的是事物的因果性。墨子以"明故"出发来"辨类"，又进而定"是非之理"，体现了论说的较强的逻辑性。举一例而言："圣人以治天下为事者也。必察乱之所自起，焉（乃）能治之，不察乱之所自起，则不能治。譬之如医之攻人之疾者然，必知疾之所自起，焉（乃）能攻之，不知疾之所自起，则弗能攻……圣人……当察乱何自起……臣子之不孝君父，所谓乱也……此何（故）也？皆起不相爱。"这就是墨子在论辩之中对于"故"这一逻辑概念的出色运用。

非攻

墨子像

墨子是中国思想史上第一位为劳动阶级呐喊的思想家。他并不停留在对下层人民的同情上，而是见义勇为，身体力行，以致不论他的追随者，还是他的论敌，都佩服他苦志劳身以救天下的献身精神，就连激烈批评他的孟子，也承认他是"摩顶放踵，利天下而为之"的利他主义者。

"非攻"，是墨子的重要思想主张，墨子从"兼爱"观念出发，极力反对发动战争，《墨子·非攻》有这样的表述："今攻三里之城，七里之郭……杀人多必数于万，寡必数于千。"战争使百姓生活在"居处之不安，食饭之不时，饥饱之不节"的张皇无措的境地，而战争对人民生活的破坏远不止于此，"入其国家边境，芟刈其禾稼，斩其树木，堕其城郭，以湮其沟池，劲杀其万民，覆其老弱，迁其重器，卒进而柱乎斗……"这一切都是战争所带来的罪恶。墨子指出："此其为不利于人也，天下之厚害矣，而王公大人乐而行之，则此贼灭天下之万民也，岂不悖哉！"这说的是战争为天下最大的祸害，可是统治者们为了各自的利益争夺却乐于战争，不惜发动战争而置万民的生死于不顾。墨子所生活的时代正是诸侯之间的兼并战争愈演愈烈之际，战火所过之处，生灵涂炭，乐土化作废墟，墨子对战争给社会与民生所带来的巨大的破坏性有着极其强烈的心灵触动，因而痛心疾首地倡导"非攻"。这是一种和平主义的理想，但在当时的历史情境下却是不可能实现的。

尚贤与尚同

"尚贤"与"尚同"，是墨子提出的政治主张。"尚贤"，说的是取用人选的时候当以贤能为准。墨子指出："官无常贵，而民无终贱，有能则举之，无能则下之。"又说："不辨贫富、贵贱、远近、亲疏，贤者举而上之，不肖者抑而废之。"墨子关于"尚贤"的论说突破了宗法等级制度的约缚，显示出彻底的平等色彩，可以说是后来任人唯贤之主张的滥觞。"尚同"，说的是统一人们的思想之意，墨子认为天下之乱是因为人们的思想不同而起的，"一人一义，十人十义，百人百义"，每个人行事都有不同的准则，而彼此的思想相互冲突，这就导致了天下的混乱。墨子提出的解决办法是："选择天下贤良、圣知、辨慧之人，立为天子，使从事乎一同天下之义。"由最贤明的人做天子，用最为高尚和智慧的思想来统一天下人的思想，由此人人心理相同不二，社会的运行也就会井井有条。墨子的"尚同"的愿望是一种不可能实现的空想。

不战而屈人之兵

"不战而屈人之兵"，语出《孙子兵法·谋攻第三》："是故百战百胜，非善之善者也；不战而屈人之兵，善之善者也。"屈，指的是使人屈服的意思。"不战而屈人之兵"讲的就是不通过兵戎相见的战争而使对方的军队屈服，这才是战争的最高境界。在战争中，迫使对方屈服的直接手段和基本途径就是作战，然而作战则必然要给自己造成损失，虽然可制服对方，也对自身有所伤害，这样的胜利就不能称之为完善的结果。而不通过直接的交手，

孙五（武）子演阵教美人战 版画
图中孙武作道士装束，举旗于城上教宫女演习战术，吴王坐于对面的台上，俯视两队演武的阵容。

令对方在投入战争之前就先放弃了作战的意志，从而屈服于己，既达到了作战的目的，又没有令自己的力量受到损伤，如此才是最好的选择，是所谓善之善者也。一般而言，欲做到不战而屈人之兵，是要以己方强大的实力为基础的，当双方的实力对比达到了相当程度的反差时，才会有不战而胜的效果。当然，这种强大的实力不一定是完全体现在军事方面，而还有着更为广阔的内涵。

❮ 合纵与连横 ❯

"合纵"与"连横"，指的是战国时期列国之间为了配合自己的军事行动和捍卫自身的国家利益而根据随时变化的政治形势所采取的两种不同的外交策略。《韩非子·五蠹》言："纵者，合众弱以攻一强也；横者，事一强以攻众弱也。"到了战国后期，由于秦国独强，实力远远超过其他各国，"合纵"就主要指的是东方六国相联合以共同抵御西方强大的秦国，而"连横"则基本上是秦国所采取的外交方略，是对东方各国"合纵"策略的瓦解，令六国之间分崩离析，从而将六国各个击破。这两种策略驰骋匹敌，相互颉颃，造就了一批叱咤风云的纵横家，张仪和苏秦是其中最为杰出的代表。东方各国之间因为有着明显的利益分歧，面对日益强大的秦国，只图取眼前的一时利益，而缺乏长远的筹算，并不能够真正地联合一心，这使得"合纵"政策始终没有得到良好的执行，结果是秦国的"连横"策略占据上风，最终六国相继覆灭，秦国结束了长达数百年的诸侯纷争，实现了天下的统一。

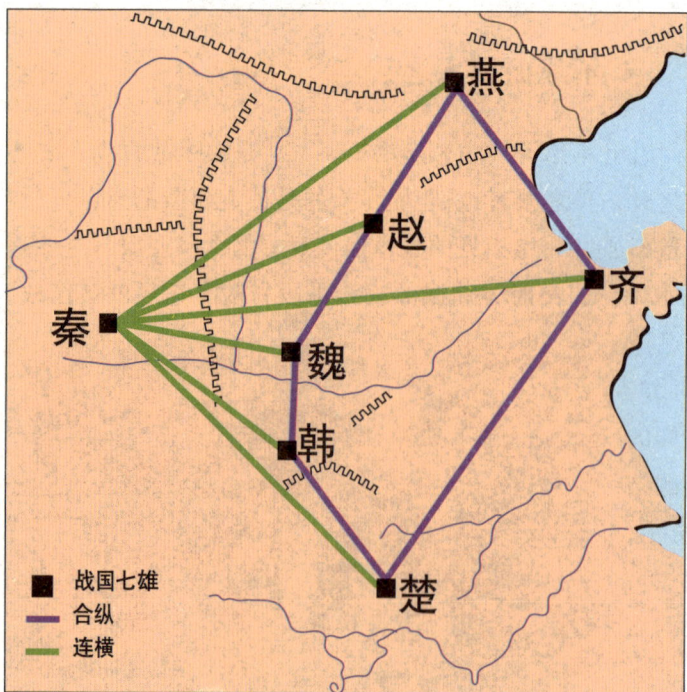

战国七雄
合纵
连横

合纵连横示意图
战国末年，各国都展开积极外交，以争取盟友、削弱敌国。"合纵"即合众弱攻一强，攻击对象或秦或齐，以秦为主。"连横"指事一强而攻众弱，主要以秦国为中心。"合纵""连横"为秦强众弱格局下所出现的政治局面。

第三篇

天人之学

天文历算

观象授时

浑天仪

浑天仪以铜铸成，星球形，球面上标出黄道、赤道、南极、北极，刻有二十八宿及其他星座，每天有规律地回转一周。

观象授时，即通过观察天象来确定时间和创制历法。因为节令的测定与农业生产直接相关，所以制定准确的历法是农业社会的一件大事，而考察时序的基本途径就是观测天象，因此古人对其极为重视。《尚书·尧典》在叙述尧治理天下的具体活动时，所记载的首要一项就是派人观测天象，制定历法："乃命羲、和，钦若昊天，历象日月星辰，敬授民时……期三百有六旬有六日，以闰月定四时成岁。"这段话还表明，在尧的时期，观象授时的方法已经成熟，原始的历法在那个时期也已经形成，人们在从事农业生产的时候可以不再依凭直觉，或者随机行事，而是有了可靠的指导，这意味着农业生产已经进入了一个相对发达的阶段。

日、气、朔

日、气、朔，是中国古代历法的三种基本元素。"日"，就是一个太阳日，为24小时。"气"，指的是二十四节气，也就是从冬至开始，到下一个冬至，是一个回归年，一个回归年划为24份，称为二十四节气。其中，冬至和其后依次相隔一位的节气，如大寒、雨水、春分等叫做"中气"，相应地，小寒、立春、惊蛰等则叫做"节气"（有时为了简洁，也将中气称为"气"，而将节气称为"节"）。"气"又分作两种，按时间等分的叫"平气"，按一年中太阳所走的路程等分的叫"定气"。"气"体现着历法中阳历的成分，而"朔"则体现着历法中阴历的成分。"朔"指的是日、月的黄道经度相同的时刻，也就是阴历每月初一的时候日、月之间的位置关系所体现出来的月相。月亮绕地球运动的速度是不均匀的，太阳周年视运动的速度也是不均匀的，因此，朔出现的时间也是不相等的，但是凭借长期的观测统计，可以求得一个相对稳定的平均值，这个平均值就称为一个朔望月。根据朔望月推算出来的朔，叫"平朔"；对平朔由日、月不均匀运动所造成的偏差进行修正而得到的真实的朔，称为"定朔"。中国古代历法自有"气"、"朔"以来，从春秋、战国时代到唐初，使用的是平气和平朔；从唐初到明末，使用的是平气和定朔；清代以后，使用的就是定气和定朔。

干支计时纪年

干是指天干，支是指地支。天干共 10 个，所以又称为"十干"，顺序为：甲、乙、丙、丁、戊、己、庚、辛、壬、癸；地支共 12 个，顺序为：子、丑、寅、卯、辰、巳、午、未、申、酉、戌、亥。其中甲、丙、戊、庚、壬是阳干，乙、丁、己、辛、癸是阴干。子、寅、辰、午、申、戌是阳支，丑、卯、巳、未、酉、亥是阴支。

在夏历中，干支用来编排年号和日期。具体方法为以一个天干和一个地支相配，天干在前，地支在后，天干从甲开始，地支从子开始，阳干对阳支，阴干对阴支（阳干不配阴支，阴干不配阳支），60 年一周期，称为"六十甲子"或"花甲子"。天干表示年、月、日、时的次序，地支用来纪月、纪时。地支纪月就是把冬至所在的月称为子月，以下依次排列。地支纪时就是把一日分为 12 个时段，分别以十二地支表示，称十二时辰。

古人就是以六十甲子循环来纪年、纪月、纪日、纪时。

三垣与四象

"三垣"，即紫微垣、太微垣和天市垣，是中国古代划分星空的星官，每垣都是一个比较大的天区，内含若干小的星官（或称为星座）。紫微垣是三垣的中垣，包括北天极附近的天区，在北斗东北，居于北天中央，所以又称中宫，或紫微宫，即皇宫的意思；以北极星为中枢，有星 15 颗，东西排列，成屏藩形状，各星多数以官名命名。它的天区大致相当于现今国际通用的小熊、大熊、天龙、猎犬、牧夫、武仙、仙王、仙后、英仙、鹿豹等星座。太微垣是三垣的上垣，位居于紫微垣之下的东北方，在北斗之南，轸宿和翼宿之北，有星 10 颗，以五帝座为中枢，成屏藩形状。太微即政府的意思，星名亦多用官名命名，它的天区包含室女、后发、狮子等星座。天市垣是三垣的下垣，位居紫微垣之下的东南方向，

二十八宿铜镜 唐

此铜镜约铸于 8 世纪，中心是蛙钮，自内往外由五个圈饰组成，边饰为朵云图案。无论作为古铜镜艺术品，还是古天文学的文物，这都是一件难得的珍品。

在房宿和心宿东北，有星 22 颗，以帝座为中枢，成屏藩形状，它的天区包括蛇夫、武仙、巨蛇、天鹰等星座。"四象"，即青龙（又称苍龙）、白虎、朱雀、玄武，分别代表东、西、南、北四个方向，用来划分天上的星区。这是古人把二十八宿中每一个方位的七个星宿联系起来加以想象而成的四种动物的形象而得来的。

❧ 星野 ❧

星野指的是与天上的星象相对应的地面的区域。《史记·天官书》说："天则有列宿，地则有州域。"人们用天上二十八宿的方位来对照地面的区域，某个星宿对着地面的某个区域，叫做某地在某星的分野。王勃在《滕王阁序》中说："豫章故郡，洪都新府。星分翼轸，地接衡庐。""翼"和"轸"分别是南方朱雀七宿中的第六宿和第七宿，"星分翼轸"的意思就是洪州属于翼、轸二宿所对应的地面区域。李白的《蜀道难》中有"扪参历井仰胁息"的句子，其中的"参"和"井"指的是星宿，参宿是秦的分野，井宿是蜀的分野，李白由秦入蜀，所以说"扪参历井"。二十八宿是人们对于天空星区的划分，东西南北四个方向各有七宿，而又将其更为具体地分成九野。即中央钧天：角宿、亢宿、氐宿，东方苍天：房宿、心宿、尾宿，东北变天：箕宿、斗宿、牛宿，北方玄天：女宿、虚宿、危宿、室宿，西北幽天：壁宿、奎宿、娄宿，西方颢天：胃宿、昴宿、毕宿，西南朱天：觜宿、参宿、井宿，南方炎天：鬼宿、柳宿、星宿，东南阳天：张宿、翼宿、轸宿。这九野的方位分别对应于地上的方位，就构成了星野的划分，如前面提到的翼、轸二宿，属于东南阳天，洪州位于中国的东南，正与翼、轸二宿相对应，而参、井二宿则属于西南朱天，与秦、蜀地区相对应。

❧ 彗星、行星的运行记载 ❧

彗星，在中国古代称为星孛、蓬星、长星等，据《春秋》记载，鲁文公十四年（公元前 613 年）"秋七月，有星孛入于北斗"。这是世界上最早的关于彗星的记载，此星孛即哈雷彗星。哈雷彗星的运行周期为 76 年，从秦王嬴政七年到清宣统二年（公元前240～1910年）的两千多年间，哈雷彗星共回归过29次，每一次中国都进行了记录，并且记录得很详切。例如《汉书·五行志》对出现于汉成帝元延元年（公元前12年）的彗星做了这样的记载："元延元年七月辛未，有星孛于东井，践五诸侯，出河戍北，行轩辕、太微，后日六度有余，晨出东方。十三日，夕见西方……南游度犯大角、摄提，至天市而按节徐行，炎入市中，旬而2后西去；五十六日与苍龙俱伏。"据统计，中国古代对彗星的记载多达五百次以上，是世界上古代彗星记录资料最为完备的国家。

在古代，行星指的就是金星、木星、水星、火星和土星。中国对行星的观测也有着久远的历史，在甲骨文中就有了关于木星的记载，而到了秦汉时期，人们已经观测和推算出五大行星的运行周期。马王堆汉墓出土的帛书《五星占》中详细地记载着从秦王嬴政元年（公元前246年）至汉吕后元年（公元前187年）这60年间木星的位置和从秦王嬴政元年至汉文帝三年（公元前177年）这70年中土星与金星的位置，还记录了五大行星的回合周期。例如，土星"日行八分，卅日而行一度……卅岁一周于天"，意思是说，土星的会合周期为377日，这比当今的测量值378.09日小1.09日；再如，帛书上记载的金星的会合期折算之后为584.4日，这比现在的精确数据只多了0.48日。总之，史籍中关于彗星和行星的记载标志着中国古代天文学卓越的成就。

❦ 二十八宿 ❦

二十八宿是中国古人认识星辰和观测天象对天上恒星的划分，类似西方的星座，又称为二十八星或二十八舍。"宿"表示日月五星所在的位置。古时候的人们根据它们的出没和中天时间定四时，安排农事活动。

二十八宿分成四组，与东、北、西、南四宫和动物命名的四象相配。它们是东宫青龙，包括角、亢、氐、房、心、尾、箕七宿；西宫白虎，包括奎、娄、胃、昴、毕、觜、参七宿；南宫朱雀，包括井、鬼、柳、星、张、翼、轸七宿。北宫玄武，包括斗、牛、女、虚、危、室、壁

北斗与二十八宿苍龙星座　画像砖

七宿。与它们关系密切的一些星官（意为一组星），如坟墓、离宫、附耳、伐、钺、积尸、右辖、左辖、长沙、神宫等，分别附属于房、危、室、毕、参、井、鬼、轸、尾等宿，称辅官或辅座。唐朝时，包括二十八宿和辅官在内的星共有183颗。

最早记录二十八宿的是春秋时期的《尚书·尧典》。现存对二十八宿最完整的记录发现于湖北随县战国古墓（葬于公元前433年）的漆箱盖上，它记录了二十八宿的全部名称。

❮ 二十四节气 ❯

古人根据季节更替和气候变化的规律，把一年天分为24个节气。

立春：即春季的开始。雨水：降雨开始。惊蛰：指春雷惊醒了蛰伏在土中冬眠的动物。春分：表示昼夜平分。清明：天气晴朗。谷雨：雨生百谷。立夏：夏季开始。小满：麦类等作物籽粒开始饱满。芒种：麦类等有芒作物成熟。夏至：夏天来临。小暑：气候开始炎热。大暑：一年中最热的时候。立秋：秋季开始。处暑：暑天结束。白露：天气转凉，露凝而白。秋分：昼夜平分。寒露：露水以寒，将要结冰。霜降：开始有霜。立冬：冬季开始。小雪：开始下雪。大雪：降雪增多。冬至：冬天来临。小寒：气候开始寒冷。大寒：一年中最冷的时候。

为了便于记忆，人们编了二十四节气歌诀：春雨惊春清谷天，夏满芒夏暑相连。秋处露秋寒霜降，冬雪雪冬小大寒。

二十四节气最早出现在商朝，是中国历法的独创，几千年来对中国农业发展起了重要作用。

❮ 阴历与阳历 ❯

按月相周期来排定的历法，叫做太阴历，简称为阴历；以太阳视运动为依据而设置的历法，叫做太阳历，简称为阳历。阴历定月的依据是月球的运动规律：月球运行的轨道，叫做白道；太阳在地球上的周年视运动轨迹，叫做黄道。白道与黄道以五度九分而斜交，月球绕地球一周，出没于黄道两次，用时二十七日七小时四十三分十一秒半，这是月球公转一周所需的时间，天文学上称为"恒星月"。而当月球环绕地球运动的时候，地球的位置因公转也发生变动，因此，月球从朔到望，实际所需的时间是二十九日十二时四十四分二秒八，这一时间称为"朔望月"，也就是阴历的一个月。现在通常所说的阴历指的是夏历，因与农时密切相关，所以又叫农历，但是夏历有闰月的设置，并不是一种纯粹的阴历。阳历是根据太阳直射点的运行周期而制定的，其平均历年为一个回归年，分为平年和闰年两种，闰年比平年多出一天。通常所说的阳历，即格里历，是现代国际通行的历法，因而又称之为公历。阳历的一年实际上并非刚好是 365 日，而是 365.242199174 日，因此每四年设置一次闰年，这样就将年度的平均时间修正为 365.25 日，但仍有一定的误差，因此每一百年再减少一个闰年，而每四百年再加回一个闰年，最后修正为 365.2425 日，这样出现一天时间的误差大约需要 3000 年，可以说是已经相当精确的了。

❧ 北斗 ❧

北斗在我国是家喻户晓的七星，北斗七星是：天枢、天璇、天玑、天权、玉衡、开阳和摇光，因为这七星连在一起的形状，像是一个舀酒的斗形，所以古人就形象地称它为北斗。天枢、天璇、天玑、天权四星组成斗身，古代叫魁；玉衡、开阳、摇光三星组成斗柄，古代叫杓。北斗七星属于大熊星座的一部分。

北斗最大的作用，是可以辨别方向，确定季节。可见北斗的重要性。北斗是怎么辨别方向的呢？我们只要把天璇、天枢连成一条直线，并顺势把这条直线延长大约五倍的长度，就是北极星，而北极星是北方的标志，这样北方就找到了。北斗又是怎么确定季节的呢？当季节、夜晚的时段不同时，北斗星出现在天空中的位置也不同，看起来是在围绕着北极星运转，所以初昏时北斗斗柄所指的方向，就成了古人决定季节的依据：斗柄指向东，就是春天；斗柄指向南，就是夏天；斗柄指向西，就是秋天；斗柄指向北，就是冬天。

❧ 季节与十二次 ❧

十二次是为了方便说明日月和水金木火土五星的运行、节气的变换而产生的。古人按照由西向东的顺序，把黄道附近一周天，平均分成星纪、玄枵、诹訾等十二个等分，这十二个等分，就叫十二次。

由于十二次和二十八宿都是划分黄道附近一周天的，所以十二次中的每一次，都能有二十八宿中的某些宿和它对应，成为它的标志，例如星纪的标志是斗宿和牛宿二宿，玄枵的标志是女宿、虚宿和危宿三宿。不过，由于十二次是等分的，而二十八宿各宿的大小不一，所以十二次各次起始和终止的界限，和二十八宿中宿与宿的分界，就不是完全重合的，某些宿可以跨属相邻两个次。

古人发明十二次，有什么作用呢？主要有两个方面。首先，可以用来指示四季太阳所在的位置，根据太阳的位置，说明节气的变换。其次，可以用来说明岁星每年所在的位置，根据岁星的位置，进行纪年，例如说某年"岁在星纪"，下一年"岁在玄枵"，等等。

❧ 闰月 ❧

阴历是以朔望月作为单位的历法，阳历是以太阳年作为单位的历法。古人的历法，既非纯阴历，更非纯阳历，而是阴阳合历。在古人的历法里，年分为平年和闰年。平年共有十二个月，有六个小月、六个大月，每个小月二十九天，每个大月三十天，这样全年算下来，是 354 天。而一个太阳年大约是 365 天，两者比较，前者一年大概要少掉 11 天，这样累积经过三年，就会相差一个月余的时间，所以古人每三年，就要配置一个闰月，使历年的平均长度能够大致和一个太阳年相当，这样，也方便和自然时令相配合。

三年一闰，那么按理来说，六年两闰，但六年两闰，又少了些，于是古人有时就来个五年两闰，但五年两闰，又多了些，所以后来就规定，十九年里共闰七个月。

早在殷周时代，古人就已经置闰了，当时的闰月一般放在年末，叫做"十三月"，但当时置闰，并没有定制，有时一年再闰，所以甚至会有"十四月"。春秋时，一年再闰的状况就没有再发生了。汉初沿用秦制，把十月作为一年的开头，把九月作为一年的结束，所以汉初置闰，是在九月之后，叫做"后九月"。

❧ 纪日法 ❧

古人纪日，用的是干支。干指天干，支指地支。天干有十个：甲、乙、丙、丁、戊、己、庚、辛、壬、癸。地支有十二个：子、丑、寅、卯、辰、巳、午、未、申、酉、戌、亥。十干和十二支一共可以排列组合成六十个单位，叫做六十甲子：

甲子	乙丑	丙寅	丁卯	戊辰	己巳	庚午	辛未	壬申	癸酉
甲戌	乙亥	丙子	丁丑	戊寅	己卯	庚辰	辛巳	壬午	癸未
甲申	乙酉	丙戌	丁亥	戊子	己丑	庚寅	辛卯	壬辰	癸巳
甲午	乙未	丙申	丁酉	戊戌	己亥	庚子	辛丑	壬寅	癸卯
甲辰	乙巳	丙午	丁未	戊申	己酉	庚戌	辛亥	壬子	癸丑
甲寅	乙卯	丙辰	丁巳	戊午	己未	庚申	辛酉	壬戌	癸亥

以上六十个单位，每个单位表示一日。有了这六十个单位，日子就可以记录了。例如昨日是甲子日，那么今日就是乙丑日，明日就是丙寅日，往后的日子依次顺推；甲子日的前一日，就是癸亥日，往前的日子依次逆推。六十个单位轮完一圈后，再周而复始。

古代有些日子，有特定的称呼。例如，每个月的第一天称为朔，最后一天称为晦，小月的十五日、大月的十六日称为望，望后紧挨着的日子称为既望。鲍照《翫月城西门廨中诗》说："三五二八时，千里与君同。"这里的"三五"和"二八"就是指望日，三五等于十五，"三五"指小月的望日，二八等于十六，"二八"指大月的望日。苏轼《前赤壁赋》说："壬戌之秋，七月既望。"这里则说到了"既望"。

一天之内的时间，又是怎么记录的呢？

从大的方面来说，古人是依据天色，以昼夜为单位，分成若干个时段。例如日出时称为旦、早、朝、晨等，日落时称为夕、暮、昏等。太阳升到天空正中时称为日中，将近日中的时辰称为隅中，太阳西斜时称为昃。古人一天两餐，前面的一餐，是在日出之后隅中之前，这一节时间，称为食时；后面的一餐，是在日昃之后日入之前，这一节时间，称为晡时。日入之后，就是黄昏了，黄昏之后，就是人定了，人定之后呢，就是夜半了。夜半以后，就是黎明。天将亮的时间，称为昧旦，昧旦又称昧爽。此外表示天亮的时间的，还有平旦、平明等。至于鸡鸣，是指昧旦前的一段时间。鸡鸣和昧旦先后相继出现。《诗经》说："女曰鸡鸣，士曰昧旦。"这里就说到了鸡鸣和昧旦。

从小的方面来说，随着时辰概念的形成，古人把一天分为十二个时辰，十二个时辰用十二地支表示。每个时辰正好和我们现代的两小时相等。这是能一一对照上的，例如夜半十二点（即二十四点）是子时，所以古人说夜半是子夜；凌晨两点是丑时，四点是寅时，上午六点是卯时，其他依次顺推。

近代时，近人又把古人的十二个时辰中每个时辰细分为初、正。例如原来晚上十一点和十二点都是子时，分出初、正之后，晚上十一点就是子初，夜半十二点就是子正，等等。这样，也就等于用古代的概念，把一昼夜分成和现代相等的二十四小时了。

纪月法

古人纪月，一般用的是序数，从一月开始，一直记到十一月、十二月。一年开始的第一个月份，称为正月。每个月在先秦时代，大约都是有特定的称呼的，例如《楚辞》把正月称为孟陬，《诗经》把四月称为除，十月称为阳，《国语》把九月称为玄，等等。

"月建"是古人的另一种纪月方法。所谓"月建"，就是把十二个月份配上十二地支，一般是把冬至日所在的夏历十一月，配上十二地支中的子，叫作建子之月，由建子之月顺推，就可以记录月份了。

一行测算子午线

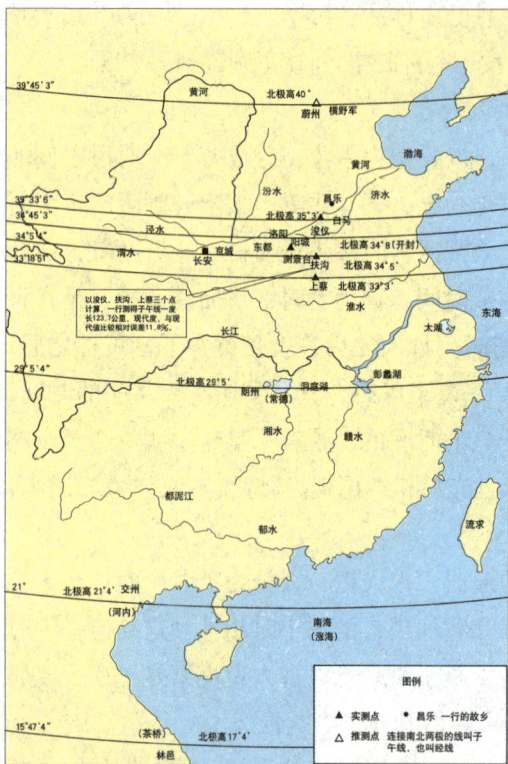

僧一行测量子午线示意图
公元724年，一行命人在河南地区测量日影长度和北极高度，并根据实测结果得知子午线1°的长度为351.27唐里，即现在的123.7公里。这是世界上第一次地面实测子午线的记录。

一行（约公元673～727年），唐代僧人，俗名张遂，魏州昌乐（今河南南乐）人，一说河北巨鹿人，是著名的天文学家、数学家和佛学家。开元五年（公元717年），唐玄宗召一行入京制定新历法。一行与机械制造师梁令瓒合作，创制出了黄道游仪和水运浑象仪，改进了观测仪器，掌握了大量的天文实测资料。一行由此发现古籍上记载的有些恒星的位置与实际不符，于是重新测定了150多颗恒星的位置，这大大提高了新历法的精度。为了使新历法适用于全国各地，一行还组织领导了规模宏大的天文地理测量，开展了实地测算子午线的工作。所谓"子午线"，指的就是人们假设的一条通过地球南北两极的经线，测定出子午线的长度，就可以测知地球的大小。一行在全国选了13个观测地点，其中最北端的观测点在今天蒙古国的乌兰巴托西南，最南端的观测点则在今天的越南中部。通过艰巨而严谨的实测工作，一行推翻了过去一直沿用的"日影千里差一寸"的错误结论，得出"三百五十一里八十步，而极差一度"的新结果，指出子午线一弧度的距离为123.7公里，而现代用精密仪器测量的结果是111.2公里，虽然两者差异是比较大的，但是作为世界上对子午线长度的第一次实地测量，一行的这一成就在中国以及世界天文学发展史上都有着重大的意义。

❧ 张衡 ❧

张衡（公元 78 ~ 139 年）字平子，南阳西鄂（今河南南阳县石桥镇）人，东汉科学家、文学家。他早年发奋苦读，17 岁去长安和洛阳一带游历。永元十二年（公元 100 年）出任南阳太守的主簿。永初五年（公元 111 年）任郎中和尚书侍郎，后任太史令。晚年曾任河间相、尚书等职。

张衡是一个全才，他在天文学、地震学、机械制造、数学、文学、绘画等方面都取得了极高的成就。在天文学方面，他主张浑天说，提出天犹如一个鸡蛋，地犹如蛋黄那样居于中心，认为天外有天，宇宙无限。他提出具有朴素辩证法思想的天地起源说，并且正确解释了月食现象，认为中国地区肉眼能看到的星星有2500 颗，还制成了浑天仪。他在天文学方面代表作是《浑天仪图注》和《灵宪》。

在地震学方面，他制造了世界上第一台地震仪——地动仪，能准确地侦测到地震。在数学上，他的代表作是《算罔论》，算出了圆周率 $\pi \approx 3.1466$ 和 $\pi \approx 3.1623$ 两个近似值。在思想领域，他坚决反对封建迷信思想。在文学上，他创作了《东京赋》、《西京赋》等。他还擅长绘画，被认为是当时六大名画家之一。

❧ 祖冲之与圆周率 ❧

祖冲之（公元 429 ~ 500 年），字文远，祖籍范阳郡遒县（在今河北涞水县），生于南京，南北朝时著名的数学家、天文学家和机械制造家。

他从小就聪明好学，青年时期就赢得了博学多才的名声。祖冲之的主要成就在数学、天文历法和机械制造三个领域。在数学方面，他取得的最大成就是圆周率。求算圆周率的值是数学界中一个非常困难的研究课题，古代许多数学家都为研究这个课题付出了大量心血。祖冲之在吸收了前人研究成果的基础上，经过1000 多次的计算，将圆周率推算到 3.1415926 和 3.1415927 之间，成为世界上最早把圆周率推算到小数点后七位的数学家。这在当时世界上非常先进，直到一千年以后，西方数学家才打破了祖冲之的纪录。因此，日本数学史家三上义夫建议将 3.1415926 称为"祖率"，以纪念祖冲之的研究成果。

祖冲之关于圆周率的研究成果和其他重大贡献写成《缀术》一书，可惜这部数学专著现在失传了。除了数学以外，祖冲之在天文历法和机械制造方面也取得了很大成就。他曾编制了《大明历》，设计和制造了计时用的漏壶、指南车、水推磨和千里船等。

独特的中医

《 中医 》

中医作为国粹已有几千年的历史，它是一个以朴素的唯物主义和自发的辩证法为指导思想，以阴阳五行学说为说理工具，以脏腑经络学说为理论核心，以辨证论治为临床特色的独特、完整的医学体系。

中医的最大特点是整体观念，也就是说，中医将人本身看做一个整体，人与自然相统一，人天相应，天人合一。中医始终将人作为一个整体看待，无论是病机、病理，还是诊断、治疗，时时处处着眼体现出这一观点。中医认为人与自然界息息相通，具有不可分割的密切联系，自然界对人体的影响无时无刻无处不在，人与自然气候、地理、环境、饮食、起居、习俗等有千丝万缕的联系，许多疾病与季节、时间、生活条件、环

神农采药图

境、心情等有关。中医的另一特点是辨证施治。辨证是在整体观念指导下，将四诊收集的资料，根据阴阳、五行生克制化、经络、脏腑、多种辨证的规律全面分析，辨别疾病的症候，从而判断疾病的病因、部位、性质、邪正盛衰有病变趋势；施治就是根据辨证的结果，确定治疗的手段和方法。另外，中医还具有恒动观念，认为人体以及宇宙万物都是连续不断、无限永恒地运动和变化着，将物质的运动形式概括为升降出入，即认为生理活动每时每刻都在人体内部和内外交换两方面进行，人体各部分组织、器官、脏腑、气血津液通过经络周而复始地维系在一起，相互依存、相互联络；在病理过程中相互影响、互为因果，一旦这种活动停止则生命即告终结。

❧ 中医的起源 ❧

中医起源于华夏先民长期的劳动实践，到原始社会末期，中医已具雏形，但由于缺乏文字的记载，只留下了一些传说，其中最为著名的就是神农尝百草和伏羲制九针，根据这种说法，神农和伏羲分别是中药学和针灸学的开创者。灸熨、针刺和汤药是中医的三大基本治疗方法，灸熨源自于人们对火的应用，针刺出自于对石器的使用，而汤药则产生于对食物的寻找过程，这些在初始阶段都是不自觉的偶然发现，后来则逐渐发展为一种确定的知识，形成了中医发展的源头。上古时期，人们对自然的认识还处于蒙昧阶段，因此巫术盛行，而疾病的治疗更是与巫术密切地结合在一起，所以当时巫、医为一职，而最初的中医知识也于此时形成，在甲骨文中已经有了对确定病名的记载。进入周代，就出现了专业的医师，并且医学开始分科，也建立了医政制度。到春秋战国及至秦汉时期，随着一批医学大家和医学经典著作的出现，中医就已经进入全面成熟的阶段了。

❧ 中医的理论基础 ❧

精气学说、阴阳学说和五行学说是中医的理论基础。精气学说认为气是生命的本源，人体机制的正常运行需要精气的调和，故凡为疾病，都是由人体之气的升降出入失调所致。在阴阳学说中，阴和阳分别代表着两种对立的事物或者事物对立的两面，阴阳之间对立而又统一，相互间存在着交感、制约、消长、转化等彼此依存而又斗争的关系。五行学说则认为世界上一切事物都可按其基本属性分为五类，分别以金、木、水、火、土命名，五者之间存在着相生相克的关系。这三种学说涵盖了中医学中关于人体的组织结构、生理功能、病理变化的基本观点，并且构成了对疾病的诊断和防治的最终的理论依据。例如，在中医学理论中，表证、热证、实证可归属于阳证的范畴；里证、寒证、虚证可归属于阴证的范畴。再如，中医认为，金、木、水、火、土在人体中分别对应着肺、肝、肾、心、脾五脏，五行平衡、五脏调和，人体才能维持健康和气血旺盛。

❧ 四诊八纲 ❧

四诊八纲指的是中医诊断疾病的手段。四诊即望、闻、问、切四种诊察疾病的方法，是搜集临床资料的主要方法。

四诊即望、闻、问、切。"望"就是观察病人的精神状态、体质情况、皮肤或其他部分的色泽，以及五官、舌苔等。"闻"一是听病人发出的声音（言语、呼吸、咳嗽等），一是闻病人的气味（呼吸、口腔、分泌物，排泄物等）。"问"就是询问病人发病经过和症状。"切"就是号脉和触诊。脉诊虽然排在最后，但它是中医诊断学中最重要、起决定性作用的一环。八纲即表、里、寒、热、虚、实、阴和阳。它是在四诊的结果的基础上概括出来的，用来明确疾病的主要矛盾或矛盾的主要方面。中医认为，人之所以得病是因为六因，即风、寒、暑、湿、燥、火，但这些都是属于外因，是致病的条件，至于是否发病与否，主要取决于内因，即人的身体状况。

辨证施治

辨证施治就是从病人的整体进行考虑进行治疗，而不是头痛医头、脚痛医脚。它既不同于对症治疗，也不同于西医的辨病治疗，它把人体的状况和疾病的发展变化规律联系起来，综合考虑进行治疗，可以说是病因疗法。

辨证的辨包括辨别与分析两方面内容。证就是对一组症状的综合与归类。辨证就是运用四诊所获得的客观资料（即证候），用中医的方法（三因、四诊、六经、八纲、脏腑、气血等等）进行辨证分析，得出人生病的原因，同时注意病情的发展趋势。施治就是在辨证的基础上，根据不同症状，采用与之相应的治疗方法和用药。辨证是施治的依据，施治是治疗的目的。辨证的主要方法有：辨病位、辨病因、辨病机。

望闻问切

望闻问切，是中医传统的四种基本诊察方法，合称"四诊"，相传最早为扁鹊总结发明。成书于汉代、托名为扁鹊所著的《难经》记载："望而知之谓之神，闻而知之谓之圣，问而知之谓之工，切脉而知之谓之巧。"又解释说："望而知之

明切脉罗汉塑像
四川新津观音寺明代重修大雄宝殿中，有一对切脉诊病罗汉十分生动传神。病僧平伸左手微笑待诊，医僧凝神定气，圆睁双眼，全神贯注地沉浸在诊脉之中。表现中医诊脉的古代艺术品不多，遗存今日实属罕见。

者，望见其五色，以知其病；闻而知之者，闻其五音，以别其病；问而知之者，问其所欲五味，以知其病所起所在也；切脉而知之者，诊其寸口，视其虚实，以知其病，病在何脏腑也。经言，以外知之曰圣，以内知之曰神，此之谓也。"望、闻、问、切的诊察方法在中医学中具有统领性的地位，明代徐春甫在《古今医统大全》中说："望闻问切四字，诚为医之纲领。"

❦ 中药与方剂 ❧

中药，即中医用药，大体可分为植物药、动物药和矿物药三类，又可依据加工程度而分为中成药和中药材。中药学是中华民族经过长期的精心探索而总结出来的宝贵成果，经过数千年的发展历程而不断得到丰富和完善。现存的最早的中药学著作为成书于汉代之前的《神农本草经》，书中记载了中药 365 种（植物药 252 种，动物药 67 种，矿物药 46 种），同时对每一味药的产地、性质、采集时间、入药部位和主治病症都进行了详细介绍，并且对各种药物的配合应用以及服药方法和药物的制剂类型也都做了概述。及至明代，李时珍撰写的《本草纲目》载药 1892 种，附方一万多个，成为古代中药学的一部集大成之作。方剂是中药学的具体应用，指的是按照中医用药规则经过适宜的选择、酌量而制成的包含药物加工与服用方法在内的药方，简称为"方"。最早记载方剂的医书是汉初的《五十二病方》。东汉张仲景的《伤寒杂病论》将理法方药融于一体，共载方剂 314 种，被后世誉为"经方"，这表明方剂学此时已发展成熟。

❦ 人体的经络网 ❧

经络是经脉和络脉的总称，人体运行气血的纵行的干线称为经脉，而遍及全身各个部位的经脉的分支称为络脉，经脉与络脉共同构成了人体的经络网，将人体内外、脏腑和肢节联结成为一个有机的整体。经络系统以阴、阳来命名，分布于肢体内侧面的经脉为阴经，分布于肢体外侧面的经脉为阳经，一阴一阳衍化为三阴三阳，相互之间具有相对应的表里相合关系，即肢体内侧面的前、中、后，分别称为太阴、厥阴、少阴，肢体外侧面的前、中、后分别称为阳明、少阳、太阳。在人体经络网中，十二经脉和十五络脉尤为重要。十二经脉发挥着主体性的作用，其名称分别是：手太阴肺经、手厥阴心包经、手少阴心经、手阳明大肠经、手少阳三焦经、手太阳小肠经、足太阴脾经、足厥阴肝经、足少阴肾经、足阳明胃经、足少阳胆经和足太阳膀胱经。十二经脉和任、督二脉各自别出一络，加上脾之大络，共计十五条，称为十五络脉，分别以十五络所发出的腧穴命名，如手太阴之别络、足太阳之别络、任脉之别络、脾之大络等。十五络脉加强了十二经脉中表里两经的联系，补充了十二经脉循行的不足。经络理论在中医学中占有着基础性的地位，对指导中医的各种诊疗实践有着决定性的作用。

❀ 穴位 ❀

穴位，学名为腧穴，通常也称为穴、穴道，在中医学上指人体上可以针灸的部位，多为神经末梢密集或较粗的神经纤维经过的地方。中国古人很早就发现了穴位，成书于西汉之前的《黄帝内经》就指出"气穴所发，各有处名"，并且记载了160个穴位名称。魏晋时期的皇甫谧在《针灸甲乙经》中对人体340个穴位的名称、位置及其主治功能都一一进行了详切的论述。按照中医学理论，人体穴位是经络之气输注于体表的部位，又是疾病反映于体表的部位，还是针灸、推拿、气功等疗法的施术部位。长期的实践证明，穴位具有"按之快然"、"驱病迅速"的神奇功效，但是穴位的实质究竟如何，人们尽管采用了种种现代的技术和理论去测定与分析，依然没有得出确论。

❀ 针灸疗法 ❀

针灸是针法和灸法的合称。针法是把毫针按一定穴位刺入患者体内，灸法是把燃烧着的艾绒、艾条等按一定穴位熏灼皮肤。针灸是中医学中重要的治疗方法，而且起源极为久远。远古时期，人们偶然发现身体表面的某个部位碰撞到一些尖硬物体的时候会有意外的疼痛减轻的现象，于是逐渐开始有意识地用一些尖利的石

针灸画像石拓片（局部）东汉
画像石于山东微山市出土，为墓室内装饰图案。图左面有一个人面鸟身的神医，手执砭石正为病人做针刺治疗。把医者比作成鸟像，正是为了象征战国名医扁鹊。

块来刺激身体的某些部位，以期减轻疼痛。这就是针法的由来。最初使用的针是石制的，称为"砭石"，后来则发展为金属针，针的形制也有多个种类。灸法的发现则是人们在用火的过程中发现身体某部位的病痛经过火的烧灼、烘烤会得到缓解，于是取用兽皮或树皮来包裹烧热的石块或沙土对身体进行热熨，用点燃的树枝或干草来烘烤以治疗疾病，后来艾叶则成为灸治的主要材料，因为艾叶具有易于燃烧、气味芳香、资源丰富、易于加工贮藏等优点。针灸疗法的原理是中医特有的人体经络理论，在治疗过程中，经过诊断，确定病变属于哪一经脉、哪一脏腑，然后制定相应的配穴处方，进行针灸，以达到通经脉、调气血的目的，从而使人体阴阳归于相对平衡，脏腑功能也趋于调和，也就获得了防治疾病的效果。

❀ 中医推拿术 ❀

中医推拿，又称"按摩"、"按跷"、"导引"、"案"、"摩消"等，是依据中医理论对体表特定部位施以各种手法，有时也配合某些肢体活动以恢复或改善身体机能的方法。推拿按摩属中医学的重要组成部分，也是人类最古老的疗法之一。据《汉书·艺文志》记载，秦汉时期已经有了关于推拿按摩的专著《黄帝岐伯按摩经》十卷，虽然该书已经失传，但是在同一时期完成的《黄帝内经》一书中记录了许多关于推拿的内容。东汉张仲景在《伤寒杂病论》中最先提出"膏摩"疗法，即将配制好的膏药涂抹在患者体表，然后运用特定手法进行抚摩擦揉。这就将推拿按摩与药剂应用结合在了一起，在提高治疗效果的同时也使推拿方法的应用变得更为广泛。魏晋南北朝时期，推拿疗法进一步发展，葛洪在《肘后备急方》中首次对膏摩的理论和应用进行了系统的总结，而陶弘景则在《养性延命录》中阐发了啄齿、熨眼、按目、牵耳、梳头、摩面、擦身等成套的推拿按摩动作。隋唐时期，宫廷太医署正式设立按摩专科，此时的按摩基础理论、诊断技术和治疗方面都已发展到相当水平。至明代，按摩成为13个医学科目之一，尤为引人注目的是，这一时期形成了独有的小儿推拿体系，产生了《小儿按摩经》、《小儿推拿方脉活婴秘旨全书》、《小儿推拿秘诀》等专著。"推拿"这一名称也是得于此时。清代虽然未在太医院设按摩或推拿科，但没有影响这一疗法的进一步发展和更为广泛的应用。乾隆年间由太医吴谦负责编修的《医宗金鉴》中对运用推拿手法治疗骨伤疾病做了系统的总结，将摸、接、端、提、按、摩、推、拿列为"伤科八法"，确立了正骨推拿的分科。这标志着古代中医推拿术发展的最后成就。

❮ 扁鹊 ❯

扁鹊，生卒年不详，约生于春秋晚期和战国早期，齐国渤海郡人（今河北任丘）。又说为齐国卢邑人（今山东长清），姓秦，名越人，"扁鹊"本是黄帝时代的名医，因为秦越人医术高明，所以人们称誉其为"扁鹊"。扁鹊是中国历史上第一位有确切记载的名医，被认为是中医学的鼻祖。扁鹊最大的贡献是创造了望、闻、问、切的诊断方法，还广泛地应用砭刺、针灸、按摩、汤液、热熨等多种方法治疗疾病，奠定了中医临床诊断和治疗方法的基础。《史记·扁鹊仓公列传》记载："扁鹊名闻天下。过邯郸，闻贵妇人，即为带下医；过洛阳，闻周人爱老人，即为耳目痹医；来入咸阳，闻秦人爱小儿，即为小儿医，随俗为变。"扁鹊遍游各地行医，擅长各科，在邯郸为妇科医生，到洛阳为五官科医生，入咸阳则又为儿科医生。但是到秦国后，秦太医令李醯因为自己的医术不如扁鹊，而将扁鹊刺杀。扁鹊著有《内经》和《外经》，都已失佚。

❮ 张仲景 ❯

张仲景（约公元150～219年），名机，东汉南阳（今河南南阳市）人，著名医学家，史称"医圣"。东汉末年，军阀混战，瘟疫流行，张仲景家族200多人因伤寒病死了100多人。张仲景非常难过，立志"勤求古训，博采众方"，为人民治病。他在前人的医书《素问》、《九卷》、《八十一难》、《阴阳大论》、《胎胪药录》的基础上，结合自己的医疗经验，写成了《伤寒杂病论》（伤寒指的是急性传染病，杂病指的是外科、妇科等方面的疾病）。全书除病理论证外，系统地分析了伤寒的原因、症状和处理方法，奠定了理、法、方、药的理论基础。书中还精选了300多种方剂，为中医方剂学提供了发展的依据，后世很多药方都是从它发展变化而来的。这部书还传到了日本、朝鲜、越南、蒙古等国。经后人整理校勘，《伤寒杂病论》被编为《伤寒论》和《金匮要略》。张仲景创造的六经分证、中医诊断病情的八纲（阴阳、表里、虚实、寒热）和辨证施治的原则，为中医治疗学奠定了基础。

❮ 华佗 ❯

华佗（公元145～208年），字元化，沛国谯（今安徽亳州）人，东汉著名医学家。《后汉书·华佗传》说他"兼通数经，晓养性之术""精于方药"，医术高超，被人们称为"神医"。他精通内、外、妇、儿、针灸各科，尤以外科著称，他一生主要在今安徽、江苏、山东、河南一带行医。曹操患头风病，华佗以针刺法治疗，很快治愈。曹操想留他做侍医，遭到华佗的拒绝，因而被曹操杀害。

《三国志》上载有华佗治疗的20多个病例，如传染病、寄生虫病、妇产科病、小儿科病、皮肤病、内科病等。华佗首创了中药全身麻醉剂——麻沸散，并应用于腹部外科手术，这在全世界是第一例，对后世影响极大。后世的中药麻醉都是在麻沸散启发下发展起来的，在世界麻醉学和外科手术史上，也有很大影响。华佗长于养生，模仿动物

刮骨疗毒图

动作发明了"五禽戏"，进行医疗体育锻炼。他曾把自己医疗经验写成一部医学著作，即《青囊经》，可惜失传。

《 孙思邈 》

孙思邈（公元581～682年）京兆华原（今陕西耀县孙家塬）人，隋唐时期著名医药学家，被后人尊为"药王"。孙思邈自幼体弱多病，家人为给他看病几乎耗尽家财。因此，他从小就立志要从事医学研究。他认真阅读了《黄帝内经》、《伤寒杂病论》、《神农本草经》等古代医书，钻研民间方药，向经验丰富的医生学习。到二十多岁时，孙思邈已经成为一个有名的医生了。隋文帝、唐太宗、唐高宗都请他出来做官，但都遭到了他的拒绝。

孙思邈长期生活在民间，广泛搜集民间药方，积累了丰富的医疗经验。孙思邈不但精通内科，而且擅长外科、妇产科、儿科、五官科等，还掌握了针灸技术和渊博的药物学知识。他最早描述了下颌骨脱臼的手法复位，一直沿用到现在。在长期的医疗实践中，孙思邈深切感到过去的方药医书浩博庞杂，分类也不科学。因此他一方面阅读医书，一方面广泛搜集民间方药，编成《备急千金要方》和《千金翼方》，这两本是供家庭备用的医药卫生手册。之所以用"千金"命名，是因为孙思邈认为人命比千金还要贵重。

❖ 李时珍 ❖

李时珍（约 1518～1593 年），字东璧，蕲州（今湖北蕲春）人，明代医药学家。出身于世医家庭，受家庭的熏陶，李时珍从小就喜爱医药，立志悬壶济世。经过刻苦学习和实践，在 30 岁时李时珍已经成为当地名医。后楚王聘李时珍到王府掌管良医所事务，3 年后，又推荐他上京任太医院判后经举荐补太医院之阙，一年后辞职回家。在此期间，李时珍阅读了王府和太医院里大量的医书，医学水平大增。

在李时珍之前，中国医学书上记载的药物有 1558 种，这些药物不仅品种繁杂，而且名称混乱。医生们在行医时非常不方便，有时候还会开错药。李时珍决心把这些药物整理出来，重新编定一本药典。他深入民间，向农民、渔民、樵民、药农请教，查阅医书 800 多部，对药物一一鉴别和考证，纠正了古书中的许多错误，还搜集许多新药物，历时 30 多年，写成了《本草纲目》一书。《本草纲目》对药物进行了分类，首先为纲，其次为目，再次是药名、产地、形色、药用等。《本草纲目》对后世医学影响很大，还传至日本、朝鲜、越南等国。

❖《灵枢经》❖

又称《灵枢》、《针经》、《九针》，是我国现存最早、最系统的中医理论著作。约成书于战国时期，共九卷八十一篇。自汉魏后，由于长期抄传，《灵枢》出现不同名称的多种传本。直至南宋医学家史崧，于绍兴二十五年（公元 1155 年），将《灵枢》九卷八十一篇参照诸古书，重编为二十四卷，重新校正，并在书后附加校译及音译，镂版刊行。《灵枢》传本基本定型，取代各种传本，一再刊印，流传至今。

《灵枢经》涵盖内容十分丰富，此书以整体观念为指导，分别从阴阳五行、天人相应、五运六气、脏腑经络、病机、诊法、治则、针灸等方面，结合当时哲学和自然科学的成就，对人体生理、病理、诊断、治疗和养生的有关问题，作出了比较系统的理论概括。全面阐述了五脏六腑、精神气血津液、人体气质类型等内容，成为中医基本理论的渊薮，迄今在诊疗学上仍具有指导意义。此书对经络腧穴理论和针刺方法有更为翔实的记载，例如对针法的论述，不仅强调说明了守神、候气的重要性，而且提出了数十种针刺方法，详细介绍了针具使用、针刺部位、深浅、禁忌、针刺与四时的关系等实用内容，为后世针灸学的发展奠定了坚实的理论基础。

《黄帝内经·素问》

简称《素问》。原九卷，早散失，后经修订补编为二十四卷，共计八十一篇。大约成书于战国时期，历代医学家对其不断进行一些补充、修改，到西汉才逐渐完成，所以也有人认为成书于西汉。关于本书的作者，说法不一。书名中冠有"黄帝"字样，但由于黄帝时还没有文字，所以后世猜测它可能是由当时一些不知名的医家集体完成。

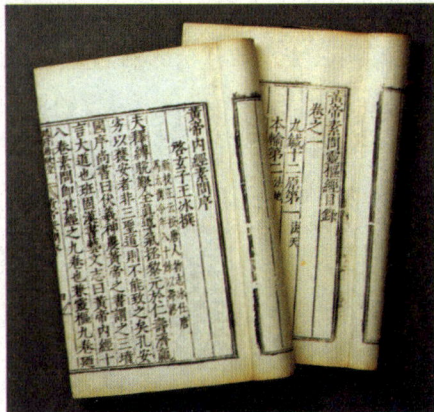

《素问》涵盖内容丰富、论证科学，以人与自然统一观，阴阳学说、五行学说、脏腑经络学说为主，论述脏腑、经络、病

《黄帝内经·素问》明刊本
该书在实践基础上总结出脏腑学说和病因学说，奠定了中医的理论基础，是中国历史上第一部系统的医学著作。

因、病机、治则、药物及摄生、养生防病等各方面的关系，甚至已涉及现代医学中关于人体发育、生理、解剖、治病原则、时间医学和预防医学等内容，集医理、医论、医方于一体，强调人体内外统一的整体观念，是中医基本理论的渊源。其中，书中提出的人体血液是在脉管内不停地流动，而且是"如环无端"的循环状态，这被世界科技史学界公认为是血液循环概念的萌芽。其他如体内各脏器的解剖结构，以及放腹水术、灌肠法、物理疗法等内容，在世界医学史上，都属于首次记载。《素问》问世后，成为当时乃至后世中医学中影响最大的经典著作。

《神农本草经》

又称《神农本草》，是我国现存最早的药物学专著，是对我国早期临床用药经验的第一次系统总结，被誉为中药理论的经典著作。全书分三卷，载药365种，其中植物药252种，动物药67种，矿物药46种，分上、中、下三品，文字精练古朴。书中对每味药的产地、性质、采集时间、入药部位和主治病都有详细记载。每味药的药物性味也有详尽的描述。对各种药物怎样相互配合应用，以及简单的制剂，都作了概括。更可贵的是早在两千年前，我们的祖先通过大量的治疗实践，已经发现了许多特效药物。如麻黄可治疗哮喘，大黄可泻火，常山可以治疗疟疾，等等，这些都已被现代科学分析方法所证实。

此书作者不详。因为在我国古代，大部分药物都是植物药，所以"本草"成了它们的代名词，这部书也以"本草经"命名。汉代托古之风盛行，人们尊古薄今，为了增强人们的信任感，它借用"神农遍尝百草"的传说，定名为《神农本草经》。其成书年代有多种说法，原书早佚，现行本为后世从历代本草书中集辑而成，又因其中大部分内容反映先秦时期我国药物学的水平，所以一般均认为成书于汉代。

《千金方》

全称《备急千金要方》，简称《千金要方》或《金方》，三十卷。我国古代综合性临床医学著作，唐代医学家"药王"孙思邈根据自己数十年的临床实践经验编著而成，集唐代以前诊治经验之大成，对后世医家影响极大。

该书第一卷为总论，内容包括医德、本草、制药等；再后则以临床各科辨证施治为主，计妇科二卷，儿科一卷，五官科一卷，内科十五卷（内中十卷按脏腑分述），外科三卷，解毒急救二卷，食治养生二卷，脉学一卷及针灸二卷，共二百三十三门，方论五千三百首。

《千金要方》总结了唐代以前医学成就，书中首篇所列的《大医精诚》、《大医习业》，是中医学伦理学的基础；其妇、儿科专卷的论述，奠定了宋代妇、儿科独立的基础；其治内科病提倡以脏腑寒热虚实为纲，与现代医学按系统分类有相似之处；其中将飞尸鬼疰（类似肺结核病）归入肺脏证治疗，提出霍乱因饮食而起，以及对附疽（骨关节结核）好发部位的描述、消渴（糖尿病）与痈疽关系的记载，均显示了相当高的认识水平；针灸孔穴主治的论述，为针灸治疗提供了准绳，"阿是穴"的选用、"同身寸"的提倡，对针灸取穴的准确性颇有帮助。因此，素为后世医学家所重视，并流传到国外，产生了一定的影响。

《本草纲目》

中国古代重要的药物学著作，《本草纲目》是明代伟大的医药学家李时珍为修改古代医书的错误而编。全书共52卷，190余万字，载有药物1892种，收集医方11096个，绘制精美插图1160幅。是作者在继承和总结以前本草学成就的基础上，结合作者长期学习、采访所积累的大量药学知识、经过实践和钻研，历时数十年而编成的一部巨著。分为十六部六十类。每种药物分列释名（确定名称）、集解（叙述产地）、正误（更正过去文献的错误）、修治（炮制方法）、气味、主治、发明（前三项指分析药物的功能）、附方（收集民间流传的药方）等项。全书收录植物药881种，附录61种，另有具名未用植物153种，共计达1000多种。占全部药物总数的百分之五十八。

作者李时珍（1518~1593年），字东璧，号濒湖，湖北蕲州人。他出生于中医世家，其父为当地名医，从小受到家庭熏染，对医学特别是本草学十分热爱。他以毕生精力，亲历实践，广收博采，实地考察，向有实践经验的农夫、渔人、猎户、手工业者了解，亲自解剖动物、观察动物生活习性，分析各种药用植物的形态和培植方法。经过数十年孜孜不倦的努力，终于著成不朽的本草学巨著《本草纲目》。

《本草纲目》不仅考证了过去本草学的若干错误，提出了较为科学的药物分类方法，而且溶入了先进的生物进化思想，并丰富了临床实践经验。是对几千年来祖国药物学的总结，也是我国医药宝库中的一份珍贵遗产，被誉为"东方药物巨典"，对近代科学以及医学影响甚大。

《伤寒杂病论》

《伤寒杂病论》是东汉末张仲景所撰，它确立了中医学重要的理论支柱之一——辨证论治的思想。后来几经战乱散轶、编次，该书被一分为二，成为《伤寒论》和《金匮要略》二书。

《伤寒论》全书10卷，以六经辨证为纲，以方剂辨证为法，是一部论治外感热病的专著。它将外感疾病所表现出的各种规律性病证归纳为太阳、太阴、少阳、少阴、阳明、厥阴六经病症，三阳经病多属实热，三阴经病多属虚寒；每经贯串运用四诊八纲，对伤寒各阶段的辨脉、审证、治则、立方、用药规律以条文形式进行了全面的阐述，论析主次分明、条

《伤寒论》与《金匮要略》内页

理清晰，在认识和处理疾病的方式方法上，强调运用多种诊法，综合分析；还制定出了许多简要实用的药方，如对六经病各立主证治法（"太阳伤寒"用麻黄汤，"太阳中风"用桂枝汤，阳明经证用白虎汤，阳明腑证用承气汤，少阳病用小柴胡汤），是第一部理论与实践并重，理、法、方、药有机结合的临床医学用书。

《金匮要略》是奠定中国临床医学基础的重要古籍之一，全书共25篇，以内

科为主，涉及外科和妇科，对各种杂病的因、证、脉、治均有介绍。该书诊断重视四诊合参，辨证上以脏腑、经络为重点，结合卫气营血、阴阳五行理论，看重预防和早期治疗，论述精要，治法灵活，制方严谨，颇有实用价值，尤其是该书强调了整体观念，也提醒注意治病的轻重缓急；书中述及的急救人工呼吸法，方法合理，注意事项也颇周全。

作为在临床医学方面有重大贡献的一代宗师，张仲景提倡"精究方术"，他在《伤寒论》中实际立方112首，《金匮要略》立方262首，这些方剂具有药味精炼、配伍严密、主治明确、疗效确凿的特点，被后世誉为"众方之祖"或"经方"，其中大部分是后世方剂学发展和变化的重要依据，至今仍被广泛用于临床。

❖ 十二段锦 ❖

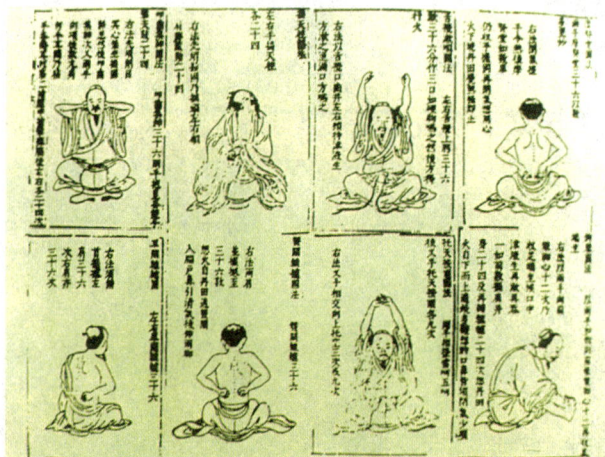

文八段锦图谱
文八段锦又称"十二段锦"，全套为坐式，与立式八段相对。包括摇天柱、舌搅漱咽、摩肾堂、单关辘轳、托天按顶、钩攀第八节的导引求式。

"十二段锦"又称"文八段锦"，实际内容与一般所说的"八段锦"差别很大，曾被少林寺僧作为主要练功内容之一，此后逐渐被广大练功者采用。十二段锦是由十二节动作组合而成，其全部动作进行时均取坐势。"十二段锦"功法虽然简单，但健身益寿、抗老防衰的功效显著，适合于患慢性、虚弱性疾病者的调摄，有助于神经衰弱、慢性气管炎、食管炎、慢性胃炎、冠心病、肺气肿、溃疡病、胃下垂、腰肌劳损、慢性肾炎、肾虚腰痛等患者的康复。

❖ 奇经八脉 ❖

奇经八脉是除人体十二经脉以外，人体经络走向的一个类别。它包括任、督、冲、带、阴跷、阳跷、阴维、阳维八条经脉。它们与十二正经不同，既不直属脏腑，又无表里配合关系，"别道奇行"，故称奇经。

奇经八脉与十二经脉纵横交互，八脉中的督、任、冲脉皆起于小腹中，同出于会阴，其中督脉行于背正中线，任脉行于前正中线，冲脉行于腹部会于足少阴经。奇经中的带脉横行于腰部，阳跷脉行于下肢外侧及肩、头部，阴跷脉行于下肢内侧及眼，阳维脉行于下肢外侧、肩和头项，阴维脉行于下肢内侧、腹和颈部。

奇经八脉交错地循行分布于十二经之间，它的作用有两方面：其一，沟通了十二经脉之间的联系。奇经八脉将部位相近、功能相似的经脉联系起来，达到统摄有关经脉气血、协调阴阳的作用；其二，奇经八脉对十二经气血有蓄积和渗灌的调节作用。当十二经脉及脏腑气血旺盛时，奇经八脉能加以蓄积，当人体功能活动需要时，奇经八脉又能渗灌供应。

❦ 拔罐 ❧

拔罐法又名"火罐气"、"吸筒疗法"，古称"角法"。这是一种以杯罐作工具，借热力排去其中的空气产生负压，使吸着于皮肤，造成郁血现象的一种疗法。拔火罐与针灸一样，也是一种物理疗法，而且是物理疗法中最优秀的疗法之一。古代医家在治疗疮疡脓肿时常用它来吸血排脓，后来又扩大应用于肺痨、风湿等内科疾病。

拔罐法，是我国医学遗产之一，最早在晋、唐时代就已在民间广泛流行。在晋朝葛洪的《肘后备急方》中就有角法记载。所谓角法，是把挖空的兽角角内烧热后，吸附在皮肤上，拔除脓疮的方法。后来，角法所用的动物角，逐渐由竹筒、陶瓷所代替，并演化为近代的玻璃罐、抽气罐。

由于它简便，便于操作，不需特殊训练；并且具有行气活血、祛风散寒、消肿止痛的功效，对腰部肌肉劳损、头痛、咳嗽、气喘、腹痛等许多疾病颇具疗效，所以在民间极受欢迎。新中国成立以后，经过不断改进，拔罐疗法有了新的发展，治疗范围进一步扩大，逐渐成为现代中医治疗中的一种重要疗法。

❦ 导引 ❧

导引是古代一种养生术和健身方法，相当于现在的气功。它通过调整呼吸和活动肢体达到保健的目的。导引术起源于上古，原为古代的一种养生术，春秋战国时期就已非常流行，为当时神仙家与医家所重视。后为道教将其继承和发展，使之更为精密，将"真气"按照一定的循行途径和次序进行周流，作为炼身的

《导引图》帛画复原图

《导引图》长100厘米、宽50厘米。1973年在长沙市马王堆三号墓出土。在这幅棕色绢上，用红、蓝、褐、黑色绘有44个不同姿式的男女，他们正在做导引术式，旁边写有该术式名称。这幅导引图形象反映了古人与衰老、疾病作斗争的情景。

重要方法，以达到调营卫、消水谷、除风邪血气、疗百病以至延年益寿的功效。1972 1974年在长沙马王堆汉墓（西汉初期诸侯家族墓地）出土的帛画，是世界现存最早的导引图谱。每图式为一人像，男、女、老、幼均有，或着衣，或裸背，均为工笔彩绘。其术式除个别人像做器械运动外，多为徒手操练。其中涉及动物姿态与华佗的五禽戏相近。导引法作为我国古代医学上一种重要的治疗方法，从医疗意义上来说，它充分发挥、调动内在因素，积极地防病治病；从保健意义上来看，它则可以锻炼身体，增强体质，保持朝气，焕发精神。

❨ 正骨 ❩

正骨是古代医学诊治损伤的专科，是古代医学"十三科"之一，也称为伤科或骨伤科。所谓正骨是指用摸、接、端、提、按、摩、推、拿等手法治疗骨折、脱臼等损伤，也包括同类原因导致的内脏器损伤。

元代的《世医得效方》最早提到"正骨"这个名称，在官方医疗制度中还设有"正骨兼金镞科"。到唐代就有了关于开放性骨折和关节脱位的治疗方法。清代的《医宗金鉴》一书中，对正骨这门学问作了系统总结，写成"正骨八法"，包括：手摸心会、拔伸牵引、旋转屈伸、提按端挤、摇摆触碰、夹挤分骨、折顶回旋、按摩推拿。这些手法各具特点，比国外的同类方法要早六百年，是我国中医学上宝贵的文化遗产。

第四篇

文 学

✦ 古代文体

❦ 神话传说 ❧

神话传说是在人类探索世界以及人类来源的过程中形成的一种文学式样。它题材广泛、内容丰富、形式多样，是人类关于文学最早的艺术创作。最初，人类将很多没有办法解释的现象归结为神灵掌控。一些笃信神话传说的人便将神话传说演变为一种信仰，并在此基础上，形成了一种特殊的文化形式。神话故事大都采取真实与虚构相结合的手法，以神、鬼、仙、妖、龙、凤等形象为故事主角，结合客观存在的人、事、物，加以丰富绮丽的想象，看似荒诞离奇，却或多或少与客观存在有着千丝万缕的联系。

对中国文明影响较为深远的神话传说有盘古开天、女娲造人等天地神创、人类神造神话传说式样，这类神话传说体现了人类对未知奥秘探索与自由幻想。在民间，较流行的神话传说有八仙过海、牛郎织女等人修炼成仙的神话式样，这种神话是以社会现实为底本，借助人仙角色的转变，寄予人类渴望摆脱现实枷锁的愿望。神话传说是人类在不自觉的过程中，加工创作出来的，具有很高的美学价值以及历史文化价值，对于后世研究早期的人类社会具有重要的意义。这种文学式样

伏羲女娲图 唐

伏羲与女娲是中国古代神话中人类的始祖，传说人类是由这对兄妹结合产生的。这件出土于新疆吐鲁番的墓幡由绢制成，悬挂在墓室的顶部。图中伏羲女娲人首蛇身，以手相抱，伏羲执矩，女娲擎规，以示天地方圆。画面满布圆点代表天宇星辰，上部绘着内有三足乌的太阳，下部绘着内有玉兔、桂树、蟾蜍的月亮，表现了人类始祖遨游于日月苍穹间的情景。早期人们认为，文学起源于人类对自然和社会生活的模仿。

的存在，直接推动了文化创作的产生，其虚构的艺术手法、浪漫主义的创作方法都对后世的文学创作有深远的影响。

❦ 诗 ❧

诗是我国古代文学的大宗，也是正统。最早的诗歌是与音乐舞蹈一体的，所以《尚书·舜典》说"诗言志，歌永言"。《国语》也说"诗所以合意，歌所以咏诗也"。

作为一种有韵律的文体，诗会随着节奏韵律的变化而生成不同的诗体，而诗体通常会与诗句的字数和句式相关，所以，就有了四言诗、五言诗、七言诗以及包含各种句式的杂言诗。先秦时期，我国主要的诗歌形式是以《诗经》为代表的四言诗。两汉时期，五言诗和七言诗发展起来，并成为魏晋以后的主要流行体式。南朝时期，人们发现了四声，诗歌创作开始按照音调来遣词造句，以求读来铿锵悦耳。于是，格式严整的近体诗发展起来，到隋唐时期逐渐成熟，并推动诗歌创作进入黄金时代。

作为独特的文学样式，诗歌其主要特征有4个，一是饱含丰富的想象力和情感，这是诗歌最基本、最显著的特征；二是集中反映社会生活；三是节奏鲜明、语言凝练、音调和谐，这是诗歌形式上最大的特征；四是不以句子为单位，而以行为单位。

❦ 楚辞 ❧

楚辞和《诗经》一样构成了中国诗歌的源头，出现于战国时期的楚国，具有浓郁的地域文化色彩，是继《诗经》之后出现的另一种韵文形式，古称南风、南音。

它是在楚国民歌的基础上经过加工、提炼而发展起来的，既是楚文化自身发展的产物，又是楚文化与中原文化融合的产物。由于楚国地处南方，所以楚文化始终保持着强烈的自身特征，充满了奇异瑰丽的浪漫色彩。楚辞多用长短句，章法多变，充满了奇异的想象，常常取材于楚国的神话、传说、鬼神、山水等，充满了浪漫色彩。楚辞是用楚国方言来吟唱的，隋唐以后楚音失传。楚辞的代表诗人是屈原，他的代表作是《离骚》，同时也是我国古代最长的一首抒情诗，所以楚辞又被称为"骚"或"骚体"。除了屈原外，楚辞的代表人物还有宋玉、景差等。楚辞在中国诗史上占有重要的地位，开创了我国诗歌的浪漫主义流派。它打破了《诗经》以后两三个世纪的沉寂，因此后人将《诗经》与楚辞并称为风、骚。

《 乐府诗 》

《孔雀东南飞》图
《孔雀东南飞》是汉乐府中最杰出的篇章。

乐府诗是指汉朝的音乐管理部门——乐府搜集整理的汉朝诗歌。汉武帝时，乐府除了组织文人创作朝廷所用的诗歌外，还广泛搜集各地的民歌。据《汉书·艺文志》记载，西汉时乐府采集的民歌共有138篇，但流传至今的只有三四十篇，加上东汉民歌和文人的作品，现存汉乐府有100多篇。当时没有一部专门收集乐府的书籍，乐府诗散见于《汉书》、《后汉书》、《文选》和南朝《玉台新咏》等书。宋朝时，郭茂倩编的《乐府诗集》将其全部收录。

汉代的乐府诗，最大的特色是可以配乐演唱。后来，由于乐府音乐失传，乐府诗便演化为一种独立的诗体。魏晋以后的乐府诗，除了题名之外，已经和汉代乐府没有什么关系了。另外，乐府诗的句式杂乱，四言、五言、六言、七言、八言乃至杂言，种类繁多。有时，即便是同一题目，句式也不相同。

《乐府诗集》是根据音乐类别将汉乐府分为四类，其中《郊庙歌辞》是西汉文人为宗庙祭祀作的乐歌；《鼓吹曲辞》、《相和歌辞》和《杂曲歌辞》基本上都是西汉民歌。《杂曲歌辞》收录的文人作品中有一些出自东汉。从内容上看，乐府诗包罗万象，有的反映富贵人家奢侈豪华的生活，如《鸡鸣》、《相逢行》、《长安有狭斜行》等；也有反映底层人民饥寒交迫的悲惨生活，如《东门行》、《妇病行》、《孤儿行》等；以爱情为题材的乐府诗占很大比重，代表作有《孔雀东南飞》、《上邪》、《有所思》等。乐府诗受《诗经》和《楚辞》的影响很深，并对后世的诗歌创作有深刻影响，在文学史上占有重要地位。

❧ 南北朝民歌 ❧

民歌是一种活泼自由的诗体。我国南北朝时期，不论是南方还是北方，民歌都走向繁荣，并对后世的诗歌创作产生深远影响。

南朝的民歌大部分保存在宋朝郭茂倩所编的《乐府诗集·清商曲辞》里，主要分为吴歌与西曲两类。吴歌共 326 首，产生的地点以建业（今江苏南京）一带为中心，时间是东晋与刘宋两代。西曲共 142 首，产生于荆州（今湖北江陵）一带，时代约为宋、齐、梁三代。

南朝民歌绝大部分都是情歌，反映南方青年男女之间坚贞的爱情，倾诉了婚姻不自由、男女不平等所造成的不幸。它的主要特点是：形式短小，大多是五言四句；抒怀深情宛曲，多用双关隐语；语言清新、自然、朴素，词语不雕琢；多采用对歌形式。代表作有《子夜歌》、《拔蒲》、《西洲曲》等。

北朝民歌主要保存在《乐府诗集·横吹曲辞》和《梁鼓角横吹曲》中，大约有 70 首。北方民歌原来大部分是北方少数民族的歌曲，后来翻译成汉语，也有一部分是直接用汉语创作的。北方民歌反映了北方社会生活的各个方面，或书写混战给人民带来的沉重灾难，或反映了残酷的阶级剥削和贫富悬殊，或赞美北方民族的尚武精神和壮丽的北国风光，也有一些反映羁旅之思和爱情婚姻的作品。北方民歌五言四句的形式较多，但也有七言四句。语言平实，质朴无华，粗犷率直，直抒胸臆，刚健豪放。代表作有《木兰诗》。

❧ 词 ❧

词是曲子词的简称，也称"长短句"、"填词"等，是承袭汉、魏乐府遗风，并受少数民族音乐影响而形成的一种文学体裁，盛行于北宋和南宋。

按字数分，词可以分为 3 类：58 字以下的（包括 58 字）为小令，91 字以上（包括 91 字）的为长调，介于两者之间的为中调。按阕分类，词可以分为单调（一阕），如李清照《如梦令》；双调（二阕）；三叠（三阕），如《兰陵王》；四叠（四阕），如吴文英《莺啼序》。最初的词都是配合音乐来歌唱的，有的按照词来制定曲调，有的依照旧有的曲调来填词，每个曲调都有一个名称叫调牌，调牌一般按照词的内容而定。后来人们依据固有的曲调来填词，这些用来填词的曲调叫做词牌，词的内容和曲调、词牌并没有必然的联系。现存词牌共有 400 多种，有的词牌有好几个不同的称谓，用得较多的词牌名如"西江月"、"菩萨蛮"、"浣溪沙"、"沁园春"、"水调歌头"等。

和诗不同，词在句式和声韵上有许多突破和特点。首先在句式上有如下特点：第一，词的句式从一字句到十一字句不等，所以又称"长短句"，使用频率最高的是四、五、六、七字句。第二，词的开头一般都有领字，一字领的有"任、待、乍、莫、怕……"，二字领的有"恰似、谁料、只今、那堪、试问……"，三字领的有"最无端、君莫问、君不见……"。第三，词句中常常有叠字和叠句，叠字如"错错错，莫莫莫"、"寻寻觅觅、冷冷清清"等，叠句如"归去，归去"、"罗衣宽一半，罗衣宽一半"等。第四，词句中常用到虚词，如"耳、矣、也……"。其次，除了只在文中最紧要处（如转折和结尾处等）比较讲究押韵外，一般情况下，词对平仄押韵没有严格的要求。此外，词虽然也有对仗，但没有具体的规定，相连两个句子只要字数相同就可以构成对仗，而且对仗不讲究平仄，也不避同字。

《 曲 》

金朝和元朝时期，中国产生一种带有曲调、可以演唱的抒情诗体，叫做曲。其中，在北方地区流行的叫北曲，在南方流行的叫南曲。曲是南曲和北曲的统称，我们这里所说的曲，主要是指散曲。

散曲包括小令和套数两种基本类型：小令又叫"叶儿"，主要是指独立的一支曲子，字数比较少。除了单只曲子这种形式外，散曲还包括重头小令。重头小令是一种联章体（即组曲），通常由同题同调的数支小令组成，最多可达百支，用来合咏同一个事物或分别吟咏数件联系紧密的事物，以此来加强艺术感染力。例如，张可久的〔中吕·卖花声〕《四时乐兴》，以四支同题同调的小令分别吟咏春、夏、秋、冬，构成一支内容相联的组曲。联章体中的小令虽然都同题同调，首尾句法相同，内容相联，但每首小令可以单独成韵，仍然是完整独立的小令形态。

套数又叫"散套"、"套曲"、"大令"，它由同一宫调的若干支曲子相联而成，每个曲子同押一部韵，在结尾处还有尾声。套曲的字数比较多，篇幅较长，适合表达比较复杂的内容，表现手法既可以叙事，也可以抒情，还可以叙事和抒情兼而有之。

散曲虽然是继诗、词之后出现的新诗体，但作为一种独立的体裁，它具有不同于传统诗、词的独特的艺术个性和表现手法，主要表现在三个方面。1. 它大量运用衬字，使得句式更加灵活多变，艺术感染力更强。例如，关汉卿的套数《不伏老》中，"我是一粒铜豌豆"一句，因增加了衬字而变成了"我是个蒸不烂煮不熟捶不扁炒不爆响当当的一粒铜豌豆",这样一来,就将"铜豌豆"泼辣豪放的性格表现得淋漓尽致。2.大量运用口语,使语言俗化。散曲中虽然也不乏典雅的一面,但更倾向于以俗为美。它大量运用俗语、少数民族的语言、戏谑调侃的语言、唠叨琐屑的语言、方言、谜语等,生活气息非常浓厚。3.感情表达更加酣畅淋漓,含义更加坦率直白。

❰ 文 ❱

诗与文是中国古代文学中的两大基本类别,都是文学之正宗。南北朝时期,《文选》和《文心雕龙》中,把一切文体都视为"文",这里的"文"是广义的概念。但是后来,人们逐步将诗歌类文体从"文"中独立出来,形成"诗文"并立的分类方法,这里的"文"便是狭义的概念。故而,除去诗、词、曲之外的所有文章形式,都是"文",其中最有价值的是先秦诸子之文,以及隋唐以后的"古文"。

从最早的《尚书》、《周易》等书可知,文可以有韵,也可以无韵;可以讲平仄,也可以不讲平仄。隋唐以后,文学界通常把有韵的叫做"骈文",无韵的叫做"古文"。古文另一种分类方法是按功能划分,其中最具代表性的是清代文学家姚鼐在《古文辞类纂》中的划分,其中说:"其类十三,曰:论辨类,序跋类,奏议类,书说类,赠序类,诏令类,传状类,碑志类,杂记类,箴铭类,颂赞类,辞赋类,哀祭类。"显然,这种文体划分标准便是古人所说的"为用",即按文章的功能划分。

❰ 赋 ❱

赋是在汉代兴盛的一种兼有韵文和散文的重要文体,有大赋和小赋之分。大赋多写宫廷的盛况和帝王的生活,小赋多数是抒情作品。

赋这种文体出现在战国时期,儒学大师荀子曾作《赋篇》,这意味着"赋"作为独立文体开始出现。此后,屈原、宋玉等人以这样的文体进行文学创作,后人把他们的作品称之为"屈原赋"或"宋玉赋"。

赋的繁荣是在汉朝。汉赋的发展经历了四个时期。一是创始期,这时期枚乘的《七发》既奠定了汉代大赋的基础,也开创了辞赋中的"七"体,基本上形成了汉赋的体制。二是全盛期,重要的代表作家是司马相如,其主要代表作有《子虚赋》、《上林赋》,此外,东方朔、枚皋等人的成就也突出,这时期汉赋的基本形式和格调已经确立。三是摹拟期，重要的代表作家有班固，其代表作《京都赋》，此外还有扬雄等，这一时期的体制和风格有所变化，反映社会黑暗、讥讽时事、抒情咏物的短篇小赋开始兴起。四是转变期，小赋盛行，内容已由描写宫殿和游猎盛况转为抒发个人情怀，表现手法以由叙述转为议论说理为主，篇幅上由长篇巨制转为短篇。这一时期最重要的代表作家是张衡，其代表作《二京赋》成为汉代散体大赋的绝响。

汉赋的特点是：内容多写京都的繁华和帝王的游乐，以此来粉饰太平，歌功颂德；文章前有序言，正文韵、散结合，其中散文用于记叙，韵文用于描写，韵脚根据需要经常转换，语言多用四六字句，且极力铺陈，喜欢堆砌生僻字词和形容词，篇幅较长，情节通常由假设的两个人以一问一答的方式来展开。汉赋，尤其是大赋，尽管在内容和艺术有着许多缺点，但仍然在文学史上有着一定的地位。它丰富了文学词汇，在锤炼词句和描写技巧等方面也都取得了一定的成就，此外，它促进了文学观念的形成。

❀ 骈文 ❀

《徐孝穆集》书影
此书是六朝骈文的集大成者徐陵的作品集。

骈文是魏晋以后产生的一种文体，又称"骈体文"、"骈俪文"、"骈偶文"。因常用四字、六字句，也称"四六文"或"骈四俪六"。

它是与散文相对而言的，特点是以四六句式为主，讲究对仗，句式两两相对，好像两匹马并驾齐驱，所以被称为骈体。在声韵上，讲究对仗的工整和声律的铿锵；在修辞上，注重形式，喜欢用华丽的辞藻和用典。骈文因为形式，常常束缚内容的表达，但如果运用得好，能增强文章的艺术效果。

南北朝是骈文发展的全盛时期，其中有很多骈文内容深刻。如鲍照的《芜城赋》，通过广陵昔盛今衰的对比，揭露和谴责了统治阶级的骄奢淫逸，抒发了世间万物和人生变化无常的感慨。孔稚的《北山移文》辛辣地讽刺了人在江湖、心在庙堂的假隐士们的表面清高内心功利的心理。流亡北方的庾信在《哀江南赋》中描写了自己的身世，谴责了梁朝君臣的昏庸无能给人民带来的沉重灾难，表达了对故国的怀念。

唐朝以后，骈文的形式日益完善，出现了通篇四、六句式的骈文。直至清末，骈文仍很流行。

古文

古文是与骈文相对而言的一种文体，其奇句单行、不讲对偶声律，是一种散体文。先秦两汉的散文，以散行单句为主，不受格式拘束，质朴自由，有利于反映现实生活、表达思想。而魏晋南北朝以来，骈文盛行，堆砌词藻，言之无物，从而流于浮华。早在北朝时期，苏绰便站出来反对骈文，倡导学习先秦文章，仿《尚书》文体作《大诰》，被当时的人称为"古文"。到中唐时期，这种变革文风的努力经韩愈、柳宗元等人的大力提倡，形成一场声势浩大的古文运动。这场漫长的古文运动，结束了骈文的统治，使古文成为唐朝以后各朝的主流文体。韩愈、柳宗元主张恢复先秦散文内容充实、长短自由、朴质流畅的传统，提倡"文以载道"，反对六朝空洞浮荡的文风。他们既是理论的倡导者，也是实践者，韩柳二人创作出大量清新流畅、形式自由、思想充实的散文，引领时代风潮，吸引了大批追随者。这种名为复古，实际包含革新精神的变革，为宋朝的大文学家欧阳修、苏轼、王安石等人继承和发扬，并最终扭转了古文的发展方向，对后世产生了深远的影响。

明代小品文

小品文是一种寓有抒情意味和讽刺性的短小散文。它起源于秦汉，盛行于晚明。明朝万历年间，以三袁为首的"公安派"反对当时文坛上的复古运动，提倡"性灵说"，主张书写身边事，心中情，短小隽奇，活泼自由的散文，这类散文被称为小品文。小品文题材广泛，有的描写风景，有的杂记琐事，"并非全是吟风弄月。其中有不平，有讽刺，有攻击，有破坏"（鲁迅《南腔北调集·小品文的危机》）。小品文的兴盛，不仅是散文发展的结果，也是"公安"、"竟陵"等文学流派进行文学革新的产物。它的主要作家有三袁、张岱、徐宏祖、王思任、祁彪佳等。

晚明小品文作家中取得成就最高的是张岱。他的作品吸取了"公安"和"竟陵"两派之长，语言清新简洁，形象生动，描写细致，风格自然清丽，题材广泛，内容包括风景名胜、戏曲杂技、世情风俗等，堪称晚明社会生活的画卷。他的散文集有《陶庵梦忆》、《琅嬛文集》、《西湖梦寻》等。明朝小品文和唐诗、宋词、元曲一样，成为一代文学成就的标志。

❧ 小说 ❧

小说是一种文体名称，追溯小说的历史渊源，应该是先秦的"说"。战国时期的"说"，具有一定的故事性，而西汉刘向所辑的《说苑》，可以视为中国最早的小说集。

在汉代，小说作为一种文体得到社会认可，并且也存在"小说家"这一职业。汉代著名学者桓谭说："若其小说家，合丛残小语，近取譬论，以作短书，治身理家有可观之辞。"班固不仅把"小说家"列为九流十家之一，还认为小说是"盖出于稗官，街谈巷语、道听途说者之所造"，认为小说乃是小知、小道，也就是说，小说的形式短小，内容贴近生活。与现代人的小说观念不同，古代的小说作者和读者，都把小说当成实录，而非虚构的故事。即便是荒诞不经的志怪小说，古人也是把其中内容当真的。

古代的小说，种类驳杂，很难用现在的小说概念来概括。关于小说的归类，古人有把它列为史部的，也有把它列入子部的，但基本上都把它视为"稗官为史之支流"，把它看做历史的附庸。明代胡应麟在《少室山房笔丛》中将小说分为"志怪、传奇、杂录、丛谈、辨订、箴规"六大类。前三类勉强可以称得上小说，后3类则乖离甚远。

总之，古代的小说重在记述故事，这些故事有虚构的，也有真实的；篇幅或长或短，结构不甚讲究；目的在于传奇、感化或警世。

❧ 唐传奇 ❧

唐传奇指的是唐代流行的文言小说，唐传奇的出现标志着中国文言小说进入成熟阶段。唐传奇的发展经历了三个阶段：

第一阶段是初唐、盛唐时期的发展期。这一时期还处于从六朝志怪小说向传奇转变时期，不仅数量少，而且艺术成就也不高，但已经有了一些新的发展迹象。这一时期的代表作是《梁四公记》和《游仙窟》。

第二阶段是中唐兴盛期。这一时期许多文人都投身于传奇的创作，借用诗歌、散文、辞赋等其他文学题材的艺术表现技巧，极大提高了传奇的地位，扩

风尘三侠图 清 任颐

《虬髯客传》是唐代传奇中的名篇，也是中国武侠小说的开山之作。此图绘有《虬髯客传》中的三个主要人物：红拂、李靖、虬髯客。

大了传奇的影响。这一时期曾参与创作传奇的有元稹、白居易、白行简、陈鸿、李绅、韩愈、柳宗元，代表作家有元稹、白行简、蒋防，代表作分别为《莺莺传》、《李娃传》、《霍小玉传》。现存的中唐时期的传奇有近40种，涉及爱情、历史、政治、神仙、豪侠等方面，历史题材的有《长恨歌传》，还有一些借梦幻、寓言讽刺社会的作品，如《枕中记》、《南柯太守传》等。其中以爱情为题材的作品成就最高，代表作有《离魂记》、《任氏传》、《柳毅传》等。

第三阶段是晚唐衰退期。这一时期传奇虽然衰退，但仍出现了很多优秀的作家和作品，如袁郊的《甘泽谣》、皇甫枚的《三水小牍》、薛用弱的《集异记》、李复言的《续玄怪录》等。这一时期传奇最主要的特点就是以豪侠为内容的作品大量涌现，代表作有《聂隐娘传》、《昆仑奴》、《虬髯客传》等。

唐传奇的篇幅一般都不长，短的只有几百字，长的也不超过一万字，大部分保存在宋朝所编的《太平广记》中。

❦ 神魔小说 ❧

神魔小说是明清之际的一种小说体裁，又称志怪小说。明代中期以后，通俗小说主要分作两类，一类讲述现实世情，一类讲神怪斗争，鲁迅先生在《中国小说史略》中将后者命名为神魔小说。神魔小说同样起源于宋元之际的平话，第一本神魔小说《西游记》便是吴承恩在宋元平话的基础上加工整理而成的。因此书风行一时，获巨大成功，其后作家纷纷效仿，产生了《封神演义》、《东游记》、《三宝太监西洋记》、《镜花缘》等众多神魔小说。这类小说一般是依托历史事件，或依托流行的神怪故事，也有少数是文人纯粹凭想象写出来的，如《镜花缘》。神魔小说大多没有复杂的思想和严肃的主题，主要着力讲述神魔鬼怪之间的斗争，有很强的娱乐性，即使有一些讽喻现实的意图，普通读者也因为被故事所吸引而很难领会。总体上，除《西游记》、《镜花缘》等少数经典，大多神魔小说写得比较粗糙，缺乏艺术创造。

❖ 世情小说 ❖

明清时期的一种小说。世情小说因写世态人情，也称"人情小说"。世情小说的出现，是我国小说史上的重大转变，关于此，也可以借助中国第一本世情小说《金瓶梅》来说明。首先，《金瓶梅》乃是第一本不再依托于以前的民间艺人的集体创作，而是由文人独立构思并创作的一本小说，这标志着小说真正成为一门独立的艺术。其次，《金瓶梅》乃是第一本将目光从帝王将相、才子佳人身上转移到普通人身上来的小说，其开创了中国小说的现实主义传统，使得小说艺术的思想性得到大大提高。《金瓶梅》的这两个特征基本代表了世情小说的特征。《金瓶梅》之后，世情小说得到迅速发展，成为通俗小说的一大主潮。明清两代的世情小说，或主要写情爱婚姻，或主要叙家庭纠纷，或广阔地描绘社会生活，或专注于讥刺儒林、官场、青楼，内容丰富，色彩斑斓。世情小说产生了一大批经典之作，如《三言二拍》、《儒林外史》、《官场现形记》、《红楼梦》等。

❖ 公案小说 ❖

公案小说的主要内容就是狱讼，它是中国近代小说的一个流派。清末，产生了大量的公案小说，风靡一时，比较著名的有《施公案》、《彭公案》等。后来公案小说又与侠义小说合流，形成侠义公案小说。

先秦两汉法律文献中的案例与史书中的清官循吏的传记以及魏晋南北朝志怪小说中的神鬼与狱讼故事，可以看作是公案小说的萌芽。晚唐五代的笔记（传奇）小说中的公案故事，表明公案小说已经成形。宋朝时期，公案作品便大量产生，艺术上也日趋完美，标志着公案小说已经成熟。在众多的公案小说中，最为脍炙人口的，首推《龙图公案》（《包公案》），其次是《施公案》、《彭公案》。《龙图公案》主要讲的是清官包拯，辅以众侠士；《施公案》以施仕纶为主，辅以黄天霸；《彭公案》以彭鹏（彭玉麟）为主，辅以黄三泰、欧阳德。

公案小说的主要思想倾向是：赞扬忠臣清官，铲除奸恶，匡扶社稷，宣扬"尽忠"思想，鼓吹"奴才"哲学和变节行为。

谴责小说

谴责小说是中国旧小说的一个流派。晚清时期，经过中日甲午战争失败、戊戌变法失败、八国联军入侵等一系列巨大的变故，内忧外患日益严重，社会更加黑暗，政治更加腐败，一些小说家们对社会现状深为不满，口诛笔伐，写了大量讽刺社会黑暗面和抨击时政的小说。鲁迅在《中国小说史略》中将这类小说的特点概括为"揭发伏藏，显其弊恶，而于时政，严加纠弹，或更扩充，并及风俗"，将它们称之为"谴责小说"。

比较著名的谴责小说有李宝嘉的《官场现形记》、吴趼人的《二十年目睹之怪现状》、刘鹗的《老残游记》和曾朴的《孽海花》。这类小说的题材和内容，涉及社会生活的各个方面，如官场、商界、华工、女界、战争等，其中写官场最为普遍。

为了适应报刊连载的需要，谴责小说缺乏完整的构思和写作时间，因此结构不够严密，没有贯串始终的中心人物，多是许多短篇联缀成的长篇。在表现手法上，作者有时为了迎合读者求一时之快的心理，往往描写得言过其实，缺乏含蓄，它所反映出的只是一种变形的社会形态。

章回小说

章回小说是中国古典小说的重要形式，它是在宋元话本的基础上发展起来的。从话本到章回小说，这个过程经历了从萌芽到成熟的漫长时期。话本中有一类讲述历代兴亡和战争的故事，由于历史故事通常篇幅很长，说书人不能从头到尾一次讲完，必须连续讲许多次，每讲一次就相当于章回小说中的"一回"。每次讲之前，说书人必须要用一个概括性的题目向听众揭示主要内容，这就是章回小说中"回目"的起源。

元末明初时，出现了一批章回小说，如《三国志通俗演义》、《水浒传》等。这些小说比起话本中的讲史故事有了很大的发展，其中的人物和故事的核心虽然还是历史的，但内容更多是由后人虚构的。而且篇幅更长，分成若干卷，每卷又分成若干节，每节前面还有一个目录。明代中叶以后，章回小说的发展已经趋于成熟，出现了《西游记》、《金瓶梅》等伟大著作。其故事情节更加复杂，描写更加细腻，内容已经脱离了"讲史"，只是体裁上还保留着"讲史"的痕迹。这时章回小说已经不分节了，而是分成许多回。进入清朝以来，章回小说达于繁盛，题材除了明朝的讲史、神魔、人情三大类以外，又加入了讽刺、武侠、谴责、狭邪等多种题材。此时最著名的章回力作有:《红楼梦》、《儒林外史》、《三侠五义》、《儿女英雄传》、《官场现形记》、《二十年目睹之怪现状》、《老残游记》、《镜花缘》等。

比起现代的小说来,章回小说具有独特的形式和特点。1. 它继承了话本的形式:正文前面都有一个"楔子"来引入正文;文中经常使用"话说"、"且说"、"看官"等字眼;文中经常穿插一些诗词和韵文。2. 分回目。章回小说根据故事情节的发展分割成若干回,每回有一个标题,每回的正文只围绕一个中心内容讲述。3. 制造悬念气氛。每回开头以及故事之间的衔接处,总是使用"话说"、"且说"作过渡,每回结尾处,往往以"欲知后事如何,且听后回分解"作结语,以此勾起读者的阅读欲望。

❀ 评点 ❀

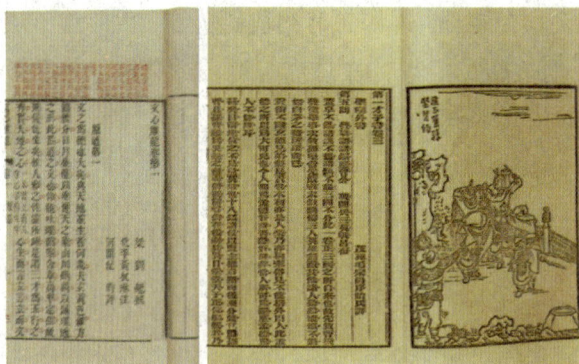

纪昀评点《文心雕龙》、毛宗岗评点的《三国志演义》书影

评点是古人研读文章的一种重要方法,也是中国古代文学批评的常用形式。评点时,评论者在阅读文本,把握文本整体与局部关系的基础上,对文章的内容以及写作方法等方面,进行评论分析。作为阅读者的阅读笔录,评点通常具有一定的对话性,这种对话是读者与文本、与作者、与文本的其他读者之间的对话。评点被标注在不同的位置,其称呼也不同。一般,标注在书眉上的评点被称为"眉批";在内文中下评语的叫"行批";在文末下评语的叫"总批"。

文学流派

❰ 建安风骨 ❱

　　建安是东汉汉献帝的年号。建安时期的文学作品以风骨遒劲、刚健有力、鲜明爽朗著称，被称为"建安风骨"。建安文学的作家有三曹（曹操、曹丕、曹植）和"建安七子"（王粲、孔融、陈琳、徐幹、应场、阮瑀、刘桢）等。三曹是当时的文坛领袖，成就最高。

　　建安诗人经过汉末的大动乱，他们的诗歌的特点是因事而发，具有鲜明的时代特征，悲壮慷慨，或感伤离乱，或悲悯人民，或慨叹人生，或强烈希望建功立业。曹植是曹操的第三子，建安文学的集大成者。他的诗将抒情和叙事有机结合起来，既描写了复杂的事件，又描写了曲折的心理变化，代表作有《白马篇》、《赠白马王彪》、《洛神赋》等。王粲是"建安七子"中成就最高的诗人，他的《七哀诗》以亲身体验的事实为题材，具体描写了汉末战乱给国家、人民造成的深重苦难。

　　建安文学是文学史上的一个辉煌的时代，它独特的文学风格成为后世文学所推崇和效法的典范。

❰ 田园诗 ❱

　　以描绘田园风光，反映农村生活，展示隐逸情怀为风格的诗歌流派。中国田园诗派的鼻祖是东晋诗人陶渊明。

　　陶渊明出身贵族，但到他这一代，已经家道中落。出身高贵的他，再加上当时道家玄学的熏陶，不能容忍官场黑暗与庸俗，辞官归隐。归隐之时，他创作《归去来辞》，后又创作了《归园田居》、《移居》、《怀古田舍》等一批田园诗。诸如"采菊东篱下，悠然见南山"之类的诗句，充分表现了诗人对功名利禄的鄙视，对黑暗官场的极端憎恶和与之彻底决裂的决心，表达了诗人对淳朴的田园生活的热爱，对劳动人民的友好感情和对理想世界的追求与向往，从而开创田园诗派。

　　陶渊明的诗，诗风平淡自然，备受后人推崇，影响深远。到了唐朝，陶渊明

归去来兮辞诗意图 明 李在

此图描述的是晋代文学家陶渊明的名篇《归去来兮辞》中"云无心以出岫"这一句子。画面中陶渊明独坐在山峰上，仰望归鸿和远山，沉醉在大自然中，如有所思，超然物外。李在（？～1431年），字以政，明代福建莆田人，画史称其"自戴文进以下，一人而已"。

的诗风为孟浩然、王维等人继承，并形成田园诗派。比如，孟浩然《过故人庄》中，"绿树村边合，青山郭外斜。开轩面场圃，把酒话桑麻。"质朴无华，浑然天成，清淡优美，清晰地体现了陶诗风格。由于士大夫与农民的天然疏离，反映隐逸志趣的诗作不少，但像陶诗那么亲切的并不多。发展到宋代，范成大成为田园诗的旗帜，把田园诗推向又一个高峰。

山水诗

在《诗经》和《楚辞》中就已经出现了许多描写山水景物的诗句，但那只是作为衬托或比兴的媒介，不是一种独立的题材。中国文学史上第一首山水诗是曹操的《观沧海》。到了魏晋南北朝时期，山水诗开始繁荣起来。

魏晋时期，尤其是南渡之后，社会动荡，政治黑暗，玄学盛行。很多士大夫逃避现实，以山水为乐土，在山水间过着优哉游哉的生活，从中寻找人生的哲理与乐趣。在山水诗产生和发展的过程中，谢灵运对当时和后世影响最大。谢灵运出身南朝士族，才华横溢，但仕途坎坷。为了摆脱烦恼，谢灵运常常四处游览，寄情于山水。他的山水诗一般先写出游，再写见闻，最后谈玄或发感慨，犹如一篇游记。他的诗句工整精练，意境清新自然，其中不少佳句都经过一番苦心琢磨和精心雕琢，每首诗犹如一幅赏心悦目的山水画。谢灵运的山水诗极大开拓了诗的境界，确立了山水诗的地位，从此山水诗成为中国诗歌的一个重要流派。南北朝时期的谢朓、何逊也是有名的山水诗人，他们与谢灵运一道，把山水诗推向成熟。到了唐朝，山水诗蔚为大观，李白、王维、孟浩然、杜甫等都是山水诗高手，他们以卓越的诗才，为后人留下大量的山水诗佳作。

❧ 宫体诗 ❧

宫体诗产生于南朝梁陈之际，影响直到初唐。这种以描写女性美和宫廷生活为主要内容的诗歌，是当时统治阶级荒淫腐朽生活在文学上的反映，情调流于轻艳，诗风比较柔靡。

自古以来，中国不乏描绘女性美的诗歌，但是，到了齐梁时候，部分作家对男女之情开始进行露骨的描绘，出现了"艳情诗"。梁简文帝萧纲酷爱文学，做太子的时候，在东宫聚集一大批文士诗人，专写男女之情，极力吟咏女人的体态、睡态、肌肤或女人的衣着用具等，还有假托女子的口吻写伤春、杜撰思妇对塞外征人的相思之情。这些诗作刻画精细，韵律流畅，缠绵婉转，形成一个鲜明的诗歌流派。不仅如此，萧纲更是命文士徐陵收集古今艳诗，汇编成《玉台新咏》，引导宫体诗的创作。他本人更是宣称，"立身先须谨慎，文章且须放荡"，公然鼓吹"轻靡绮艳"的诗风，极大促进了宫体诗的发展。宫体诗虽然还有一些咏物诗，但都有宫廷、宫女的影子，无法跳出宫廷范围。

宫体诗的主要诗人有萧纲、萧绎，以及他们的侍从文人徐摛、庾肩吾、徐陵等，另外还有陈后主及其侍从文人。代表作有萧纲的《咏内人昼眠》、《美人晨妆》等。

在宫体诗中，五言八句和四句的形式逐渐得到确认，对仗日益工稳，声韵更加和谐，它在艺术形式方面的积累，对于唐诗的发展起到了很大的推动作用。

❧ 边塞诗 ❧

边塞诗指的是唐代以描绘边塞风光、反映戍边将士生活的诗歌。它起源于汉魏六朝，到盛唐全面成熟，形成了边塞诗派。该派代表诗人有高适、岑参、王昌龄、李颀等。比较著名的边塞诗有高适的《燕歌行》、岑参的《走马川行奉送出师西征》、王昌龄的《出塞》等。唐代的边塞诗可以分为初、盛、中、晚四个时期。由于国力强弱和对外战争中的胜负不同，初、盛唐边塞诗中多抒发昂扬奋发、立功边塞的情怀，中唐前期尚有盛唐余响，中唐后期和晚唐只有对昔日盛况的追慕和对现实凄凉的哀叹。边塞诗不仅描绘了壮阔苍凉、绚丽多彩的边塞风光，而且抒写了投笔从戎的豪情壮志以及征人离妇的思想感情。对战争的态度，有歌颂、有批评，也有诅咒和谴责，思想上往往达到一定高度。边塞诗情辞慷慨、意境雄浑，多采用七言歌行和七言绝句的形式。

边塞诗人主要分为两类：有边塞生活经历和军旅生活体验的诗人和利用间接

的材料，翻新一些乐府旧题进行新创作的诗人。前者的诗作中更贴近边塞生活，艺术特色也更鲜明，成就也较高。

❧ 新乐府运动 ❧

新乐府运动是出现于中唐时期的新诗潮。西汉设置乐府，掌宫廷和朝会音乐。由乐府采集和创作的诗歌称作"乐府"。起初乐府诗大部分采自民间，具有通俗易懂、反映现实和可以入乐几个特点。不过六朝之际及唐初，乐府诗基本上成了文人"嘲风雪，弄花草"的诗体。鉴于此，杜甫参照乐府诗的格式，写了《兵车行》、《哀江头》等针砭现实的名篇，此为新乐府诗的发端。其后，元结、韦应物、戴叔伦等人也有新乐府题作。到唐宪宗时期，张籍、王建、元稹、白居易等人彼此唱和，将新乐府运动推向了高潮。尤其元稹、白居易作为当时的才子，有大量新乐府诗作，影响巨大。白居易还提出了"文章合为时而著，歌诗合为事而作"的一整套理论，并首次使用了"新乐府"一词，故被视为新乐府运动的代表人物。新乐府诗作不再像前人那样借助乐府旧题，而是自创新题，按照乐府诗格式创作反映现实的诗作，所以又称"新题乐府"。如李绅的《悯农》诗："春种一粒粟，秋收万颗子。四海无闲田，农夫犹饿死。"便是典型的新乐府诗作。新乐府对当时政治及后世诗歌艺术均产生重大影响。

简单地说，新乐府诗使文学担负起了新闻媒介的作用，某种程度上也是对文学本身的损伤，但在当时来说意义是积极的。

❧ 西昆体 ❧

《西昆酬唱集》书影 杨亿

中国北宋初年一个追求辞藻华美、对仗工整的诗歌流派。宋真宗景德二年（1055年），杨亿、刘筠、钱惟演等人奉诏在宫廷藏书的秘阁内编纂《册府元龟》。他们于修书之余，往来唱和，最后杨亿将这些诗编成一集，定名为《西昆酬唱集》。该集子出来后，在当时产生很大影响，学子纷纷效仿，称之为西昆体。

西昆体主要是宗法晚唐李商隐的艺术风格，崇尚精巧繁缛的诗风，追求巧妙的用典、对仗的工整、音节的和婉，以及像李商隐无题诗那样的隐约朦胧感。西昆体的出现，应该说是对宋初几十年乃至晚唐白体诗流于浅近、粗鄙化的一种反动，重新重视起诗的格律、修辞、寓意，增强了诗歌语言的凝练和诗意的深幽，具有一定的艺术价值。不过，因西昆体作家大多社会地位较高，生活优越，多是宫廷宴游之作，内容狭窄，且脱离真情实感，过于着力于模仿，故而遭人非议。欧阳修、梅尧臣等开创新诗风后，西昆体乃告衰歇。总体上，其对宋代诗歌有着深刻的影响，是宋诗形成自身特色的第一步。

江西诗派

江西诗派是基本代表宋诗艺术特征的诗派。北宋后期，"苏门四学士"之一的黄庭坚在诗坛上独树一帜，追随与效法者颇多，逐渐形成了一个以黄庭坚为中心的诗歌流派。宋徽宗时，吕本中撰《江西诗社宗派图》，中列陈师道、潘大临、杨符等25人，认为这些人的诗风与黄庭坚一脉相承。因黄庭坚为江西人，故称之为江西诗派。虽然这些人的诗各有风格，但在创作方法和诗歌见解方面有共同之处。黄庭坚因推崇杜诗韩文"无一字无来处"的创作方法，提倡化用前人词语、典故的"点铁成金"法和师承前人构思和意境的"脱胎换骨"法。他不仅提出理论，并且写有大量优秀作品。这种诗作，对文化功底要求很高，才学便成了写诗的基础。这也是有宋一代诗歌的基本特点，比如黄庭坚、欧阳修、王安石、苏轼等诗坛领袖均为大学者。到南宋时期，江西诗派影响更大，杨万里、姜夔、陆游等大诗人都深受其影响。又因此派诗人多学习杜甫，故宋末方回又提出了"一祖三宗"的说法，即尊杜甫为"祖"，黄庭坚、陈师道和陈与义为"宗"。

不过这种将诗歌学问化的做法，导致许多记忆力不佳的诗人往往靠翻书来拼凑典故，而过多的典故也使读者读起来异常费神。因此有不少人对此表示不满，南宋的严羽曾言："诗有别材，非关书也；诗有别趣，非关理也。"虽如此，这种写者费劲、读者费神的诗歌在古代文人中一直都比较盛行，尤其以博学相矜的清代诗人，更是推崇这种"无一字无来处"的作诗法。

唐诗派

这是对于明清时代推崇唐诗的诗派的称谓。中国古典诗歌至唐代达到极盛，至宋，风格一变，成另一番韵致。南宋末年的严羽在其诗歌品评著作《沧浪诗话》中推崇唐诗，认为唐诗妙处在于"气象"和"情趣"，而宋"以文字为诗，以议论为诗，以才学为诗"，去唐诗甚远。宋元人虽然推崇唐诗，但唐诗真正被奉为典范，则是在明代。明中期，以李梦阳、何景明、王世贞、李攀龙为首的

"前后七子"，提出"诗必盛唐"的说法，认为"诗自中唐以后，皆不足观"。"前后七子"皆是当时负有盛名的文人，尤其李、何、王、李四人作为当时的文坛领袖，其影响非比寻常。清代时，又有以王士祯、沈德潜为代表的唐诗派。不过，虽然唐诗派崇拜唐诗，其作品也有不少佳作，但总体上还是与唐诗有一定距离。其主要的贡献在于通过对唐诗进行分析、鉴赏和宣扬，使得唐诗不再局限于文坛，而是家喻户晓、妇孺皆知。

❦ 宋诗派 ❦

此为清代一个推崇宋诗的诗派。鲁迅曾言："一切好诗，到唐已经作完。"但宋人却将诗风一转，又开辟出一个崭新的天地。南宋后期尊崇唐诗的严羽在《沧浪诗话》中对比唐诗优越于宋诗之时，曾分析："本朝人尚理，唐人尚意兴。"他认为宋朝人利用诗歌议论，乃是呈露才学，为诗作的末路。其后便形成了一个以唐诗为尊的唐诗派，清代的唐诗派人物著名代表沈德潜甚至认为"宋诗近腐"。在唐诗派将宋诗的特点作为一种缺点进行评点的同时，有读者，尤其是那些饱学之士却认为宋诗的特点并非缺点，而是一种风格。认为唐诗胜在意趣，而宋诗则自有一种理趣。尤其到清代时，因崇尚博学，延及诗坛，形成了推崇宋诗的宋诗派。直至近代，宋诗派仍然在诗坛占有优势地位，著名的"同光体"诗人便是宋诗派的中坚。另外，钱锺书认为，虽然"诗分唐宋"，但并非严格以朝代为界限，而是指两种风格。如唐人也有做讲究理趣的宋诗，宋人也做讲究情趣的唐诗。

❦ 花间派 ❦

晚唐五代时期的一个词派。五代十国时期，中原成了群雄逐鹿的猎场，而蜀中地区却相对稳定，经济繁荣，许多文人纷纷避难于此。前后偏安于西蜀的两个小政权自度无力量统一天下，便干脆沉湎于独立王国的安闲之中，歌舞升平，自得其乐。在这种背景下，以娱乐为主的词便流行起来。后蜀宫廷文人赵崇祚选录唐末五代词人18家作品500首编成《花间集》，其中除温庭筠、皇甫松、和凝、孙光宪外，其余全部是蜀中文人。这些人的词风大体相近，多写男

《花间集》（五代后蜀赵崇祚辑）书影

女艳情、离愁别恨，婉转低回，香艳柔软，类似于六朝时期的"艳诗"。后世将集中所选词人及其他有类似词风的词人称为"花间派"。

花间派的代表作家是温庭筠和韦庄，其中，温词香艳华美，韦词则疏淡明秀，两人也代表了花间派的两种主要风格。总体上，花间派词作的文字富艳精工，艺术成就较高，但在思想上格调不高，尤其是一些笔触描写男女燕私时十分露骨，极不符合孔老夫子的"诗言志"的诗教，被后世骂作是"桑间濮上之音"（黄色歌曲）。正因为此，对于北宋的欧阳修、晏殊等正统文人偶有的一些花间词作，后世读者竟不相信是出于他们之手，而猜测是别人的伪作。

❧ 婉约派 ❧

婉约派为宋词风格流派之一。婉约一词最早见于《国语·吴语》："故婉约其词，以从逸王之志。"先秦、魏晋六朝时期，婉约常被人们用来形容文学辞章。词，本是合乐演唱的，最初是为了达到娱宾遣兴的目的，其内容不外乎离别愁绪、闺情绮怨等内容。因而，词逐渐形成了香软、柔媚等婉转柔美的风调。而婉约派作为词的一种风格流派，被明确提出来，一般认为始于明人张綖。清人王士禛在《花草蒙拾》中写道："张南湖论词派有二：一曰婉约，二曰豪放。"婉约词的主要特点是：内容注重儿女风情，结构深思缜密，韵律婉转和谐，语言清丽圆润。婉约派的代表人物有李煜、柳永、晏殊、欧阳修、秦观、周邦彦、李清照等人，其中，李煜、柳永、晏殊、李清照被并称为婉约派四大旗帜，他们的词分别以愁宗、情长、别恨、闺语见长。

❧ 豪放派 ❧

豪放派与婉约派并称为宋词两大流派。它是与婉约派文风相对的一个文学流派，代表人物有苏轼、辛弃疾。豪放派词题材广泛、视角鲜明、语言旷达、气势雄浑，思想豪放不羁，词文不拘音律格调。豪放派从形成到鼎盛共经历了3个阶段：初步形成，以范仲淹的《渔家傲·塞下秋来风景异》为开端。它引导了豪放派词风的主体方向；发展成形，是以苏轼词的豪壮为基调，逐渐在词坛形成一股劲风；鼎盛，继苏轼之后，辛弃疾等爱国词人将鸿鹄之志以及边塞慨叹融入词中，雄浑激荡的词风统霸文坛。在此之后，豪放派继承者因慨叹国衰、情难却等原因，词中渐渐融合了沉郁、典雅等古朴诗风，逐渐形成了豪放、清秀隽永的温婉手法相结合的刚柔相济的词风，其代表人物主要有刘克庄、黄机、戴复古、刘辰翁等。

文论

《 诗言志 》

诗言志是中国传统诗学的基本观念。最早在《尚书·尧典》中有："诗言志，歌永言。"上古时代，诗、歌一体，"诗言志"的意思便是歌词传达意义，这是其本义。后来孔子将上古时代的诗歌汇编成《诗经》，认为"诗三百，一言以蔽之，思无邪"。这使得诗歌"纯洁"化。又言："《诗》三百篇，大抵圣贤发奋之所为作也。"这又使得诗歌"崇高"化。如此，便在道德方向、写作目的上为诗歌做了一个模糊的界定。汉代，随着儒家思想正统地位的确立，孔子的观点被进一步发挥而具体化，如汉儒所做的《诗大化》言："诗者，志之所在也，在心为志，发言为诗。"又说："先王以是经夫妇，成孝敬，厚人伦，美教化，移风俗。"如此，诗歌的政治和伦理内涵便进一步明确了，即诗应该用于表达政治抱负和道德情怀，这也成了历代诗论"开山的纲领"。魏晋时代，陆机又提出了"诗缘情"的主张，认为诗歌同时还应该表达个人情感，虽然也得到不少人的认同，并且许多诗歌事实上也是表达情感的，但在人们心目中，"诗言志"一直是处于一种正统地位的。

《诗经·周颂·昊天有成命》南宋 马和之

《 诗缘情 》

诗缘情是传统诗学的基本观念。自孔子以下，"诗言志"的诗论被不断发挥，成为诗歌写作的基本命题。魏晋时，陆机在《文赋》言："诗缘情而绮靡，赋体物而浏亮。"其本义在于对比诗与赋的区别，认为诗重在抒情，而赋重在状物。但后来却有人将陆机的"诗缘情"单独提出来，作为对抗"诗言志"的另一种诗论，认为诗歌的重点不在"言志"，而在表达个人情感。"诗缘情"提出后，成为中国诗学的重要理论之一。不过，现代学者周作人等人则认为"言志"与"缘情"本是一回事，只是有人错误地将其割裂了，他还举《毛诗序》中的"在心为志，发言为诗，情动于中而发于言"为例。事实上，不管"诗缘情"是包含在了"诗言志"之内，还是在其外独立存在，都不是问题的关键。关键是，诗歌作为一种文学样式，必然是既能表达治国平天下的远大抱负，又可表达诗人个人的七情六欲。历史上众多的诗人的写作实践都证明了这一点。

《 赋、比、兴 》

赋、比、兴是《诗经》中的三种主要表现手法。关于赋、比、兴的意思，主要有两种解释。一种是以汉代郑玄为代表，其将赋、比、兴与政治教化、美刺讽谏联系起来，该种解释因脱离艺术形象本身而去刻意寻求诗歌的微言大义而追随者甚少。另一种解释则是将赋、比、兴释为单纯的艺术手法，其中以朱熹的解释流传度最广，其认为："赋者，敷陈其事而直言之也"；"比者，以彼物比此物也"；"兴者，先言他物以引起所咏之词也"。通过"赋"，往往能够通过语言的铺陈造成一种气势，起到强调、渲染的作用；而"比"，则是将本体事物比做更生动具体的物体而便于人们想象和理解；"兴"，则强调的是一

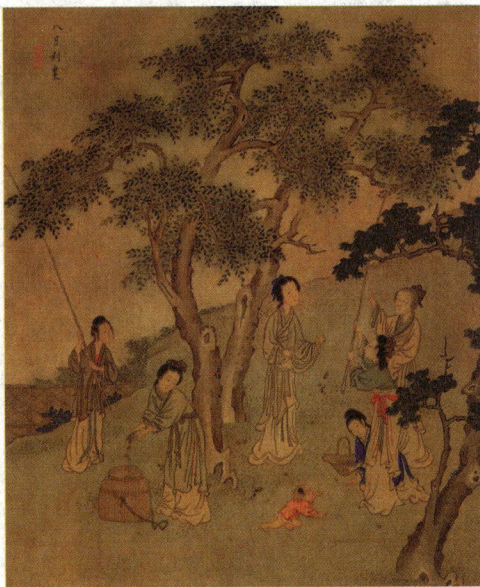

八月剥枣 清 吴求 绢本
此图选自《诗经图册》。图绘村野一隅，众人剥枣的情景。一老妪于旁边指点，面露喜色，另外几人或执竿打枣，或以衣摆接枣，或往篮、篓里装枣，这热火朝天的场景甚至感染了小孩子，他趴在地上亦加入了大人们的行列。

种隐喻和象征，其因为能够增强诗文的深刻性而成为我国诗歌表现手法的基本准则，对后代的诗歌发展影响深远。总体上，赋、比、兴手法是我国诗歌创作过程中基本的艺术思维与表现手法。对其的研究则是我国诗歌理论的一个重要命题。

《 文以载道 》

中国古典文学创作的基本观念之一。最早提出这种说法的乃是北宋理学家周敦颐，其在《通书·文辞》中称："文所有载道也，轮辕饰而人弗庸，徒饰也，况虚车乎？"这里将作文而不承载一定的道，比做没有任何目的的空车。其字面意思是写文章应该表达一定的思想，而实质的意思则是写文章应该表达儒家之道，即儒家的传统伦理道德。事实上，周敦颐并非最早提出这种观点的人，在宋代之前，便有人提出了"明道"、"宗经"、"征圣"等主张，只是周敦颐提出了"文以载道"这个更明确而响亮的口号。此后，随着理学成为宋代官学，"文以载道"便成了文章写作的普遍原则。人们认为，写文章时，"道"才是目的，文只是手段，作文的目的便是"载道"。人们一度将这个"道"理解得很狭隘，甚至排斥文章的艺术追求，视之为"玩文丧志"。不过多数时候，人们对于"道"的理解还是比较宽泛的，并非一定要局限于孔孟之道。总体上，"文以载道"与"诗言志"共同构成了古代文人诗文创作的基本观念。

《 文质 》

中国传统文论的基本概念和术语。最早使用这个概念的是孔子，其在《论语·雍也》中言："质胜文则野，文胜质则史，文质彬彬，然后君子。"孔子在这里论述的是人，而非文章。"文"指的是一个人的外在举止言谈，"质"指的是一个人的内在涵养。孔子认为一个人应该外在举止和内在涵养相统一才能称得上是君子。魏晋之际，"文质"的概念被文人们运用到文论中，一种说法以其形容语言风格的华美或质朴，并在此基础上形成了"尚文"、"尚质"观点间的对立；另一种说法则以"文"、"质"分别指代文章的形式和内容。

在古代，"质"一直居于主导地位，而"文"则居于从属地位。《文心雕龙》言："文附质，质待文。"唐宋以后，人们普遍以"文"、"道"替代了"文"、"质"的概念。而其观点基本上没变，虽然一度有人提出"文道合一"的概念，但总体上，主流的观点仍将"道"视为本，而将"文"视为末，甚至北宋的程颐提出了"玩文丧志"、"作文害道"的极端说法。

❀ 文气 ❀

传统文论的基本概念和术语。此概念来自于先秦哲学概念"气"，当时人们认为，宇宙之间存在一种构成万物的本源的"自然之气"。这种"气"是生命活力的原动力，是一种体现精神的抽象物，其无形而无所不在。曹丕后来首次运用这种"气"论来论述文章。他在《典论·论文》中说："文以气为主，气之清浊有体，不可力强而致。"曹丕所说的"文气"实际上指的是作假的天赋个性和才能，其不可强求，且不能传授。此后，"文气"便成了传统文论的一个常见术语，并进一步派生"逸气"、"骨气"、"灵气"、"神气"等说法。历代作家对"文气"都十分重视，唐代韩愈言："气盛，则言之短长与声之高下皆宜。"北宋苏辙言："文者，气之所形。"明代归有光言："文章，天地之元气。得之者，其气直与天地同流。"清曾国藩则言："为文全在气盛。"正是因为"文气"的重要作用，古代还普遍存在一种"养气"说，刘勰在《文心雕龙》中专门写有《养气》一篇，认为作者应该"调畅其气"。苏辙认为"文不可以学而能，气可以养而致"。至于其具体培养方法，韩愈、"三苏"、公安派文人等均有独特见解。

❀ 风骨 ❀

传统文论的基本概念和术语。"风骨"一词最早出现于汉末，流行于魏晋，本是用来品评人物。如《宋书·武帝纪》称刘裕"风骨奇特"，《南史·蔡撙传》称蔡撙"风骨鲠正"等。后来南朝文人将"风骨"引入文论中用以指文章的风力劲骨，刘勰在《文心雕龙》中作《风骨》一篇，对其进行了专门的论述。刘勰认为，所谓"风"，指文章的情志，要有感动人的力量，写得鲜明而有生气，骏快爽朗；"骨"，则指文章要文辞精练，辞义相称，有条理，挺拔有力。"风骨"便是整体上要

建安七子图
最早提出"七子"之说的是曹丕（见《典论·论文》）。"建安七子"之文都具有梗概多气的建安风格，后被誉为"建安风骨"。

求文章有气有劲，气韵生动，风格俊朗。而与刘勰同一时代的谢赫则将"风骨"引入画论，其在《古画品录》中认为"风骨"在画作具体体现为"气韵生动"与"骨法用笔"，认为画得生动而有气韵，笔力雄健，线条挺拔，便可谓有"风骨"。另外，对于"风骨"还存在其他一些不同的解释，总体上，"风骨"指的是一种鲜明、生动、凝练、雄健有力的艺术风格。

《 意境 》

传统诗学的基本概念与术语。"意"指诗人的主观意志，"境"则指自然景物，"意境"指抒情性诗作中呈现的那种情景交融、虚实相生、活跃着生命律动的韵味无穷的诗意空间。"意境"作为诗论术语，最早出现于唐代王昌龄所写的诗论《诗格》中。王昌龄在文中提出"诗有三境"，分别为物境、情境、意境。这里的意境事实上偏重于"意"，意思是"意"的境界，而非强调"意"、"境"之间的关系。中唐以后，"意境"则开始强调"意"、"境"之间的契合关系。如权德舆所说的"意与境合"，司空图提出的"思与境偕"均指的是诗人的主观之"意"与自然之"境"之间的某种契合。经南宋的姜夔，明清之际的朱存爵、叶燮、王夫之等人的进一步发挥，到近代学者王国维，对"意境"提出了更为系统的说法。其在《人间词话》中更提出"境界"一说，将"意"与"境"一元化为一种"情景合一"的艺术"境界"。其认为"一切景语皆情语"，将"意境"表述为情景浑然一体的一种美学意蕴。王国维在《宋元戏曲史》中言："文章之妙，亦一言以蔽之，曰：有意境而已。"对于何为意境，其进一步解释："写情则沁人心脾，写景则在人耳目，述事则如其口出。"

杰出文学家

《 屈原 》

　　屈原生于公元前约 340 年，是中国文学史上第一位爱国主义诗人，楚辞文体的开创者，也是浪漫主义诗人的杰出代表。刘勰在《文心雕龙·辨骚》中，曾给予屈原"衣被词人，非一代也"的评价，旨在说明屈原在中国文学史上的突出贡献。其流传下来的作品共有 23 篇，其中《九歌》11 篇，《九章》9 篇，《离骚》、《天问》、《招魂》各一篇。屈原是战国末期著名的政治家、文学家。他一生深思高举，却换来潦倒流放，投汨罗江殉国而死的悲剧命运。在其代表作《离骚》中，屈原将自己为国尽忠、流放潦倒、品质高洁、亡国苦痛等情感融洒在字里行间，不仅创造了"香草美人"的文学传统，还彰显了屈原文学创作中的个性光辉。屈原是个注重现实的诗人，但是他的很多作品又和神话有密切联系，在现实与神话相结合的形式中，通过自由奔放的语言，将现实社会中的种种矛盾凸显出来，从而揭露当时楚国政治上的黑暗面。在政治上，他是爱国爱民、坚持真理的；在精神人格上，他是宁死不屈、品质高尚的；在文学上，他是不拘一格、开拓创新的。就屈原的文学影响来说，他的很多作品都是后世作家汲取养料、提高水平的参考范本。尤其是楚辞文体的创立，直接影响了汉赋的形成，它与《诗经》被称为浪漫主义与现实主义两大优良流派的源头。

屈原卜居图卷　清　黄应谌　绢本

本画描绘屈原被放逐后，心怀国事而不能为，因而心思迷乱，遂拜访太卜郑詹尹，询问自处之道的情景。图中山势高峻，树木蓊郁，溪水潺潺，近处殿堂折落，堂内桌案之上日晷、龟策等卜器整齐排放，一白发苍苍的老者拱手迎接来客。屈原头戴纶巾，身披广袖长袍，腰系丝绦，长可及地，二人隔门相揖。旁边童子执杖侍立，树下美官牵马等候。

❧ 贾谊 ❧

贾谊（公元前 200～前 168 年），西汉初年著名政论家、文学家。洛阳人，世称贾生。贾谊自小博览群书，18 岁即名闻郡里。21 岁时被汉文帝召为博士，乃当时最年轻的博士。汉文帝对其十分赏识，欲拜其为公卿，但因大臣们的嫉妒和反对而作罢。后贾谊因遭朝臣诋毁，被贬为长沙王太傅。后被召回长安，任文帝子梁怀王太傅。梁怀王坠马而死后，贾谊深感歉疚，忧伤而死，年仅 33 岁。

贾谊的思想以儒家为主，也杂有法家及黄老成分。早年曾为《左传》作过注释，但失传。另外，其对道家思想也有一定研究，青年时写过《道德论》、《道术》等论著。贾谊见诸后世的成就主要在文学方面，散文和辞赋非常有名。众所周知的便是政论文《过秦论》，以高度概括的笔墨铺陈史实，并以夸张的手法进行渲染，文章雄辩滔滔，极富气势，具有战国纵横家的遗风。另外，其政论文《论积贮疏》、《陈政事疏》及辞赋《吊屈原赋》、《鹏鸟赋》都非常著名。贾谊的作品被刘向辑为《新书》，又名《贾子》。

❧ 司马相如 ❧

司马相如（约公元前 179～前 127 年），西汉大辞赋家。字长卿，蜀郡成都人，本名司马长卿，因崇敬战国蔺相如，改名相如。少好读书、击剑，曾为景帝武骑常侍，因景帝不好辞赋，辞官，游于梁会王门下。后回蜀，期间与才女卓文君私奔，留下千古美谈。汉武帝后来看到司马相如的《子虚赋》，大为赞赏，召其入宫，司马相如由此成为宫廷辞赋家。

汉代，赋这种文体大盛，涌现出了枚乘、扬雄等一批善于写赋的作家，而司马相如则是最典型的代表。除《子虚赋》外，司马相如还作有《上林赋》、《美人赋》、《长门赋》等。其中，《子虚赋》、《上林赋》内容相连，以子虚和乌有先生争相夸耀

文君听琴图
司马相如早年任武骑常侍，结识卓文君。卓文君慕其才，私奔相如，同至成都，以卖酒为生。

本国的故事为基本构架，极尽铺叙、夸张、想象、排比之能事，气势恢弘，典故堆砌，文字华彩，从各个方面体现了散体大赋特点，奠定了散体大赋的体制，在我国文学史上占有重要地位。以《长门赋》为代表的骚体赋对我国宫怨文学有不小的影响。因其文学影响，司马相如被认为是与司马迁齐名的重要作家。鲁迅在《汉文学史纲要》中言："武帝时文人，赋莫若司马相如，文莫若司马迁。"

陶渊明

陶渊明（约公元 365 ~ 427 年），我国第一个田园诗人。生于东晋浔阳柴桑（今江西九江），字元亮，号五柳先生，入刘宋后改名潜。陶渊明出身没落名门，其曾祖父陶侃乃是东晋开国元勋，至陶渊明而没落。陶渊明喜欢读书，性嗜酒，却因家贫不能常得。思想上，陶渊明深受道家人生观影响，生性洒脱，以逍遥自在为乐。30 岁时，为生活所迫，陶渊明出仕做了几年小官，后因不肯"为五斗米，折腰向乡里小儿"辞官隐去。在文学成就上，陶渊明被认为是魏晋南北朝最负盛名的作家，而且是屈原之后李白之前对中国文学影响最大的诗人。其所做诗歌现存 120首，辞赋 3 篇，散文 8 篇，其中以诗歌成就

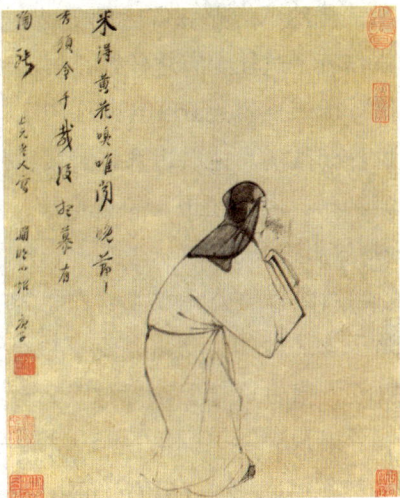

渊明嗅菊图　清　张风
东晋文学家陶渊明，一生崇尚自然，远离尘嚣隐居深山，后世人对他的"自然养生法"大加赞赏。

最高。陶渊明的诗歌题材较丰富，其中最能代表其创作成就的，是田园诗。在诗中，陶渊明将田园自然生活描写成一个与现实黑暗世界对立的理想世界，寄寓了作者美好的人生理想。另外，其散文《桃花源记》更鲜明地寄托了作者的这种理想。陶渊明的这种"世外桃源"思想为文人们在政治官场之外，营造出了一个虽不存在却令人神往的精神乌托邦，对后世文人产生了深远影响。

初唐四杰

初唐时期文学家代表是"初唐四杰"：王勃、杨炯、卢照邻和骆宾王。

王勃（公元 650 ~ 676 年），字子安，绛州龙门（今山西河津）人。当时流行以风花雪月为题材的宫体诗，注重形式主义。王勃首先反对诗坛上的这种不正之

王勃　　　　　杨炯　　　　　卢照邻　　　　　骆宾王

风，得到了卢照邻等人的支持。王勃现存诗 80 多首，多为五言律诗和绝句，代表作有《送杜少府之任蜀州》，著有《王子安集》。

杨炯（公元 653 ～ 693 年），华阴（今属陕西）人，武后时为盈川令，所以世称杨盈川。他以边塞诗著名，代表作有《从军行》、《出塞》、《战城南》等，气势轩昂，风格豪迈，感情饱满，意象醒目。今存诗 33 首，其中以五律居多，有《杨盈川集》。

卢照邻（公元 634 ～ 689 年），字升之，自号幽忧子，幽州范阳（今河北涿州）人。他的诗意境清迥，以韵致取胜。代表作《长安古意》词句清丽，委婉顿挫，借古讽今，意味悠长，是初唐长篇歌行的名篇。今存《卢升之集》、《幽忧子集》。

骆宾王（公元 619 ～ 684 年），字观光，义乌（今浙江义乌）人。早年有神童之称，他的诗题材较为广泛，擅长七言歌行，笔力雄健，代表作《帝京篇》，当时的人们认为是"绝唱"。徐敬业发兵反对武后时，他曾作檄文《代徐敬业传檄天下文》，义正词严，气势磅礴，连武后都夸他的文采。有《骆宾王集》存世。

❀ 王维 ❀

王维（公元 701 ～ 761 年），盛唐时期著名诗人。字摩诘，祖籍山西祁县，因崇敬并精通佛学，有"诗佛"的外号。王维少有才名，15 岁至京城应试，即受到王公贵族青睐，21 岁即中进士，官至尚书右丞，故世称"王右丞"。张九龄任宰相时，王维受到器重，后张九龄遭贬，李林甫出任宰相，唐朝进入由盛而衰的转折点，王维在京城南蓝田山麓的别墅里，过起了半官半隐的生活。

在诗歌成就上，在唐朝的诗人排行榜中，除李白、杜甫稳占前两把交椅外，第三名的人选人们往往是在王维与白居易间争论，无有定论。王维在诗歌上的成就是多方面的，无论边塞、山水诗、律诗还是绝句等都有脍炙人口的佳篇，而其成就最高的乃是山水田园诗。陶渊明、谢灵运开创山水田园诗派后，唐代诗人多有继承此派的，而以王维和孟浩然成就最高，并称"王孟"。王维继承和发展了谢灵运的山水诗传统，并对陶渊明田园诗的清新自然也有所借鉴，使山水田园诗的成就达到了一个高峰，在中国诗歌史上占有重要的位置。另外，王维还擅长音律与绘画，享有"诗中有画，画中有诗"的美誉。

李白

李白（公元 701 ~ 762 年），字太白，号青莲居士，绵州昌隆（今四川江油）人，祖籍陇西成纪（今甘肃天水市秦安县），出生于唐朝安西都护府碎叶城（今吉尔吉斯斯坦托克马克城），5 岁时随父亲迁到四川绵州青莲乡。

李白"一生好入名山游"，20 岁时游遍了巴蜀的名山胜水，25 岁时开始漫游全国，足迹遍及山东、山西、河南、河北、湖南、江苏、浙江、安徽等地，写下了大量的优秀诗篇。公元 742 年，受唐玄宗的赏识被召入宫，供奉翰林。但李白不愿向权贵低头，两年后辞官离京，又开始了长达十多年的漫游生活。"安史之乱"爆发后，李白应邀进入永王璘李幕府。后被流放到夜郎，中途遇赦。公元762 年，病逝于安徽当涂。

李白是继屈原之后我国古代最杰出的浪漫主义诗人，被誉为"诗仙"，与杜甫并称"李杜"，今存诗 900 多首。李白一生关心国事，不满黑暗现实，希望能建功立业，同时他又受老庄和道教的影响，又有"出世"、"求仙"的思想。他的诗歌豪迈瑰丽，既有丰富奇特的想象，又有对当时政治黑暗的抨击，还有对民生疾苦的反映和同情。

李白的诗受屈原和汉魏六朝的乐府民歌影响最深，擅长形式自由的古诗和绝句。他的诗语言浑然天成，不屑雕饰，清新隽永。写景则气势磅礴，想象奇特，抒情则感情奔放，变化多端。代表作有《黄鹤楼送孟浩然之广陵》、《望庐山瀑布》、《望天门山》、《早发白帝城》等。著有《李太白全集》。

杜甫

杜甫（公元 712 ~ 770 年），字子美，襄阳（今属湖北）人，生于河南巩县（今巩义市）。因在长安城南少陵居住过，曾任检校工部员外郎，后世称之为杜少陵、杜工部。

杜甫出生于官宦世家，祖父是诗人杜审言。他从小受过良好的教育，深受儒家思想的影响，渴望报效国家，建功立业。公元731～745年，杜甫开始在全国漫游，北到燕赵，南到吴越，期间曾与李白相遇，两人结为好友。杜甫曾两次考科举，但均不第，困居长安10年。后经过多次奔走，才得到右卫率府参军的小官。"安史之乱"后，杜甫只身投奔唐肃宗，被任命为左拾遗、工部员外郎，后被贬为华州司功参军。不久他弃官而去，全家定居成都。晚年漂泊在四川、湖南、湖北一带。公元770年，病死于一条破船上。

杜甫的诗现存1400多首，他的诗被称为"诗史"，很多重大的历史事件在他的诗中都有反映。另外他的诗还可弥补史书记载的不足。由于杜甫多年的游历和长期生活在社会底层，再加上仕途坎坷，所以他对社会的黑暗、政治的腐朽、人民的困苦生活有着深刻的了解，对人民深切同情，大胆地揭露了当时尖锐的社会矛盾。杜甫的诗歌沉郁顿挫、忧思悲慨，语言精练，形象生动，抒情诗多寄情于景，情景交融。杜甫的代表作有《兵车行》、《丽人行》、《前出塞》、《后出塞》、《自京赴奉先县咏怀五百字》、《三吏》、《三别》等。他的《忆昔》一诗，常被史学家用来说明开元盛世的社会风貌。有《杜工部集》。

白居易

白居易（公元772～846年），字乐天，号香山居士、醉吟先生，生于郑州新郑，出身官宦家庭。29岁中进士及第，与元稹同时考中，又在诗坛上齐名，并称"元白"。公元810年，任京兆府户曹参军，负责草拟诏书，后遭排挤，被贬为江州司马。公元822年后，先后任杭州刺史、苏州刺史。在职期间，为官清廉，关心人民疾苦，深得民心。58岁时定居洛阳，常与刘禹锡唱和，时称"刘白"。葬于龙门香山琵琶峰。

白居易是中唐最杰出的现实主义诗人之一，现存近3000首诗歌，主要可以分成讽谕、闲适、感伤和杂律四大类，其中讽谕诗成就最高，主要有《新乐府》50首，《秦中吟》10首。这些诗叙事完整，情节生动，人物传神，广泛反映了中唐时期社会生活的各个方面，着重描写了社会的黑暗、政治的腐败和人民的苦难，言辞激烈，毫无顾忌。如《卖炭翁》中揭露了宦官对人民巧取豪夺的罪恶行径——"宫市"；《买花》揭示了当时巨大的贫富差距。

白居易的感伤诗以《长恨歌》和《琵琶行》最具代表性。《长恨歌》写的是唐玄宗和杨贵妃的婚姻爱情故事，诗中既有对唐玄宗重色误国的讽刺，又有对他和杨贵妃之间的爱情的感伤和同情。《琵琶行》则借琵琶女的不幸身世来抒发自己怀才不遇和"同是天涯沦落人"的遭际之感。这两首诗叙事曲折，写情入微，声韵流畅，流传很广。

另外，白居易和元稹、张籍、李绅等人一起，掀起了"新乐府运动"，在中国文学史上影响很大。有《白乐天集》。

柳宗元

柳宗元（公元 773 ~ 819 年），中唐著名文学家。字子厚，祖籍河东解县（今山西永济），故称柳河东。其出身官宦家庭，少有才名，20 岁中进士，入仕后积极参与王叔文集团进行政治革新。后革新派被宦官和藩镇势力所挫败，柳宗元被贬南方边远地区，最后死于柳州（今属广西）刺史任上。柳宗元在文学上是个多面手，在诗歌、辞赋、散文、游记、寓言、小说、杂文以及文学理论诸方面，都作出了突出的贡献。尤其在散文方面成就最高，其与韩愈共同发起"古文运动"，并身体力行用古文写作。《封建论》等政论文，论说性强，笔锋犀利，讽刺辛辣；《永州八记》、《小石潭记》等山水游记独具一格，是我国古代山水游记名作；另外，《黔之驴》、《永某氏之鼠》等寓言小说，立意奇特，现已成成语。柳宗元凭其散文成就与韩愈并称"韩柳"。而在诗作上，柳宗元也以简淡深远的

柳宗元《江雪》诗意图

风格受到推崇，苏轼称其诗"外枯而中膏，似淡而实美"。柳宗元在诗文上与刘禹锡并称"刘柳"，与王维、孟浩然、韦应物并称"王孟韦柳"。

李商隐

李商隐（约公元 812 ~ 858 年），晚唐杰出诗人。字义山，号玉溪生、樊南生，原籍怀州河内（今河南沁阳），自祖父起迁居郑州荥阳。李商隐远祖乃是唐开国功臣，并被赐姓李，至李商隐已经没落。李商隐 18 岁时已具才名，被郑州节度使令狐楚所赏识，召为幕僚。26 岁时中进士，因令狐楚已病逝，又为在今甘肃任节度使的王茂元所看重，召为幕僚兼女婿。无奈令狐楚与王茂元乃是唐末"牛李党争"中的政敌，宣宗时，令狐绹楚子令狐任宰相，李商隐遭其排挤，辗

转于各藩镇充当幕僚，潦倒终生。

在文学上，李商隐被视为晚唐最杰出的诗人之一。晚唐时，诗歌在前辈的光芒照耀下有大不如前的趋势，而李商隐却将唐诗推向了又一次高峰，与杜牧齐名，两人并称"小李杜"。李商隐的诗歌对杜甫七律的沉郁顿挫、齐梁诗的华丽浓艳及李贺诗的诡异幻想均有所借鉴，并融会贯通，形成了深情、缠绵、绮丽、精巧的风格。在其留下的近600首诗作中，最有特色也最受后人推崇的是凄迷朦胧难以理解却又充满美感的无题诗。如著名的《锦瑟》："锦瑟无端五十弦，一弦一柱思华年。庄生晓梦迷蝴蝶，望帝春心托杜鹃。沧海月明珠有泪，蓝田日暖玉生烟。此情可待成追忆，只是当时已惘然。"后人或猜以爱情，或猜以友情，或认为别有寄托，千百年众说纷纭。而这巨大的想象空间也正是其魅力所在，充满古典主义之美。另外其诗还有多用典故的特点，有人赞赏的同时，也有人认为未免失之晦涩，如鲁迅曾言："玉溪生清词丽句，何敢比肩，而用典太多，则为我所不满。"

❦ 唐宋八大家 ❦

唐宋八大家指的是唐代和北宋的八位著名散文作家：唐代的韩愈、柳宗元，北宋的欧阳修、苏洵、苏轼、苏辙、王安石和曾巩。唐宋八大家的文章不但震撼了当时的文坛，而且成为后世散文的楷模。明代古文家茅坤将他们8个人的作品合编为《唐宋八大家文钞》。由于这8位作家文学观点接近，而且都在散文创作上取得了很高的成就，因而"唐宋八大家"一提出，就被人们普遍接受，成为文学史上的专有名词。

南北朝以后，对仗工整，辞藻华丽，但内容空洞的骈文开始流行。有许多有识之士呼吁改革文风，但成效不大。到了唐朝中期，韩愈、柳宗元等人发起了声势浩大的"古文运动"。所谓"古文"，是针对骈文说的，指的是先秦两汉的散文。韩愈和柳宗元提出了一整套的古文写作理论，并创作了很多优秀的文章，如韩愈的《师说》《进学解》《杂说》等，柳宗元的《捕蛇者说》《小石潭记》等。韩柳二人的古文运动直接影响了他们的朋友和学生，得到了他们的响应和追随，散文创作被推到了一个新的高度，沉重打击了骈文。

唐宋八大家

　　但到了北宋初期，骈文又开始泛滥。欧阳修继承韩愈、柳宗元古文运动的精神，联合同辈的苏洵，学生苏辙、苏轼、王安石、曾巩，再次大力倡导古文运动。他们也创作了一大批优秀的散文，如欧阳修的《五代史伶官传序》《醉翁亭记》，王安石的《答司马谏议书》《读孟尝君传》《游褒禅山记》，苏洵的《六国论》，苏轼的《石钟山记》《赤壁赋》，曾巩的《墨池记》等。唐宋八大家发起的古文运动，是中国古代散文发展史上的一座重要的里程碑。

❦ 欧阳修 ❧

　　欧阳修（1007～1072年），北宋中期文坛领袖。字永叔，自号醉翁，晚年号六一居士，吉安永丰（今属江西）人。欧阳修幼年丧父，由寡母亲自课读。家贫，但读书刻苦，23岁即中进士，30岁已以文章名闻天下。早年欧阳修因支持范仲淹的"庆历新政"被两次贬到地方上做官，47岁方奉诏回京，官至宰相。神宗时，王安石任宰相，推行变法，欧阳修与其政见不和，辞官还乡。

　　欧阳修在经学、史学、诗文等方面均有突出成就。曾参与《新唐书》的撰写工作，并独自撰写《新五代史》。其诗歌对李白、杜甫均有借鉴，成就斐然，并写有我国第一本正规的诗话《六一诗话》。欧阳修最大的成就在于散文方面。宋初文坛沿五代余风，崇尚片偶雕琢之文。欧阳修力主古文，并通过嘉祐二年（1057年）主持科举的机会，录取以古文写作的苏轼、苏辙、曾巩等人，一举扭转北宋文风，成为领导文坛新潮流的盟主。其一生写散文500余篇，政论、史论、记事、抒情文等各题兼备，大都内容充实，气势旺盛，深入浅出，精练流畅。后人论文，多以韩、柳、欧、苏为典范，其中的"欧"，就是欧阳修。"论大道似韩愈，论事似陆贽，记事似司马迁，诗赋似李白"，这是苏轼对欧阳修的评价。

❦ 苏轼 ❧

　　苏轼（1037～1101年），字子瞻，一字和仲，号东坡居士，北宋眉州眉山（今属四川）人，文学家苏洵之子。

　　苏轼受父亲的影响，自幼勤奋好学，21岁中进士，曾担任主簿、通判等地方官。在政治上，他属于旧党，反对王安石变法，结果遭到贬斥。旧党上台后，他被召回京任职，但他又反对旧党全盘否定变法内容，自请外调，先后担任过杭州等地的地方官。在担任地方官期间，苏轼勤政爱民，为人民做了不少好事。1101年，苏轼病死在常州，追谥文忠。

苏轼回翰林院图 明 张路

此图表现这样的情节：苏轼因与王安石政见不和，被贬外官，不久被皇帝诏回任命于翰林院。一日，皇后诏见苏轼，重申对他的信任，论及往事，不觉潸然泪下。之后，皇后派人摘下座椅上的金莲灯为其照明，送其回翰林院。

在苏轼以前，词的题材非常狭窄，主要是描写男女情爱和离愁别绪之类。苏轼对词进行了全面改革，扩大了词的表现功能，开拓了词的意境，将传统上表现女性化的柔情之词、爱情之词表现为男性化的豪情之词、性情之词。他的词里，既有对"故垒西边，人道是、三国周郎赤壁"的古战场的描写，又有"雄姿英发"、"羽扇纶巾"等对古代英雄的描写，还有"会挽雕弓如满月，西北望，射天狼"的壮志豪情，有"笔头千字，胸中万卷，致君尧舜"的书生意气，也有"不知天上宫阙，今昔是何年"的神思异想。苏轼开创了词的豪放一派，他的词意境深远，豪迈奔放，与辛弃疾并称"苏辛"，对后世影响很大。

苏轼的散文与欧阳修并称"欧苏"，他的诗与黄庭坚并称"苏黄"。他还开创了湖州画派，并且是北宋四大书法家之一。苏轼是中国文化史上罕见的全才，有《东坡七集》、《东坡乐府》等。

李清照

李清照（1084～约1155年），自号易安居士，齐州章丘（今山东章丘）人，出身官僚学者家庭。18岁时，与情投意合的赵明诚结婚。婚后夫妇二人经常诗词酬唱，收集金石古玩，生活美满幸福。金兵南侵后，李清照南渡，经历了国破、家亡、夫死等一系列悲惨遭遇，孤独一人在南方过着颠沛流离的生活。

李清照多才多艺，尤其擅长写词。她的词以南渡为界限，可以分为两个阶段。在前期，闺房绣户和对丈夫的思念是李清照生活的全部，美满的婚姻是李清照的人生理想。她这一时期的词主要描写的是少女少妇的悠闲生活和对丈夫的爱，还有一些对自然风光的描写。这一时期的代表作有《如梦令·昨夜雨疏风骤》、《凤凰台上忆吹箫》、《一剪梅》、《醉花阴》。语言活泼清新，格调明快，情思悠长，情感真切，言辞浅显但意味悠长。后期的词比前期更加愁思深重，多是一些哀叹身世、孤苦无依之作，同时也流露出对中原的思念之情。语言低沉忧伤，词境灰冷凝重。这一时期的代表作有《武陵春》、《声声慢》等。

除了词，李清照还写了一些感时的咏史诗，如《浯溪中兴颂诗和张文潜》，借古讽今，主张吸取唐朝"安史之乱"的教训。《夏日绝句》中的"至今思项羽，不肯过江东"，表达了李清照对南宋君臣苟安东南，不思收复中原表示强烈的愤慨。

❮ 陆游 ❯

陆游（1125 ~ 1210年），南宋诗人。字务观，号放翁，越州山阴（今浙江绍兴）人。陆游自幼好学，青年时代曾向曾几学诗，他的诗受屈原、陶渊明、李白、杜甫等人的影响很大。29岁时，赴南宋都城临安（今杭州）考试，名列第一。但因为他"喜论恢复"，结果被除名。直到秦桧死后，才被起用。先后任夔州、蜀州、嘉州、荣州通判、知州等小官。因上书谏劝朝廷减轻赋税而被罢免，此后长期居住在农村。1210年病逝。

他的诗现存约9000多首，内容非常丰富，几乎涵盖了当时社会生活的各个方面，其中写得最多的是爱国和日常生活。他的诗歌创作可以分为三个时期：1. 中年入蜀以前。这一时期存诗最少，约200首左右。2. 入蜀以后到罢官东归，将近20年。这一时期存诗2400多首，是他诗歌创作的成熟期，奠定了他在中国文学史上的地位。3. 东归以后到去世，时间为20年，存诗约6500多首。在陆游诗歌创作的三个时期中，爱国主义精神贯穿始终，第二时期尤为强烈，他的爱国诗或抒发收复失地的壮志豪情，或深切同情沦于异族统治的中原父老，或表示对南宋朝廷投降主义政策的强烈不满和壮志难酬的悲哀。直到临死前，他还留下了一首《示儿》诗，表达自己因山河破碎，国土沦陷而死不瞑目，感人至深。陆游的代表作有《关山月》、《书愤》、《金错刀》、《农家叹》、《黄州》、《长歌行》等。陆游的词纤丽、雄快，代表作有《诉衷情·当年万里觅封侯》、《卜算子·驿外断桥边》等。

❮ 辛弃疾 ❯

辛弃疾（1140 ~ 1207年），字幼安，号稼轩，历城（今山东济南）人。1161年，金海陵王完颜亮发动侵宋战争，金统治区的人民纷纷起义，辛弃疾加入耿京起义军。次年，耿京被害，辛弃疾俘获凶手后，率大军归宋，任江阴军签判。辛弃疾在担任地方官期间，重视农业生产，积极训练军队，表现了非凡的政治才能和军事才能。他屡次上书要求南宋政府北伐抗金，结果遭到了南宋统治阶级投降派的排斥和忌恨，辛弃疾为此被罢职闲居 20 年之久。晚年时曾被短暂起用，但不久又遭贬斥，最后含恨而终。

辛弃疾是南宋伟大的爱国词人，他把满腔爱国激情和南渡以来的无限义愤，全部融入词中。他继承和发展了苏轼豪放词风，他的词慷慨激昂，纵横驰骋，既善于用典，也善于白描，提高了词的表现力，开拓了词的意境，成为南宋最杰出词人之一。人称他的词"色笑如花，肝肠如火"。辛词多方面反映了当时尖锐的民族矛盾和南宋统治阶级的内部矛盾，描写了错综复杂、动荡不安的社会现实，表现了非凡的英雄气概和积极主张抗金，收复失地，统一全国的爱国热忱。除此以外，辛弃疾还写了很多描写农村田园生活和隐逸情趣的词，如《西江月·夜行黄沙道中》、《浣溪沙·常山道中即事》等，语言平常清新。他的代表作有《永遇乐·京口北固亭怀古》、《水龙吟·登建康赏心亭》、《破阵子·为陈同甫赋壮词以寄之》、《菩萨蛮·书江西造口壁》等。今存词 600 多首，有《稼轩长短句》。

元曲四大家

元曲四大家包括关汉卿、马致远、郑光祖和白朴。

关汉卿，生卒年不详。号已斋叟，大都（今北京）人，或说祁州（在今河北）、解州（在今山西）人。关汉卿一生编写了 67 部杂剧，现存 18 部，代表作有《窦娥冤》、《救风尘》、《望江亭》、《拜月亭》、《鲁斋郎》、《单刀会》、《调风月》等。关汉卿的杂剧充满着浓郁的时代气息，具有强烈的现实性和昂扬的战斗精神，反映的生活面十分广阔，被后人列为四大家之首。

马致远（约 1250 ~ 约 1324 年），号东篱，一说千里，大都（今北京）人。曾任江浙行省官吏，后归隐山林。一生著有杂剧 15 部，今仅存《破幽梦孤雁汉宫秋》、《江州司马青衫泪》、《西华山陈抟高卧》、《吕洞宾三醉岳阳楼》、《马丹阳三度任风子》、《半夜雷轰荐福碑》和《邯郸道省悟黄粱梦》（合著）7 部。代表作《汉宫秋》。

郑光祖，生卒年不详，字德辉，平阳襄陵（今山西临汾附近）人。曾任杭州路吏。他的杂剧著作很多，但流传至今的只有 8 部，代表作为《倩女离魂》。他的剧作词曲优美，贴切自然，备受后世剧作家的推崇。

白朴（1226 ~ 1306 年以后），字太素，号兰谷，隩州（今山西河曲）人。一生作杂剧 16 部，今仅存《唐明皇秋夜梧桐雨》、《裴少俊墙头马上》和《董月英花月东墙记》3 部，代表作为《梧桐雨》。

❧ 汤显祖 ❧

　　汤显祖（1550～1616 年），明末戏曲家。字义仍，号海若、清远道人，江西临川人。其出身书香门第，少有才名，14 岁中秀才，21 岁中举，却因拒绝权相张居正的延揽而屡次举进士不第。直到张居正死后，他才得中进士，其时已 34 岁。汤显祖在政治上一直不得志，历任南京教育和祭祀的主管官员。明朝以北京为京师，以南京为留都，虽然两京机构设置相同，但南京官员实际上没什么权力。后汤显祖因上书弹劾先后执政的张居正和申时行而被贬，成了从九品的小官，后又当了几年知县。48 岁时，对政治倦怠的汤显祖辞官回家进行创作。

　　汤显祖在明代文坛名声并不显赫，《明史·文苑传》中并没有他的名字。其主要才气都用在了传奇（南曲）的创作上，传世之作有《牡丹亭》、《邯郸记》、《紫钗记》、《南柯记》。因 4 部戏剧都与"梦"有关，故世称"临川四梦"。

汤显祖像

其中，以《牡丹亭》最负盛名，据说其一问世，"家传户诵，几令《西厢》减价"。汤显祖在中国和世界文学史上都有着重要的地位。

❧ 蒲松龄 ❧

　　蒲松龄（1640～1715 年），清代小说家。字留仙，又字剑臣，号柳泉居士，世称聊斋先生。出身于山东淄博一个中小地主兼商人家庭，19 岁应童子试，接连考取县、府、道三个第一，名震一时。但之后再也未能"晋级"，直到 71 岁才获荣誉性的岁贡生头衔。一生除做过几年幕僚外，大部分时间设帐教书。

　　蒲松龄的不朽名声主要来自于其短篇小说集《聊斋志异》。据说蒲松龄曾设茶烟于道旁，"见行者过，必强与语，搜奇说异"。他在《聊斋志异》自序中言："才非干宝，雅好搜神；情类黄州，喜人谈鬼。闻则命笔，遂以成篇。"中国本来有记录怪异的传统，如晋人干宝的《搜神记》，宋代又有《太平广记》等。但多只记故事的梗概，蒲松龄则首次以写传奇的方式记录志怪，极尽渲染之能事，将那些鬼怪狐仙的故事讲得细微曲折，引人入胜，故《聊斋志异》被当做一本千古"奇书"。被称为"作家们的作家"的阿根廷作家博尔赫斯就对《聊斋志异》赞赏不已。蒲松龄可能不会想到，其生前一生不得志，死后却获得如此显赫名声。

曹雪芹

曹雪芹像

曹雪芹（1715～1763年），名霑，字梦阮，号雪芹、芹圃、芹溪。祖籍辽宁，先祖乃是汉族，后被编入满族正白旗。其高祖曹振彦因"从龙入关"，立下军功，成为内务府官员，曹家发达起来。后曹雪芹的曾祖母又当了康熙的奶妈，祖父曹寅则做了康熙的伴读。康熙登基后，曹雪芹的曾祖父曹玺被任命为江宁织造，父死传子。江宁织造虽官职不高，实际上却是皇帝派驻江南的特使，康熙六次南巡，四次住在曹府，其恩宠可见一斑。《红楼梦》中的所说的"江南的甄家"四次接驾便映射此事。后来康熙一死，新继位的雍正皇帝便以"亏空甚多"等理由将曹雪芹的父亲曹頫革职，并抄没家产，曹家搬回北京。曹雪芹的后半生居住在北京西郊，过着"举家食粥"的艰难日子。正是在这种前半生的富贵与后半生的凄凉的巨大反差之中，曹雪芹看破人间炎凉，产生了创作冲动。其"披阅十载，增删五次"，创作出优秀的古典小说《红楼梦》。

《红楼梦》一问世便受到广泛关注，并且后来还非常罕见地发展出了一门专门研究《红楼梦》的"红学"。但在古代，小说是不入流的，故《红楼梦》虽然有名，但曹雪芹在生前和死后相当长时间内都是寂寞的，《清史稿·文苑传》中并没有他的名字。故此，曹雪芹的身世相当程度上是一个谜。据说曹雪芹生性豪放不羁，崇拜阮籍，故取字梦阮（籍）。曹雪芹还是一位诗人，其诗立意新奇，风格近于唐代诗人李贺。另因自胡适以来，"红学界"已经达成共识，《红楼梦》乃是曹雪芹的"自序传"，故读《红楼梦》，或许才是了解曹雪芹的最佳途径。

第五篇

史 学

史书的体裁

《 正史 》

正史，就是被官方认定为正宗和正统的史书，最早将正史作为史籍类名的是《隋书·经籍志》。正史有确定的范畴，宋代时有十七史，就是《史记》、《汉书》、《后汉书》、《三国志》、《晋书》、《宋书》、《南齐书》、《梁书》、《陈书》、《魏书》、《北齐书》、《周书》、《隋书》、《南史》、《北史》、《新唐书》、《新五代史》；到明代，增加了《宋史》、《辽史》、《金史》和《元史》，成为二十一史；清代又增加《旧唐书》、《旧五代史》和《明史》，遂成二十四史，二十四史是正史最为通行的说法；民国时，增列《新元史》，而有的地方则是将《清史稿》列入，于是又有二十五史之称，如果将这两部书都加进去，就是二十六史。在唐代以前，正史一般为私人撰写，如《史记》为司马迁所著，《汉书》为班固所著，《后汉书》为范晔所著，《三国志》为陈寿所著。自唐代以后，正史就开始由官方组织编写，如《晋书》，由房玄龄、褚遂良、许敬宗监修，编者共有 21 人；再如《隋书》，先由魏徵监修，后由长孙无忌接续，编写者则有孔颖达、许敬宗、于志宁、颜师古等一大批知名的学者；唐代以后的正史中，私修的仅有欧阳修的《新五代史》等很少数的几部。官修的正史往往由当朝宰相担任主编，因为其中涉及的一些敏感的政治问题宰相依凭自己的身份可以进行裁夺。虽然正史中难免存有部分曲笔和隐讳，但是它的权威性仍是其他史书所无法比拟的。正史的撰写所依据的资料是最原始的，也是最全面的，而且正史的编撰者一般是当时第一流的学者和史学家，所以在历史研究中，正史占有基本性的地位。

《 杂史 》

杂史的提法，最早见于《隋书·经籍志》。杂史之杂，体现于两个方面，在形式上，杂史的体例不像正史和别史那么严谨，往往不同于正史和别史常用的纪传、编年、典志等体例；在内容上，杂史不限于以一朝一代或者某一历史阶段的政治大事为主，而是涉及得非常广泛，包括学术史、科技史、方域史、地理志等多种具有专属领域的史著。杂史或者因为在体例上和内容上都较为随便，有着更大的灵活性，从而记录了许多不见于正史和别史的珍贵资料，或者因为有着专攻的对象，而比正史和别史中相关方面的内容记载、讲述得更加细致，由此体现出自身独特的价值。《国语》、《战国策》、《竹书纪年》、《逸周书》、《越绝书》、《吴越春秋》、《列女传》、《大唐西域记》、《明儒学案》、《大清一统志》等都是非常著名的杂史。

❧ 别史 ❧

别史，指的是官定的正史之外有体例、有系统、有组织的史书。"别史"之称最早由南宋的陈振孙在《直斋书录解题》中提出，别史与正史区分的标志就是是否经过官方的命定，例如，在清朝乾隆皇帝钦定二十四史之前，《旧唐书》和《旧五代史》只能算别史，而经过乾隆的谕旨，这两部书则跻身于正史之列。至于别史与杂史的区别，张之洞在《书目答问》中说："关系一朝大政者入别史，私家记录中多碎事者入杂史。"正史的体裁均为纪传体，而别史的题材则较为多样，如《续汉书》为纪传体，《资治通鉴》为编年体，《通典》为典志体，《宋史纪事本末》为纪事本末体，《明实录》为实录体，《唐会要》为会要体等。

❧ 野史 ❧

野史是一种习惯的称谓，并非史籍中正式的分类，一般指私家所撰的涉及史实记录的笔记、史传、杂录等。野史的内容，大多为作者耳闻目睹或者道听途说的逸闻趣事，往往不见于正宗的史籍，虽然野史的记载充斥着相当多的讹误和谬传，但是这并不能掩盖其所反映出的历史真实的一面，其中蕴藏着的大量正规史书中难以见到的方方面面的社会生活的细节，可以为后人了解历史提供另一种角度的观照，因而自有其不凡的价值。鲁迅先生就非常看重野史，甚至认为若要正确地了解中国历史的真相，是非得读一读历代的野史不可的。

❧ 纪传体 ❧

纪传体，是以人物传记为中心来反映历史情景的史书体裁，首创于司马迁的《史记》。司马迁将先秦时期的史书所具的各种体裁融于一书，分作"本纪"、"表"、"书"、"世家"、"列传"五个部分，其中"本纪"、"世家"和"列传"构成书的主体，"本纪"以历代帝王为中心，是全书的总纲，"世家"记载的是诸

《史记》书影

侯和一部分虽然不是诸侯但在历史上有着特殊地位和特殊影响的人物（如孔子、陈胜），"列传"又分为专传和类传，记载历代名人、三教九流的事迹，并且涉及民族关系和中外关系方面的内容。班固作《汉书》，沿用了《史记》的体例，而又有所改造，将"本纪"改称为"纪"，取消"世家"，将"列传"改称为"传"，将"书"改称为"志"，于是形成了"纪"、"传"、"表"、"志"为历代正史所遵循的史书体例。

编年体

编年体，是一种以时间为线索的史书体裁。相传为孔子编写的《春秋》就是鲁国的一部编年史。编年体可谓起源很早，而且历代延续，是许多重要的别史所采用的体例，如最为著名的《资治通鉴》。编年体具有时间连续的优点，给人一种清晰的历史时序感，但是也容易造成对一些具有前后相续性质的历史事件的分割，并且因此对相关事件的原委也难以叙述得较为完整，而这方面正是纪传体的长处所在，所以历代正史采用的不是编年体，而是纪传体。当然，纪传体也有缺点，可以说编年体与纪传体在优缺方面恰为互补。

方志

方志，又称地方志，是记载地方情况的史书，因为内容专对地方，所以记叙详备，是深入了解地方历史的重要资料。先秦时期的《尚书·禹贡》和《山海经》就具有方志的特点。汉代以后，方志开始大量出现，既有官修，也有私修的。方志依记载范围的不同，可以分为记述全国各地的总志、省志、府志、州志、县志等，另外也有专门记载一处山川，或名胜，或寺庙等更为专一的方志。

史论

属辞比事

属辞比事，直接的含义就是连缀文辞，排比史事，后来也泛指撰文记事，出处为《礼记·经解》："属辞比事，《春秋》教也。""属辞比事"是春秋学中一个非常重要的概念，但是早期对此的理解并不复杂，宋代以后，"属辞比事"的提法被人们重视起来，这一概念也被赋予了多重含义，基本上分为写作方法和史学研究两个方面。在写作方法上，指仅仅列叙历史事实而不表述自己的意见，以此为指导来进行史书的写作；在史学研究上，指运用分析与综合的方法，通过详审《春秋》所记之事，从而探明史实以求大义的史学观念。

春秋笔法

春秋笔法，又称"春秋笔削"，指寓褒贬于曲折的文笔之中而不直接表明自己态度的写作方法，出自《史记·孔子世家》："孔子在位听讼，文辞有可与人共者，弗独有也。至于为《春秋》，笔则笔，削则削，子夏之徒不能赞一词。弟子受春秋，孔子曰：'后世知丘者以《春秋》，而罪丘者亦以《春秋》。'"这段话的意思是，孔子在司寇职位上审理诉讼案件时，判词若有可以和别人相同的地方，就不独自决断。至于撰作《春秋》，他认为应当写的就写，应当删的就删，即使是子夏之流的高足弟子也不能改动一字一句。弟子们听受《春秋》时，孔子说："后代了解我的凭这部《春秋》，而怪罪我的也凭这部《春秋》。"《左传·成公四十年》讲述春秋笔法时说："《春秋》之称，微而显，志而晦，婉而成章，尽而不污，惩恶而劝善，非圣人谁能修之。"就是说，《春秋》的记述，用词细密而意思显明，记载史实而含蓄深远，婉转而顺理成章，穷尽而无所歪曲，警诫邪恶而褒奖良善。其中"惩恶而劝善"是孔子采取春秋笔法的一个基本意图，出于这种目的，在行笔之中也就难免有所避讳，有些事情并非采用直录的方式，这被称作曲笔，至于那种不直接表现作者自己的态度而将其寓于简洁的叙述之中的手法又被称作微言大义。

❧ 成一家之言 ❧

"成一家之言"意为开创独成一家的学术思想，语出司马迁《报任安书》："亦欲以究天人之际，通古今之变，成一家之言。"这代表了司马迁的学术理想，同时也是他的人生理想之所在。《左传·襄公二十四年》曰："太上有立德，其次有立功，其次有立言。虽久不废，此之谓不朽。""立言"作为"三不朽"之一，是中国古代的知识分子所最为看重的人生内容。曹丕在《典论·论文》中说："盖文章，经国之大业，不朽之盛事。年寿有时而尽，荣乐止乎其身，二者必至之常期，未若文章之无穷。"司马迁自谓"所以隐忍苟活，幽于粪土之中而不辞者，恨私心有所不尽，鄙陋没世而文采不表于后世也"，其意也

司马迁像

正在于此。秉持着这种理想，司马迁忍辱负重，付出巨大的艰辛，做了前所未有的开创性工作，撰写了中国第一部纪传体通史——被鲁迅称誉为"史家之绝唱，无韵之离骚"的《史记》。

❧ 直书与曲笔 ❧

直书和曲笔是撰写史书的两种笔法，直书就是忠于事实，依照真实情况直接记录；曲笔说的是对历史事实有所取舍，或者进行曲意修饰的写作方法。直书被认为是良史所应当坚持的基本精神，刘知几在《史通》中强调直书的重要意义时说："况史之为务，申以劝诫，树之风声。其有贼臣逆子，淫君乱主，苟直书其事，不掩其瑕，则秽迹彰于一朝，恶名被于千载。言之若是，吁可畏乎！"虽然如此，但是出于各种主动或被动的原因，实际上史籍从总体上来看是不可能完全采取直书方式的，曲笔的情况是大量存在的。当然，也不能一概而论，认为曲笔的做法一无是处，其实在某些时候史家采取曲笔不仅是可以理解的，甚至也是值得称道的，刘知几虽然强调直书的精神，但对于曲笔也是没有给予完全否定的，只是这种笔法切记不可滥用。

博采与善择

博采与善择，是指在撰写史书的过程中对文献资料进行处理的两个基本的方面，博采说的是搜集资料要广泛，善择说的是选用资料要审慎。长期以来，人们撰史所依据的文献资料的基本范畴是古代经典、正史、官方案牍等，唐代刘知几打破了这一传统观念，将资料的搜集范围大大地扩展了，凡逸事、琐言、郡书、家史、别传、杂记等各种野史、杂史资料几乎无所不及，乃至对于当时刚刚兴起的金石文献也进行采猎。有了博采的基础，善择就是关键的一步，因为广泛搜罗来的资料相当驳杂，质量优劣不一，真伪亦相混淆，这就需要非常精湛的甄选功夫才可以令这些资料最佳地为己所用，同时在最大程度上免除资料过于繁杂的负面影响。

史才三长

"史才三长"即学、才、识，这是刘知几在《史通》中所提出的史家应当具备的三种基本素质。"学"，是指史家应该掌握广博的知识，特别是要占有丰富的文献资料；"才"，是指史家驾驭文献资料的能力和进行文字表述的能力；"识"，是指史家应当具有对历史独立的见解与观点和秉笔直书、忠于史实的坚贞品质与献身精神。

史学三要

"史学三要"指的是义、事和文，为清代学者章学诚在《文史通义·史德》中提出："史所贵者义也，而所具者事也，所凭者文也。""义"指历史观点，"事"指历史事实，"文"指著史的文笔。在章学诚看来，具备"义、事、文"方可称为"史学"，三者之中以"义"为主，而"事"与"文"则是求"义"的根据和技巧。"义"是史家主观的见解，而撰写史籍是一定要以客观事实为遵照的，关于二者如何得到统一，章学诚说："能具史识者，必知史德。德者何？谓著书者之心术也。"所谓心术，就是史家应当不以主观的偏见代替客观的史实，这是"欲为良史"的基本条件。

著名史学家

《 司马迁 》

　　司马迁（约公元前 145～前 87 年后），字子长，夏阳（今陕西韩城南）人，家学渊源深厚，曾师从著名学者孔安国和董仲舒，青年时期曾游历四方，这些都为他日后修史的工作打下了良好的基础。据司马迁自叙，其祖先早在西周时期就世任史官，到汉武帝时，司马谈出任太史令，又恢复了先祖的职业。太史令是掌管文史星历等皇家档案的官职，有机会接触到大量的珍贵文献资料。司马谈有志编撰一部古今通史，但是这一愿望未曾实现，于是在临终的时候教谕儿子司马迁若可继任太史令，当牢记此事于心中。不久后，司马迁继承了太史令的职位，开始着手编写这部史书。

　　天汉二年（公元前 99 年），汉武帝派李广利率军三万攻打匈奴，结果惨败而归，几乎全军覆没，李广利仓促逃回。李陵当时任骑都尉，率兵五千与匈奴单于亲自带领的三万人作战，李陵指挥这五千步兵杀掉了匈奴的五六千骑兵，单于增调更多的人马过来，但仍未能制伏李陵，于是准备撤军。这时汉营有一个士兵叛变，将汉军的内部情况告知匈奴，并且说李陵没有援军，于是单于继续围困，李陵终因寡不敌众，被擒而投降。消息传到朝廷，汉武帝非常震怒，众多大臣也落井下石，谴责李陵。司马迁虽然与李陵没有深交，但是因据李陵素有"国士之风"、常奋不顾身以殉国家之急的表现而推断李陵的投降实是出于无奈，将来必定伺机报答汉朝，并且说李陵在战场上的出色表现是十分难能可贵的。汉武帝以为司马迁的这番辩护是有意贬低其宠妃的哥哥李广利，因而勃然大怒，将司马迁投入狱中。不久有传闻说李陵率匈奴军队攻打汉朝，汉武帝信以为真，将李陵的全家处死，司马迁也因此被施以腐

司马迁祠

刑。不仅如此，在狱中司马迁还遭受了百般折磨，"交手足，受木索，暴肌肤，受榜箠，幽于圜墙之中，当此之时，见狱吏则头抢地，视徒隶则心惕息"（《报任安书》）。肉体的摧残和精神的羞辱，使得司马迁痛不欲生，但是想到父亲的遗志还没有完成，自己此前做的那些著史的准备工作还没有结果，遂忍辱负重，坚强地活了下来。

太始元年（公元前 96 年），汉武帝改元大赦天下，司马迁因而得以出狱，此后，发愤著书，直到征和二年（公元前 91 年）全书完成，共得 130 篇，52 万余言，这就是后来享有盛誉、彪炳千秋的《史记》。

刘　向

刘向（公元前 77 ~ 前 6 年），原名更生，字子政，中年后改名向，沛县（今属江苏）人。刘向是汉代皇族，但不是嫡系，12 岁时入宫为辇郎，20 岁时任谏大夫，后累官至给事中。汉元帝时，宦官专权，外戚乱政，刘向数次上书弹劾，遭致两度入狱，并被贬为庶人。汉成帝即位后，刘向被重新起用，任光禄大夫，是皇帝的近臣。这时，太后王家已经权倾朝野，而赵皇后、卫婕妤两家也争宠弄权，汉王朝潜伏着严重的危机。刘向多次进言，汉成帝虽然懂得其中道理，但是自己已经奈何不得业已控制了朝政的外戚王家。刘向死后 15 年，刘姓汉室终于为王家所取代。刘向是西汉时期重要的经学家、文学家和目录学家，编写了中国最早的目录学著作《别录》，并且编纂有《列女传》、《说苑》、《新序》等多种文史著作，为整理古代典籍作出了非常大的贡献。

班　固

班固（公元 32 ~ 92 年），字孟坚，右扶风安陵（今陕西咸阳）人，出身于官宦世家，家境丰裕，并且有着良好的文化氛围，父亲班彪是著名的史学家，曾致力于续写《史记》，班固在父亲的影响下自幼就喜欢文史，博览群书，精晓百家之言，在 13 岁的时候被王充叹誉为奇才。然而班彪并未实现自己的志愿，去世时仅留下半部《史记后传》，这没有完成的任务也就交给了班固。班固在家中专心著述的时候被人告发"私修国史"，不仅人被逮捕，书稿也被抄没。其弟班超闻讯后急忙赶到洛阳上书辩白，汉明帝召见了班超，亲自审读了班固撰写的史稿，大为赞赏，并且任命班固为兰台史令，参与编撰国史《东观汉纪》，这为班固创作《汉书》提供了非常好的条件。除长于撰史之外，班固的辞赋也写得相当出色，其《两都赋》是东汉成就最高的大赋作品之一。汉章帝建初四年（公元 79 年）召开的著名研讨经学的白虎观会议也由班固将结果纂录为《白虎通义》。汉和帝永元元年（公元 89 年），班固随大将军窦宪出征匈奴，参与谋略，并于途中创作了著名的表述军功的《封燕然山铭》。永元四年（公元 92 年），窦宪在政治斗争中失败自杀，而班固与窦宪交情深厚，于是与班固有宿怨的洛阳令借机编造罪名，将其逮捕入狱，不久，班固死于狱中。和帝知晓后，严厉斥责了逮捕班固的洛阳令，并令负主要责任的官吏抵罪。班固此时还没有完成《汉书》的全部，于是和帝诏请班固之妹班昭来续写尚未完成的"八表"和《天文志》。班固的《汉书》取得了十分杰出的成就。

❧ 顾炎武 ❧

顾炎武（1613 ~ 1682 年），苏州府昆山县（今属江苏）人，原名绛，字忠清，清兵破南京后改名炎武，字宁人，号亭林，后世尊称为亭林先生。顾炎武生当江山易代之际，明亡后，曾两次参加武装抗清斗争，力图恢复明朝。复明无望后，顾炎武即致心于学术，矢志不与清廷合作，曾以死相拒。顾炎武将"博学于文"和"行己有耻"视作为人的准则，反对空疏玄虚的宋明理学，并痛斥当时"饱食终日，无所用心"和"群居终日，言不及义"的恶劣士风，积极倡导"书足以匡时，言足以救世"的实学，提出"保天下者，匹夫之贱，与有责焉耳矣"的著名号召，也就是后来人们常说的"天下兴亡，匹夫有责"。顾炎武勤奋治学，将日常心得随手记录，长时积累而著成《日知录》一书。《日知录》考辨精深，会通古今，涉及经义、史学、吏治、财赋、舆地、艺文等多个领域，不仅见解独到，而且言必有据，开创了清朝考据之学的先河，更是引领了一代学风。然而，与后世学者不同的是，顾炎武绝非一味浸淫于故纸堆中的学者，不仅读万卷书，而且行万里路，广泛进行实地考察，将书中所得与社会实际进行比勘和辨证，体现出强烈的经世致用的精神。顾炎武还是非常知名的语言学家，著有《音学五书》，不仅有着理论上的杰出建树，而且有着大量的实证分析，他也因此被看做是汉语古音学研究的重要奠基者。

第六篇

文化艺术

乐舞

古琴

琴又称瑶琴、玉琴、绿绮，现代一般称为古琴、七弦琴。琴历来被认为是高雅的艺术，古人常以"琴、棋、书、画"并称，把它看做是君子必备的文化修养，因此我国文人多擅弹琴，如孔子、嵇康、欧阳修等。

琴在我国至少已有3000多年的历史，现在考古发现的最早实物，是湖北随县出土的战国初期的十弦古琴和湖南长沙马王堆出土的7弦汉琴。琴的全身为扁长共鸣箱，面板多用梧桐木制作。琴头有承弦的岳山，琴尾有承弦的龙龈和护琴的焦尾，整个显得宽头窄尾。在面板的外侧有13个圆点状的徽，它是音位和泛音的标志，一般由贝壳制成。琴上有七弦，古代用丝弦制成。琴的声音清脆悦耳，表现力强。传说伯牙志在山水的时候琴声能"峨峨兮若泰山，洋洋兮若江河"，遇雨心悲的时候还能"为霖雨之操，更造崩山之音"，琴的表现力可见一斑。琴有独奏、琴箫合奏、琴歌、雅乐合奏4种传统的演奏形式。著名的琴曲有《流水》、《酒狂》、《广陵散》等。

编钟

编钟 战国

编钟又叫歌钟，是中国古代一种重要的打击乐器，是钟的一种，由若干个大小不一的钟按照音阶有序地排列悬挂在木架上而构成的，每个钟的音高各不相同。编钟的历史能够上溯到3500年前的商代，但当时编钟较为简单，多见的是三枚一套。后来整套编钟的数量开始不断增加，形成较大的规模。

古代的编钟是帝王和贵族专用的乐器，是等级与地位的象征，多用于宫廷演奏。每逢重大事件如征战、朝见或祭祀等活动时进行演奏。在 1978 年从湖北随州市西郊曾侯乙墓出土了一套曾侯乙编钟。这套编钟的音域可以达到 5 个八度，音阶结构基本上与现代的 C 大调七声音阶接近。它规模宏大，制作精美，整套共65 件，其中有 19 件钮钟，45 件甬钟以及一件钟，总重达 2500 多千克。全套钟保存完好，可随意拆卸。钟上有大量关于音乐知识的篆体铭文，这些铭文是研究先秦音乐史的珍贵文字资料。经专家演奏测试，曾侯乙编钟的音响已构成倍低、低、中、高 4 个色彩区，能演奏任何音阶的乐曲，同时能够胜任采用和声、复调以及转调手法的乐曲，称得上是音乐奇迹。编钟是中国古代音乐艺术和青铜铸造工艺的完美结合，令世人无法不为中国古代音乐辉煌的成就而惊叹。

琵琶

琵琶是我国历史悠久的一种常用弹拨乐器。秦朝时，在民间流传着一种圆形的、带有长柄的乐器。弹奏这种乐器主要有两种方法：向前弹叫"批"，向后挑起叫"把"，当时人们就把它叫作"批把"，后来改称为琵琶。当时的琵琶形状为直颈，圆形音箱，音位和弦数不固定。南北朝时，从西域地区传入一种曲项琵琶，其形状为曲颈，梨形音箱，有四柱四弦。人们就把它和我国的琵琶结合起来，制成了一种新式曲颈琵琶。到了唐代，琵琶从制作到演奏上都得到了很大的发展。琵琶构造方面的改变是把原来的 4 个音位增至 16 个，同时把琵琶颈部加宽，下部共鸣箱变窄。在演奏方法上改横抱演奏为竖抱演奏，改拨子演奏为手指直接演奏。此后，琵琶的制作和演奏技法不断得到改进，最后形成如今的四相十三品和六相二十四品两种琵琶。

琵琶音域广阔、演奏技巧丰富繁多，具有丰富的音乐表现力。适合琵琶演奏的曲风有多种，基本上有文曲、武曲、大曲三种。文曲以抒情为主，曲调柔美，代表曲目如《春江花月夜》《汉宫秋月》等。武曲则风格豪放，《十面埋伏》《霸王卸甲》等都是其代表作。大曲的曲调以活跃、欢畅为主。

笛子

笛是中国最古老的乐器之一，早在 8000 年前的远古时期，我国就已经出现了用鸟禽肢骨制成的竖吹骨笛。横笛大概在汉朝时出现，相传是在汉武帝时张骞从西域传入，当时叫作"横吹"，是鼓吹乐的重要乐器，以竹制成。秦汉后，笛子成为竖吹的箫和横吹的笛的共同名称，这种状况一直延续到唐代。宋元时期，笛成为词曲和曲艺伴奏的重要乐器。

笛子的声音具有悠扬、婉转的特点，容易给人以一种缠绵思乡的感觉。唐代诗人李白曾经写过这样的诗句："谁家玉笛暗飞声，散入春风满洛城。此夜曲中闻折柳，何人不起故园情。"李益也有诗云："回乐峰前沙似雪，受降城外月如霜。不知何处吹芦管（芦笛），一夜征人尽望乡。"充分显示了笛声动人的艺术魅力。

笛的品种有很多，其中使用最为普遍的是曲笛和梆笛。曲笛又叫苏笛，以伴奏昆曲和盛产于苏州而得名。曲笛管身粗长，音色柔和，善于表现江南的柔婉情致。梆笛以伴奏梆子类戏曲得名，管身细短，音色明亮，善于表现北方的刚健气质。

《 箫 》

"黄河远上白云间，一片孤城万仞山。羌笛何须怨杨柳，春风不度玉门关。"这是著名诗人王之涣的《出塞》，也是唐代七绝的压卷之作。诗中幽怨的羌笛，就是现在人们所说的箫。箫原称"洞箫"，是我国古老的吹奏乐器之一。箫和笛一样，都是源于远古时期的骨哨。因此很长一段时间人们把箫称作笛，直到唐代，两者才开始分离，横吹为笛，竖吹为箫。箫的音量较小、音色轻柔，比笛声更有一股缠绵不尽的幽怨之意，因此箫比较适于独奏和重奏。著名的独奏曲目有《鹧鸪飞》《妆台秋思》、《柳摇金》等，另有琴箫合奏曲《梅花三弄》、《平沙落雁》等。

吹箫图轴 明 唐寅
图中女子高挽发髻，复戴以碧冠，面容白皙却现愁容。其双手捏箫，唇未启而意先生，二目凝视前方，忧郁神情甚浓，令人如闻箫声，随之更容。

《 二胡 》

二胡是唐代由西域胡人传过来的弦乐器，来自北方的奚部落，因此又称"胡琴"。后来，胡琴发展出了二胡、中胡、京胡、坠胡、板胡等十几个品种，二胡就是其中比较重要的一种。二胡基本上都是木质的，整体由琴杆、琴筒、琴轴等基本部件构成。二胡的琴筒有圆形、六角形等多种形状，琴筒的一端蒙有蛇皮或蟒皮，另一端则设置雕花的音窗。在乐队中，二胡作用很大，它既能独奏，也适合合奏。既能演奏风格细腻深沉、柔美抒情的乐曲，也能够演奏风格欢快活泼的乐曲，有非常丰富的表现力和艺术感染力。无锡民间艺人阿炳创作的《二泉映月》，是我国著名的二胡曲，这首乐曲饱含着作者悲伤的命运和内心的疾苦和希望，具有强烈的艺术感染力。

《 六代乐舞 》

宫廷雅乐在周朝的代表作品当数"六代之乐"：《云门》、《咸池》、《大韶》、《大夏》、《大濩》、《大武》。由于它们都是歌舞乐三位一体，又称为"六舞"。

第一代乐舞：《云门》，歌颂黄帝的丰功伟绩，以黄帝所在氏族的图腾为云彩而得名。第二代乐舞：《咸池》，亦称《大咸》，表现了祭奠祖先和祈求祖先保佑的内容。之所以叫《咸池》，是因为在神话传说中，咸池是日落之地，也是祖先亡灵栖息的地方。第三代乐舞：《大韶》，简称《韶》，因以排箫为主要伴奏乐器，又名《箫韶》，传说是舜时代的宗教性乐舞，该乐舞有九次变化，歌也有九段，在后世又被称为《九歌》。它是远古时期最为著名的乐舞，孔子在齐国听《韶》乐之后"三月不知肉味"，并赞叹道，"韶尽美矣，又尽善也"，尽善尽美的成语由此得来。

第四代乐舞：夏时的《大夏》，主要歌颂大禹治水的功绩。这个乐舞也有九段，用伴奏，又称作"夏九成。"第五代乐舞：《大濩》是赞颂商代君王成汤伐桀的功绩。"濩"在殷墟甲骨文卜辞中本是指用音乐舞蹈形式祭祀祖先的巫术活动，后来将这类巫术活动中表演的音乐舞蹈专称为"乐"。《大濩》表演时场面壮观、气势宏大，集商朝乐舞之大成。第六代乐舞：周朝的《大武》，歌颂周武王讨伐商纣的胜利。《大武》是这一时期宫廷歌舞的最高典范，在表演时，舞分六场，乐也分六章。这些歌曲的唱词，被收集在《诗经》的《周颂》中。

六代之乐是当时宫廷最具权威性的祭祀礼乐，也是"乐教"的经典教材。周朝的"大司乐"，就是专门设立的音乐教育机构的总长官。下面有高、中、下三级乐官和乐工，等级分明，职责明确，构成了一个系统地管理和排演礼乐、教习礼乐的机构。

孔子闻《韶》图

尽善尽美

尽善尽美是孔子的音乐观。孔子的思想核心是"仁"，提倡"仁"的音乐。孔子认为，尽善尽美的音乐就是"仁"的音乐。这个标准来自于孔子对《韶》乐的评价："《韶》尽美矣，又尽善也；谓《武》尽美矣，未尽善也。"孔安国注言道："《韶》，舜乐名也，谓以圣德受禅，故尽善也。《武》，武王乐也，以征伐取天下，故曰未尽善也。"意思是舜因为具有美德而受禅即位，故歌颂他的《韶》乐尽美也尽善。周武王则是征伐商纣，以武力夺天下，故歌颂他武功的《武》尽美却未尽善。可见孔子评价音乐的标准有两个，一个是音乐表现内容的"善"，一个是音乐艺术形式的"美"。而"善"在两者之间又居于主要地位，这充分体现了儒家的音乐为政治服务的思想。此外，从孔子的这句话我们还可以看出儒家重视音乐内容与形式的统一，也就是要和谐。

五声和七音

东汉学者郑玄在《史记·乐书·集解》中指出："宫、商、角、徵、羽，杂比曰音，单出曰声。""宫""商""角""徵""羽"，这几个字相当于今天简谱中的"12356"。中国传统采用的音阶，就是用这5个字表示的五声音阶，以及以此为基础的七声音阶。这5个音叫做正音，七声音阶中，除了这5个音外，再加上2个偏音。传统的七声音阶有3种，最常见的叫做正声音阶，也叫做"雅乐音阶"或"古音阶"，是由五个正音和"变徵"、"变宫"两声组成。"变徵"相当于简谱中的4，"变宫"相当于简谱中的7。"变"在中国传统音乐理论中的意思是"低"。"变徵"、"变宫"就是比"徵"、"宫"低半个音的音。另外两种如下：一种是五个正音和"清角"、"变宫"的"下徵音阶"，也叫"清乐音阶"或"新音阶"；还有一种叫"清商音阶"或"燕乐音阶"，由五个正音加"清角"与"清羽"构成。"清"在中国传统音乐理论中表示"高"，"清角"比"角"高半个音，"清羽"比"羽"高半个音。

"宫商角徵羽"来源于何时，现在还没有定论，但在春秋时各种典籍已记载了，所以可以推断它们的出现不迟于春秋，甚至可推到西周或者商代。

乐调

一般而言，古人以宫作为音阶的第一级音。但其他各音，实际上也可以作为音阶的第一级音，音阶的第一级音不同，调式自然也就不同了。如果以宫作为音阶的第一级音，乐调就是宫调式；以商作为音阶的第一级音，乐调就是商调式；以角作为音阶的第一级音，乐调就是角调式，其他依此类推。有五音，便有五种不同的调式，有七音，便有七种不同的调式，这就是乐调。

八音

古人还有八音的概念。所谓八音，实际是指上古时的八类乐器，这八类乐器是金、石、土、革、丝、木、匏、竹。根据古人的说法，金指钟镈，石指磬，土指埙，革指鼓鼗，丝指琴瑟，木指柷敔，匏指笙，竹指管箫。

钟　古代青铜制乐器，属八音之一，悬挂在架上，用槌击而鸣。单一的钟称为"特钟"，西周中期开始有用十几个大小不等的钟组成的编钟。

磬　古代石制乐器，属八音之一石类。用美石或玉雕成，悬挂在架子上，以槌物击之而鸣。单一的特磬见之于商代，周代出现由十几个大小不等的磬依次组成的编磬。

琴瑟　两种拨弦乐器，古属八音之一丝类。琴，亦称"七弦琴"，俗称"古琴"，周代已有。瑟，形似古琴，春秋时已流行，常与古琴合奏。《史记·司马相如列传》："是时卓王孙有女文君新寡，好音，故相如缪与令相重，而以琴心挑之。""琴心"，以琴声传达心意，用以指爱情的表达。《诗经·秦风·东邻》："既见君子，并坐鼓瑟。""琴瑟"并用比喻夫妇间感情和谐。《诗经·周南·关雎》："窈窕淑女，琴瑟友之。"

《梅花三弄》

《梅花三弄》，又名《梅花引》、《玉妃引》，我国著名的古琴曲。明代朱权的《神奇秘谱》中记载，《梅花三弄》最早是东晋桓伊所奏的笛曲《梅花落》："桓伊出笛吹三弄梅花之调，高妙绝伦，后人入于琴。"在唐诗中也有对笛曲《梅花落》的描述，后改为琴曲。《梅花三弄》表现的主题因时代而有所不同。南朝至唐的笛曲《梅花落》大都表现离愁别绪，明清时的琴曲《梅花三弄》表现的是梅花傲雪凌霜、坚贞不屈的节操与品质。"梅为花之最清，琴为声之最清，以最清之声写最清之物，宜其有凌霜音韵也""三弄之意，则取泛音三段，同弦异征云尔。"后一句的意思是《梅花三弄》的结构采用循环再现的手法，重复整段主题三次，每次重复都采用泛音奏法，故称为"三弄"。

《阳关三叠》

《阳关三叠》是唐代著名的歌曲，又称《阳关曲》、《渭城曲》。歌词根据唐代著名诗人王维诗《送元二使安西》谱写而来："渭城朝雨浥轻尘，客舍青青柳色新；劝君更尽一杯酒，西出阳关无故人"。因为歌词要反复咏唱三遍，所以又称作《阳关三叠》。

《阳关三叠》传至后代，有多种曲谱和唱法，现存最早的谱本是明代初年龚稽古所编《浙音释字琴谱》（1491 年）。另有其他琴歌谱共 30 多种，它们在曲式结构上有些差别，曲调则大同小异，都是简单纯朴，带着一丝挥之不去的淡淡离愁，并用反复的咏叹深化对友人的依依惜别之情，因此成为历来送别友人的经典曲目，而"阳关"也因此曲成为送友酬唱的代名词。流传至今的《阳关三叠》琴歌，出自清末张鹤所编《琴学入门》，全曲 3 大段，即 3 次叠唱。每次叠唱除原诗外，加入若干词句。《阳关三叠》除作为歌曲演唱外，亦经常作器乐演奏，其中以琴曲、筝曲、二胡曲较有影响。

《秦王破阵乐》

《秦王破阵乐》，属武舞类，由唐初乐歌《破阵乐》发展而来，为唐朝宫廷乐舞，是最著名的歌舞大曲之一，最初用于宴享，后来用于祭祀。据《旧唐书·音乐志》记载，唐高祖武德三年（公元 620 年），秦王李世民击破叛将刘武周，解除了唐朝的危局，河东（今山西永济）士庶歌舞于道，军人利用军中旧曲填唱新词，欢庆胜利，遂有"秦王破阵"之曲流传于世。李世民即位后，诏魏征等增撰歌词 7 首，令吕才协律度曲，订为《秦王破阵乐》。贞观七年（公元 633 年），李世民又亲制《破阵舞图》，对舞蹈进行加工：左圆、右方、先偏、后伍、鱼丽、鹅贯、箕张、翼舒，交错屈伸，首尾回互，往来刺击，以象战阵之形，舞凡三变，每变为四阵，计十二阵，与歌节相应，共用乐工 120（又说为 128）人，戎装演习，擂鼓呐喊，声震百里，气壮山河，而后又调用马军两千人入场，景象极为壮观。后来，唐高宗时的《神功破阵乐》和唐玄宗时的《小破阵乐》，都是在《秦王破阵乐》的基础上改编而成的。《秦王破阵乐》不仅在国内流行了 300 年之久，而且还传播到了印度和日本。这支乐谱后来在国内失传，但却在日本保存下了琵琶谱、五弦琵琶谱、筝谱、筚篥谱、笛谱等多种谱本。

敦煌莫高窟 217 窟北壁"未生怨"壁画中有一习武的画面，共 10 人，一方 5 人执矛，一方 5 人执盾，作搏斗姿态，似为《破阵乐》或与此相类似的舞蹈。

《霓裳羽衣曲》

《霓裳羽衣曲》是唐代最负盛名的歌舞大曲之一，对于它的创作来历，众说纷纭。比较可信的是《霓裳羽衣曲》是由唐玄宗吸收西凉都督杨敬述所献的印度《婆罗门曲》创作而成。但是在歌舞的结构方面则遵循中原传统的相和大曲、清商大曲的三段式，分为散序、中序、曲破三个部分。因此《霓裳羽衣曲》是中外音乐相交融的结晶。

此曲的音乐以古老的《长安鼓乐》为素材，舞蹈则以敦煌壁画飞天的舞姿为借鉴，采用唐大曲结构形式精心排演而成。《霓裳羽衣曲》是女子舞蹈，表演者穿着孔雀毛的翠衣和淡彩色或者月白色的纱裙，肩着霞帔，头戴着"步摇冠"，身上佩戴许多珠翠，宛如美丽典雅的仙子。在表演舞蹈之前，先是一段"散序"，乐队的金、石、丝、弦等乐器次序发音，以独奏、轮奏等方式，演一段悠扬动听的旋律。在接着的"中序"的慢拍子中，装饰华美的舞者才开始上场。中序的节奏舒缓，舞姿主要是轻盈的旋转、流畅的行进和突然的回身，尤其是柔软清婉的"小垂手"舞姿，行动轻灵又迅急，衣裙像浮云般飘起，宛若仙子踏云而来。到"曲破"之后，节奏就加快了，急剧的舞蹈动作使身上环佩缨络叮当碰撞，这时，还有整齐的合唱，富有表情的说白，极富感染力。最后是"尾声"，节拍又慢下来，最后在一个拖长的音阶中终结。《霓裳羽衣曲》的演出方式并不完全固定，杨玉环表演过独舞形式的，也有双人舞形式的，后来也有用百名宫女组成的大型舞队表演成群舞。

《春江花月夜》

《春江花月夜》又名《夕阳箫鼓》、《浔阳琵琶》、《浔阳夜月》。它主要描绘的是月夜春江的迷人景色，赞颂了江南水乡的优美风姿。

它原是一首著名的琵琶传统大套文曲，明清时广为流传。乐谱最早见于鞠士林的手抄本，1895年李芳园在编辑《南北派十三套大曲琵琶新谱》时收入此曲，曲名《浔阳琵琶》。后人将此曲改为丝竹合奏，并根据《琵琶记》中的"春江花朝秋月夜"改名为《春江花月夜》。改编后的乐曲用二胡、琵琶、古筝、洞箫、钟、鼓等乐器演奏。全曲中没有一件乐器是从头演奏到底，但又一气呵成，毫无断线之感。全曲分为10段，按照中国古典标题音乐的传统，每段都有一个小标题。它们是江楼钟鼓、月上东山、风回曲水、花影层叠、水深云际、渔歌唱晚、回澜拍岸、桡鸣远濑、乃归舟和尾声。《春江花月夜》旋律古朴、典雅，节奏平稳、舒展，意境深远，具有很强的艺术感染力。

《胡笳十八拍》

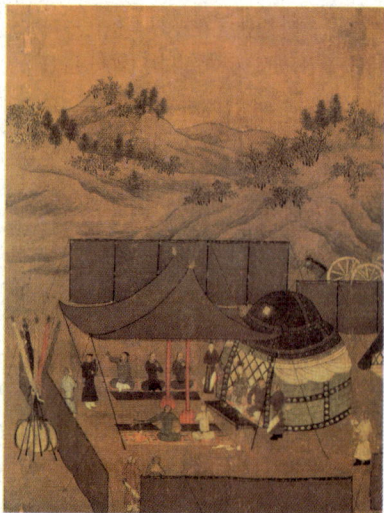

《胡笳十八拍》原是一首琴歌，相传为汉魏时期著名的女诗人蔡文姬所作，是由18首歌曲组合的声乐套曲，由琴伴唱。"拍"在突厥语中即为"首"。"笳"则是中国古代北方民族的一种吹奏乐器，有点像笛子。起"胡笳"之名，想必是由于琴音融入了胡笳哀声的缘故。

今存曲谱有两种：一是明代《琴适》中与歌词配合的琴歌；二是清初《澄鉴堂琴谱》及其后各谱所载的独奏曲。后者影响尤大，全曲共18段，运用宫、徵、羽三种调式，音乐的

蔡文姬胡笳十八拍图 南宋 李唐

对比与发展层次分明，前十来拍主要倾述作者对故乡的思念；后几拍则抒发作者惜别稚子的隐痛与悲怨。全曲始终萦绕着一种缠绵悱恻、凄婉哀怨的思念之情，让人听了不禁肝肠寸断。李颀的《听董大弹胡笳》诗中云："蔡女昔造胡笳声，一弹一十有八拍，胡人落泪沾边草，汉使断肠对客归。"形象地说明了此曲非同一般的艺术感染力。

《平沙落雁》

著名古琴曲，又名《雁落平沙》，作者不详。这首琴曲最早的记载是明代《古音正宗》（1634 年），后有多种琴谱流传。对于本曲的曲意，各种琴谱的解题不尽相同。《古音正宗》中说此曲："盖取其秋高气爽，风静沙平，云程万里，天际飞鸣。借鸿鹄之远志，写逸士之心胸也……通体节奏凡三起三落。初弹似鸿雁来宾，极云霄之缥缈，序雁行以和鸣，倏隐倏显，若往若来。其欲落也，回环顾盼，空际盘旋；其将落也，息声斜掠，绕洲三匝；其既落也，此呼彼应，三五成群，飞鸣宿食，得所适情：子母随而雌雄让，亦能品焉。"全曲委婉流畅，隽永清新，至今深受人们喜爱。

《十面埋伏》

《十面埋伏》是中国古代琵琶曲，作者不详。这是一首历史题材的大型琵琶曲，描写了公元前 202 年楚汉两军在垓下最后决战的情景。汉军用十面埋伏的阵法击败楚军，最终迫使项羽霸王别姬、乌江自刎，汉军大获全胜。

关于《十面埋伏》产生的时间，至今没有定论。唐代白居易曾写过《琵琶行》，诗中有："银瓶乍破水浆迸，铁骑突出刀枪鸣。曲终收拨当心划，四弦一声如裂帛。"的诗句，可以看出当时白居易曾听到过表现激烈战斗场面的琵琶曲。明末清初人王猷定所著《四照堂集·汤琵琶传》中曾记载了当时著名音乐家汤琵琶演奏《楚汉》的情景，与《十面埋伏》在情节及主题上是一致的。可见早在 16 世纪以前，此曲已在民间流传。但是，它的曲谱最早见于 1818 年华秋苹所编《琵琶谱》，分 13 段：开门放炮、吹打、点将、排阵、埋伏、小战、呐喊、大战、败阵、乌江、争功、凯歌、回营。这首著名的琵琶古曲，描绘了战前的准备、激烈的战斗场面，以及悲壮惨烈的结局。整首乐曲具有壮丽辉煌的风格，气势雄伟，曲风激昂，使人心潮澎湃。

戏曲

《 戏曲 》

戏曲是中国传统戏剧的名称，包含了文学、音乐、舞蹈、美术、武术、杂技等各种因素。戏曲一词最早出现在元人陶宗仪的《南村辍耕录》中，当时指的是宋元杂剧。近代学者王国维扩大了戏曲的范围，使之成为包括宋元南戏、元明清杂剧、明清传奇以及京剧和所有地方戏在内的传统戏剧的统称。它们虽然名目各异，但有共同特色，即说唱结合，既有"戏"，又有"曲"，以曲为主。

早在原始社会歌舞已有萌芽，经过漫长的发展，不断地丰富革新，逐渐形成了完整的戏曲艺术体系。戏曲的渊源来自民间歌舞、说唱和滑稽戏三种不同艺术形式。发展成熟的中国戏曲，形成自己的特点，那就是集歌舞唱于一体，有较为固定的结构形式，角色逐渐脸谱化，情节相对简单化。这种高度艺术化的音乐歌舞形式能给欣赏者带来巨大的审美享受，但同时也制造了传播与接受的机遇。

戏曲的发展经历了先是下层民间艺人、书会才人的创作，再经文人作家的加工和由剧作家独立创作。历史上著名的戏剧家有关汉卿、王实甫、徐渭、汤显祖、李玉、李渔、洪昇、孔尚任等。这些作家，创作出许多优秀剧目，久演不衰，成为中国文化中的宝贵财富。

《 诸宫调 》

诸宫调是中国宋元时期盛行的一种大型说唱艺术。它的特点是有说有唱，以唱为主。歌唱部分是用多种宫调的多种不同曲调组成，所以称为"诸宫调"，又称"诸般宫调"。由于其曲调丰富，能说唱长篇故事，表现复杂的故事情节，所以广受人民喜爱，流传时间很长。

据北宋王灼的《碧鸡漫志》记载，诸宫调是北宋神宗（1068～1085年）年间孔三传首创。他把唐、宋词调，唐、宋大曲，宋代唱赚的缠令和当时北方流行的地方俗曲，按声律高低归入不同的宫调，来进行说唱。北宋末年是诸宫调的鼎盛时期。南宋建立后，诸宫调也随之传到了南方，逐渐演变成了南诸宫调，伴奏乐器主要是笛子；而传入金国燕京等地的诸宫调则演变成了北诸宫调，伴奏乐器主要是琵琶和筝。诸宫调由杂剧艺人来演唱，诸宫调与戏剧关系密切，但不是戏剧，只是一种类似大鼓书的说唱艺术。

宋末元初，到处都是四处流动的诸宫调戏班。但到了元朝末年，诸宫调逐渐衰落。明清时期，诸宫调演变为弹唱词。保存到现在的诸宫调作品有：《双渐苏卿诸宫调》、《西厢记诸宫调》、《刘知远诸宫调》等。

南戏

南戏大约诞生于北宋末年，是我国历史上最早出现的戏剧，也叫做"南曲戏文"，在当时的杂剧、唱赚、宋词等基础上发展而成的，曾经在南方民间广为流传。

早期南戏的戏剧结构比较简单，没有"折"、"出"之分，一个完整的剧本就是从头一直演到最后。舞台上最初也没有幕布，时间和空间的转换，完全靠唱、念、舞以及表演者的情态和观众的想象等来体现。南戏的创作者大多是爱好艺术创作的民间艺人，作品语言非常通俗，具有浓厚的民间色彩。我国现存的南戏早期剧本《张协状元》已完全具备戏剧的基本特征。该剧对剧中主人公的不幸遭遇进行交错对比描写，将生、旦与净、丑互相穿插，围绕故事和谐而综合地运用了独唱、宾白、科介等多种表现手段，清楚地体现了早期南戏戏剧结构、音乐形式和演出情况，是戏曲史上难得的资料。元末明初时期的南戏创作达到了高峰，当时出现了一系列的经典剧目，比如"五大南戏"《荆钗记》、《白兔记》、《拜月亭记》、《杀狗记》、《琵琶记》。

杂剧

唱、云、科是元杂剧表演艺术的核心，唱即演唱，主要由一个角色从头唱到尾；云又叫宾白，有诗对宾白、教语宾白和类似顺口溜的宾白等几种形式；科大体上来说包括身段、武术、歌舞等。在表演形式上，元杂剧继承了宋金杂剧的特色，

洪洞明应王殿元杂剧壁画（摹本）
画高411厘米，宽311厘米。画上横额为"大行散乐忠都秀在此作场"，并注明是泰定元年（1324年）。画面是演出的舞台，靠后有大幅台幔，上有绘画两幅。左面是一壮士执剑，作砍杀状；右面是青龙张牙舞爪，作抗拒状。其用途是隔开前后排。台上十人，前后各五人，其中七人为化装的剧中人物，其余三人是鼓、笛、拍板的伴奏者。可见当时时兴演奏者同台的风气。

由上、下门出入，确立了中国戏曲独有的上下场的连场形式；在角色分行上，元杂剧扩充了宋金杂剧的基础，形成了旦、末、净、外、杂等各行；在面部化妆和表演服饰上，元杂剧在宋金杂剧的基础上也有所发展。

元杂剧的形成是中国戏曲发展到成熟阶段的重要标志，它的代表剧目有：关汉卿的《窦娥冤》《救风尘》，王实甫的《西厢记》，马致远的《汉宫秋》，白朴的《梧桐雨》等。

❀ 昆曲 ❀

昆曲是我国传统文化艺术中的珍品，是我国传统戏曲中最古老的剧种之一，已经有六七百年历史。它起源于元朝末年的昆山地区，又叫做"昆剧"，是由元代末年的顾坚创立的，最初叫昆山腔。

明朝嘉靖年间，戏曲音乐家魏良辅对昆山腔进行改进，立足南曲，吸取北曲长处，促成了集南北曲优点于一体的"水磨调"的形成，这就是昆曲。后来，昆曲不断传播，成为传奇剧本的标准唱腔，并最终发展成为全国性剧种。到清朝乾隆年间，昆曲达到鼎盛。原本以苏州的吴语语音演唱的昆曲因广泛传播，难免带上流传地的特色，故而流派众多。

昆曲音乐的结构属于联曲体结构，也可以称之为"曲牌体"。昆曲常用的曲牌有上千种，包括唐宋时期的词调、词牌、民歌等在内，可谓是采众家之长。昆曲的创作是以南曲为基础的，同时也使用北曲的套数，常常使用"犯调"、"借宫"、"集曲"等方法。昆曲主要以笛子为伴奏乐器，以笙箫、唢呐、琵琶等作为辅助。昆曲字正、腔清、板纯，唱腔极富韵律感，抒情性强，表演优美细腻，歌舞结合巧妙。

在长期的演出实践中，昆曲积累了大量优秀演唱剧目。其中脍炙人口的有王世贞所写的《鸣凤记》、汤显祖所写的《牡丹亭》、《紫钗记》等。

❀ 京剧 ❀

京剧是发源于19世纪中期的北京的一种综合性的戏曲表演艺术，是在继承昆曲、京调、弋阳腔等剧种的语言、音乐、舞蹈等艺术元素的基础上，又吸收各地民间艺术逐渐发展起来的。所以说，京剧是戏曲艺术的集大成者。

在唱腔方面，京剧的曲调极其丰富，除西皮、二黄以外，还有昆曲、吹腔、四平调、高拨子、南梆子、民间小调、小曲等，以西皮、二黄为主。一般来说，西皮善于表现活泼、欢乐，而二黄则以表现悲哀咏叹为主。两种唱腔都有很多板式，构成优美的唱腔。

在表演方面，京剧更具戏剧化，形成了不同于其他艺术门类的表演艺术风格。京剧表演艺术中程式化的东西，塑造人物形象上的行当分类，诸如生、旦、净、末、丑各类型人物的唱、念、坐、打以及喜、怒、哀、乐各种不同的表演模式，都是继承发展传统的戏剧艺术表现手法的基础上产生的。

京剧乐队由弦乐、管乐、弹拨乐和打击乐组成。京剧的乐器非常丰富，大约有二十几种之多，如单皮鼓（小鼓）、板（檀板、拍板）、堂鼓（同鼓）、大堂鼓（南堂鼓）、大锣、小锣、钹、汤锣、京胡、二胡、小三弦、月琴、笛、笙、唢呐等。

京剧产生之后，曾经在清廷内得到空前发展。清末民初，京剧艺术达到鼎盛，产生了一批不朽的艺术家和杰出作品，名扬海内外，被誉为中国的国粹艺术。

❧ 四大徽班进京 ❧

徽班进京是京剧发展的标志性事件。清朝乾隆五十五年（1790年），为了庆祝乾隆80岁的寿辰，当时在扬州的三庆班在高朗亭的带领下赴北京演出，开启徽班进京的历程。嘉庆年间，扬州的四喜、和春、春台三个徽班陆续进京，与早先进京的三庆班被合称为"四大徽班"。四大徽班进京后，不断吸收各地地方剧种从剧目到表演方法等各种优点，对自己的戏曲艺术进行充实和改进，艺术表现力因而不断增强。徽班中的三庆班的声腔和剧目极为丰富，但主要唱"二簧"声

徽班进京 清

清代乾隆年间（1736～1795年）活跃于北京剧坛的四个著名安徽戏班（三庆、四喜、和春、春台）同时适应北京观众多方面的需要和发挥各班演员的特长，逐渐形成了四大徽班各自不同的艺术风格，表现为三庆的轴子（指三庆班以连演整本大戏见长）、四喜的曲子（指四喜班以演唱昆曲戏著称）、和春的把子（指以擅演武戏取胜）、春台的孩子（指以童伶出色），出现了"四徽班各擅胜场"的局面。嘉庆、道光年间（1796～1850年），汉调（又称楚调）艺人进京，参加徽班演出。徽班又兼习楚调之长，为汇合二黄、西皮、昆、秦诸腔向京剧演变奠定了基础。因此"四大徽班"进京，被视为京剧诞生的前奏，在京剧发展史上具有重要意义。清末宣统二年（1910年），"四大徽班"已相继散落。

腔，其戏曲水平和吸引力远远超过在当时盛行一时的秦腔，致使很多原本服务于秦腔的演员转入徽班，秦腔和徽班从此有了融合。其他三大徽班进京的结果是击垮了多年来盛行的昆剧，昆剧演员也因为失业而逐渐转入徽班。清代道光年间，湖北戏曲班子也有很多较为优秀的成员进京，他们将汉调和西皮调带到京城，就此形成了与徽班的二簧相融合的"皮簧戏"。"皮簧戏"具有"京音"特色，北京味浓郁，后来这种形式的戏曲传到上海，被上海人叫做"京戏"或"京剧"。这就是京剧的正式得名。

同光十三绝

"同光十三绝"指的是清同治、光绪年间，京剧舞台上享有盛名的十三位演员。画师沈蓉圃绘制他们的剧装画像，这幅画传世以后，他们被称为"同光十三绝"。这十三位京剧演员分别是程长庚（老生，饰《群英会》之鲁肃）、张胜奎（老生，饰《一捧雪》之莫成）、卢胜奎（老生，饰《战北原》之诸葛亮）、杨月楼（武生，饰《四郎探母》之杨延辉）、谭鑫培（老生，饰《恶虎村》之黄天霸）、徐小香（小生，饰《群英会》之周瑜）、梅巧玲（花旦，饰《雁门关》之萧太后，梅兰芳的祖父）、时小福（青衣，饰《桑园会》之罗敷）、余紫云（青衣花旦，饰《彩楼配》之王宝钏）、朱莲芬（旦，饰《玉簪记》之陈妙常）、郝兰田（老旦，饰《行路训子》之康氏）、刘赶三（丑角，饰《探亲家》之乡下妈妈）和杨鸣玉（丑角，饰《思志诚》之闵天亮）。

"同光十三绝"所饰演的角色包括老生、武老生、武生、小生、青衣、花旦、老旦、丑角，他们以自己杰出的艺术成就，对京剧艺术的进步作出卓越贡献。

生旦净末丑

生旦净末丑是京剧里的五个主要行当，又称角色。生行，简称"生"。生行分为须生（老生）、红生、小生、武生等。须生（老生）：扮演中年以上的剧中人，因口戴胡子故名。红生：扮演勾红脸的须生。小生：扮演翎子生（带雉翎的大将、王侯等），纱帽生（官生）、扇子生（书生）、穷生（穷酸文人）等。武生：指戏中的武打角色。

旦行简称"旦"，分青衣、花旦、老旦、武旦、刀马旦等。旦角全为女性。青衣：扮演贤妻良母型角色。花旦：扮演皇后、公主、贵夫人等角色。武旦、刀马旦：扮演武功见长的女性。老旦：扮演中老年妇女。

净行，简称"净"，亦叫花脸。净行又分为以唱为主的铜锤花脸与黑头花脸、以工架为主的架子花脸（如大将、和尚、绿林好汉等）及武花脸与摔打花脸等。

末行，简称"末"，多为中年以上的男性，专司引戏职能，如打头出场者，反其义而称为"末"。

丑行简称"丑"，主要饰演丑角，又分文丑、武丑。文丑又分为方巾丑（文人、儒生）；武丑，专演跌、打、翻、扑等武技角色。

唱念做打

京剧表演艺术是一种高度程式化、戏剧化的综合的歌舞表演形式，唱、念、做、打是其中最为基本的四种艺术手段。唱念做打是京剧演员，以及所有戏曲演员所必备的四种基本功。

唱包括咬字、归韵、喷口、润腔等各种发音技巧以及吐字发声的规律，演员学习唱功必须学会喊嗓、吊嗓，以扩大音域和音量，提高演唱技巧，以及根据人物特点用唱来表现人物的精神和内心。

念白基本上有韵白和散白两类之分，是一种经过艺术提炼的语言，节奏感和音乐性很强。念白常常用来作为唱的辅助手段，以表达戏剧中人物的性格和内心，是京剧艺术很重要的表演手段。

做功是一种经过规范的、舞蹈化的包括手、眼、身、步在内的形体动作，演员必须灵活运用以突出剧中人物的性格等各方面的特点，从而更好地塑造艺术形象。

打是将传统的武术经过艺术加工变为舞蹈化的动作，是生活中格斗动作经艺术化提炼的结果。基本分为把子功和毯子功两种。这对演员的武打功底要求很高，常常出现高难度动作，有利于深刻展示人物内心，以及提高舞台魅力。

民国《四进士》戏画

做是对戏曲演员的身段、表情、气派、风度等表演的总称，是戏曲表演的主要组成部分，也是舞台行动的主要组成部分。戏曲的做，多为程式性的动作，大都写意。《四进士》故事见于鼓词《紫金镯》，讲述明代嘉靖年间，新科进士毛朋、顾读、田伦、刘题四人沉浮官场的故事。图画中为杨素贞在公堂受审的情形。她痛诉冤情，不禁泪湿衣襟，为表现这种冤愆的心情，她用长袖作拭泪状。堂上大人前倾身子，右手指向杨，表明他在询问和倾听。

❧ 秦腔 ❧

秦腔是发源于古代陕西、甘肃等地的民间小曲，成长壮大于历史文化名城西安，历经各朝各代的艺术家反复锤炼、创造，而逐渐形成。古时陕西、甘肃一带属秦国，所以称之为"秦腔"。因为早期秦腔演出时，常用枣木梆子敲击伴奏，故又名"梆子腔"。秦腔成形后，流传全国各地，因其一整套成熟、完整的表演体系，对各地的剧种产生了不同程度的影响，并直接影响了梆子腔剧种的发展，成为梆子腔剧种的始祖。

秦腔的表演技艺朴实、粗犷、豪放，富有夸张性，生活气息浓厚，技巧丰富。其身段和特技有：趟马、吐火、喷火、担子功、翎子功、水袖功、扇子功、鞭扫灯花、顶灯、咬牙、耍火棍、跌扑、髯口、跷工、獠牙、帽翅功等。秦腔的唱腔分为欢音和苦音两类，欢音善于表现轻快活泼、喜悦的感情，而苦音则长于表现悲愤、凄凉的感情，丰富多彩的唱腔能够很好地表现各种感情。秦腔的主要伴奏乐器为板胡。秦腔的角色分类有"十三门二十八类"之说，即角色分为四生、六净、二旦、一丑等十三门，而这十三门又可细分为二十八类。各门各类都有其特色，都有著名的演员、著名的戏剧段落。

秦腔的传统剧目数以万计，其中以取材于"三国"、"杨家将"、"说岳"等英雄传奇或者悲剧故事的剧目居多，剧目无论在数量还是题材的广度都居全国300余种戏剧之首。其中经常演出的曲目有《春秋笔》、《八义图》、《紫霞宫》、《玉虎坠》、《和氏璧》、《麟骨床》等。

❧ 川剧 ❧

川剧是起源于四川，长期流行于四川、云南、贵州等几个西南省份，是人们喜闻乐见的一种地方戏剧。

明末清初，陆续有大批各地移民进入四川，以及各省在四川的会馆纷纷建立，全国各地的南腔北调也相继被移植到四川各地，这些剧种在长期的发展过程中，相互融合、相互借鉴，又结合当地的风俗、方言以及各种民间戏曲，逐步形成了一种具有四川特色的剧种，就是川剧。

川剧的声腔主要由昆曲、高腔、胡琴、弹戏以及灯腔等五种声腔组成，其中除灯腔发源于四川本地以外，其他四种腔调都来自外地。这五种声腔再加上为这五种声腔伴奏的各种乐器，形成了形式多样、曲牌丰富而又风格迥异的川剧音乐形式。

高腔，是川剧中最重要的一种腔调。川剧高腔拥有众多的曲牌数量，剧目广、题材多、适应性强，兼有南曲和北曲中高亢激越、婉转抒情的特点。川剧中的昆曲来源于江苏的昆曲，川剧艺术家利用昆曲长于歌舞的特点，往往将昆曲中的单个曲牌融入其他唱腔中演出，形成独具特色的川剧昆腔，简称"川昆"。胡琴是西皮和二簧的统称，因为二者的主要伴奏乐器都为"小胡琴"，所以这样统称。川剧胡琴来源于湖北汉调和安徽徽调，吸收了陕西汉中二簧和四川扬琴唱腔中的优秀部分发展而成，其中川剧西皮腔善于表现激昂、高亢或者欢快的感情，而川剧二簧则长于表现沉郁、悲凉的感情。川剧的弹戏来源于陕西的秦腔，属于梆子系统，故俗称"川梆子"。川剧弹戏以盖板胡琴为主要伴奏乐器，用梆子敲击节奏。曲调有善于表现喜感情的"甜平"和善于表现悲感情的"苦平"两种。灯腔，来源于四川本地，是川剧唱腔中最具本地特色的一种。灯腔是由四川传统的灯会歌舞演化过来的，乐曲短小、节奏明快、轻松活泼，所演的多数是民间小戏，唱的也都是民间小曲，具有浓厚的生活气息。另外，川剧中还有许多具有浪漫主义色彩的表演特技，如吐火、藏刀、顶油灯等，其中影响最大、最具特色和最常见的是变脸，演员往往能在极短的时间内变换出十多张面孔，表现角色情绪和心理的突然变化，极具观赏性。

❧ 豫剧 ❧

豫剧，原名"河南梆子"、"河南高调"等，流行于河南、陕西、甘肃、山西等地，是我国最重要的地方剧种之一。豫剧发源于陕西的梆子腔，即所谓的秦腔。清朝初期，秦腔传入河南，入乡随俗，开始用河南口音演唱，吸收了河南本地的民间小调等民间艺术形式的精华，并受到了昆曲、弋阳腔、皮黄腔等外省剧种的影响，在乾隆年间正式形成具有河南特色的剧种。乾隆嘉庆年间，豫剧迅速发展壮大，成为河南省重要的剧种。

豫剧的音乐分为四大流派，分别是：以开封为中心的"祥福调"，以商丘为中心的"豫东调"，流传于洛阳的唱法"豫西调"，流传于河南东南部沙河流域的唱法"沙河调"等。其中影响最大的是豫东调和豫西调。豫剧的各种流派虽然有诸多不同，但是共性大于个性，作为统一的一个剧种，豫剧具有以下特点：首先，豫剧注重唱功，演出中常有大段的唱词，相对来说动作少一些；其次，豫剧具有较大的自由性，唱词、说白、动作等都没有固定的模式，演员可以根据自己的理解，做一些创造；再次，豫剧与民间艺术结合紧密，常常把杂技、武术等技艺的动作融合到舞台表演中来，显得粗犷火暴；最后，豫剧的唱词通俗易懂，好学好唱。

豫剧的角色行当分为"四生四旦四花脸",即老生、红生（大、小红脸）、小生等四生；老旦、小旦、正旦、帅旦等四旦；黑脸、大花脸、二花脸、三花脸等四花脸。豫剧的伴奏乐器分文武戏，文戏用三弦、板胡、月琴伴奏，武戏用板鼓、堂鼓、大锣、小锣、手镲、梆子、手板等伴奏。

豫剧的传统剧目有 600 多个，其中经典曲目有《对花枪》、《三上轿》、《提寇》、《铡美案》、《十二寡妇征西》、《花木兰从军》等。

❧ 粤剧 ❧

粤剧是中国南方的重要剧种，流行于广东、广西以及港澳台地区。东南亚、北美、大洋洲等有广东籍华人聚集的地区，也常有粤剧演出。

明末清初，江浙地区的昆曲班子，江西的弋阳腔班子陆续到广东地区演出，引起了广东人民的关注，受到他们的影响，广东本地人创建了自己的戏剧班子，称为"本地班"。本地班的唱腔吸收昆曲及弋阳腔的部分优点，融合本地歌舞戏曲的特点，念白全用本地方言，形成了独具一格的广腔。清朝嘉庆、道光年间，随着弋阳腔、昆腔的衰落和梆子戏的传入，本地班开始以梆子为主要唱腔，后来安徽徽班的影响日益扩大，本地班又吸取了徽班的部分特点，发展成为以"梆簧"（即梆子、二簧）为基本唱腔，同时又保留了昆腔、弋阳腔部分曲目的"粤剧"。清朝咸丰年间，本地班响应太平天国起义，组织武装与清兵搏斗，被清朝残酷镇压，使粤剧遭封杀长达 15 年之久。粤剧中的精品剧目有《平贵别窑》、《赵子龙催归》、《凤仪亭》、《罗成写书》、《西河会》、《山乡风云》等。

❧ 古典十大悲剧 ❧

中国古典十大悲剧是:《窦娥冤》（杂剧，元朝关汉卿）、《汉宫秋》（杂剧，元朝马致远）、《赵氏孤儿》（杂剧，元朝纪君祥）、《琵琶记》（南戏，明朝高则诚）、《精忠旗》（传奇，明朝冯梦龙）、《娇红记》（杂剧，明朝孟称舜）、《清忠谱》（传奇，清朝李玉）、《长生殿》（传奇，清朝洪昇）、《桃花扇》（传奇，清朝孔尚任）和《雷峰塔》（传奇，清朝方成培）。

千百年来，这些悲剧一直在舞台上上演，经久不衰，深受广大人民喜爱。鲜明的人物形象、感天动地的故事情节，打动了一代又一代人。在文化普及率很低的时代，人们从这些故事中得到了教育和熏陶，深化了对现实生活的认识，鼓舞自己的生活热情，提高了道德情操。中国古典十大悲剧是中国戏剧的代表，是中国文化艺术珍品。

❀ 古典十大喜剧 ❀

中国古典十大喜剧是：《救风尘》（杂剧，元朝关汉卿）、《西厢记》（杂剧，元朝王实甫）、《看钱奴》（杂剧，元朝郑廷玉）、《墙头马上》（杂剧，元朝白朴）、《李逵负荆》（杂剧，元朝康进元）、《幽闺记》（传奇，元朝施君美）、《中山狼》（杂剧，明朝康海）、《绿牡丹》（传奇，明朝吴炳）、《玉簪记》（传奇，明朝高廉）和《风筝误》（传奇，清朝李渔）。

这些喜剧深受人们喜爱，它们那深邃的思想、纷繁复杂的主题和扑朔迷离的情节倾倒了无数观众。剧中人物敢爱敢恨，幽默机智，同腐朽势力斗智斗勇的故事，使人们认清了封建统治者的虚伪本质，鼓舞了人们同封建统治者斗争的勇气和信心。十大喜剧因其优美的文辞和精湛的音乐，具有极高的艺术价值，成为中国文学艺术库藏中的璀璨瑰宝，彪炳百代。

《西厢记·长亭送别》瓷板画
《西厢记》的剧情虽然没有脱离传统的"私定终身后花园，落难公子中状元"的模式，但其语言却纯熟优美。作者善于运用古典诗词酝酿气氛，炼字造句，创造了诗一般的意境，形成剧本优雅的风格。此幅绘《西厢记》故事长亭送别一幕，用工笔勾描更宜表现绵长细腻的感情。

❀ 《窦娥冤》 ❀

元代关汉卿作。关汉卿（约1220—1300年），号已斋（一作一斋）、已斋叟，汉族，解州（今山西运城）人。一生创作的杂剧有六十多种，是我国戏剧的创始人，与马致远、郑光祖、白朴并称"元曲四大家"。《窦娥冤》是关汉卿的代表作，也是我国古代悲剧的代表作。全名《感天动地窦娥冤》，全剧为四折一楔子，它的故事渊源于《列女传》中的《东海孝妇》。剧情说楚州贫儒窦天章因无钱进京赶考，无奈之下将幼女窦娥卖给蔡婆家为童养媳。窦娥婚后丈夫去世，婆媳相依为命。蔡婆外出讨债时遇到流氓张驴儿父子，被其胁迫。张驴儿企图霸占窦娥，见她不从便想毒死蔡婆以要挟窦娥，不料误毙其父。张驴儿诬告窦娥杀人，官府严刑逼讯婆媳二人，窦娥为救蔡婆自认杀人，被判斩刑。窦娥在临刑之时指天为誓，死后将血溅白绫、六月降雪、大旱三年，以明己冤，后来果然都一一应验。三年后窦天章任廉访使至楚州，窦娥鬼魂诉冤，于是重审此案，为窦娥申冤。作品成功地塑造了"窦娥"这个被压迫、被剥削、被损害、善良、坚强、反抗的妇女形象。戏曲语言既本色又当行，具有"入耳消融"的特点，没有艰深晦涩的毛病。关剧在词曲念白的安排上也恰到好处，曲白相生，自然熨贴，不愧是当时戏曲家中一位"总编修师首"的人物。

《西厢记》

听琴 今人王叔晖绘《西厢记》剧情

《西厢记》因为其曲文的无比优美和抒情性被视为一部诗剧，其"愿天下有情的都成了眷属"更寄托了人们的美好愿望。

全名《崔莺莺待月西厢记》。作者王实甫，元代著名杂剧作家。故事最早起源于唐代元稹的传奇小说《莺莺传》，董解元的《西厢记诸宫调》是王实甫创作的《西厢记》的直接蓝本。全剧五本二十一折，突破了杂剧创作一剧四折的体例。此剧一上舞台就惊倒四座，博得男女青年的喜爱，被誉为"《西厢记》天下夺魁"。剧中叙述了书生张珙游于蒲州，寄宿普救寺。适逢崔相国夫人携女莺莺扶相国灵柩回家乡安葬，途经普救寺，借宿于此。张生游殿，与莺莺相遇，两人一见倾心。在婢女红娘的帮助下，两人在西厢约会，莺莺以身相许。后两人来往之事被老夫人发现，出于无奈，只得答应了张生与莺莺的婚事。但老夫人又以崔家三代不招白衣秀士为由，逼张生赴京应试，待张生应试及第后，才允许他与莺莺成亲。后张生高中皇榜，归来求亲，有情人终成眷属。剧本歌颂了以爱情为基础的结合，否定封建社会传统的联姻方式，正面提出了"愿天下有情的都成了眷属"的主张，具有鲜明的反封建礼教和封建婚姻制度的主题。几百年来，它曾深深地激励过无数青年男女的心。对后来以爱情为题材的小说、戏剧创作影响很大，《牡丹亭》、《红楼梦》都不同程度地从它那里吸取了反封建的民主精神。

《牡丹亭》

全名《牡丹亭还魂记》，也称《还魂梦》或《牡丹亭梦》。作者汤显祖（1550—1616年），字义仍，号若士，江西临川人。《牡丹亭》是他创作的"玉茗堂四梦"（或称"临川四梦"）（其他为《紫钗记》、《邯郸记》和《南柯记》）中最得意之作。全剧五十五出，据明人小说《杜丽娘慕色还魂》改编而成。戏剧写了南安太守杜宝的女儿杜丽娘，冲破约束，私自游园，触景生情，梦中与书生柳梦梅幽会，从此一病不起，怀春而死。杜宝升官离任，在女儿的墓地建造了梅花观。柳生进京赴试，借住观中。他在园内拾得杜丽娘的自画像，情有所钟，百般呼唤，终于和画中人的阴灵幽会。柳生掘墓开棺，杜丽娘起死回生，两人结成夫妇，同往临安。杜丽娘的教师陈最良往临安向杜宝告发柳生盗墓之罪。柳生在临安应试后，恰逢金兵南侵，延迟放榜。安抚使杜宝在淮安被围。柳生受杜丽娘嘱托，送家信传报还魂的喜讯，反被囚禁。金兵退却后，柳生高中状元。杜宝升任同平章军国大事，拒不承认婚事，强迫女儿离异。纠纷闹到皇帝面前，杜丽娘和柳梦梅二人终成眷属。杜丽娘这一人物形象，为中国文学人物画廊提供了一个光辉的形象，她性格中最大的特点是在追求爱情过程中表现出来的坚定执着。她为情而死，为情而生。《牡丹亭》是我国戏曲史上浪漫主义的杰作，特别突出了情（欲）与理（礼）的冲突，强调了情的客观性与合理性；洋溢着追求个人幸福、呼唤个性解放、反对封建制度的浪漫主义理想。沈德符《顾曲杂言》说："《牡丹亭梦》一出，家传户诵，几令《西厢》减价。"其艺术成就也是非常卓越的。

《长生殿》

清初洪昇作。初名《沉香亭》，继称《舞霓裳》，最后定名为《长生殿》。取材自唐代诗人白居易的长诗《长恨歌》和元代剧作家白朴的剧作《梧桐雨》。全剧共五十出。剧本写唐明皇宠爱贵妃杨玉环，终日与杨贵妃游宴玩乐，不理朝政，朝中大权由杨贵妃的哥哥杨国忠把持。七月七日，杨贵妃与唐明皇在长生殿上情意绵绵，盟誓世代代结为夫妻。不久，安禄山因与杨国忠争权，发兵叛乱。唐明皇带杨贵妃逃离长安，官军将杨国忠杀死，又逼唐明皇将杨贵妃缢死。安禄山叛乱平息后，唐明皇日夜思念杨贵妃。后来，道士杨通幽运用法术架起一座仙桥，让明皇飞升到月宫，与杨贵妃相会，实现了他们在长生殿上立下的"生生死死共为夫妻"的盟誓。剧本从多方面反映社会矛盾，将百姓的困苦和宫廷的奢华生活作了对比，爱憎分明。同时又表现出对唐玄宗和杨玉环之间爱情的同情。清宫内廷尝演此剧，北京的聚和班、内聚班等班社都以演此剧而闻名。其中片段被各种戏剧剧种改编，梅兰芳的京剧《贵妃醉酒》也是改编自《长生殿》。

《桃花扇》

《桃花扇》插图 同治年间彩绘本

《桃花扇》借明末复社文人侯方域与秦淮名妓李香君的爱情故事来反映南明弘光王朝覆亡的历史。侯方域与李香君的爱情故事中，穿插了许多明末的历史故事，如左良玉等四镇的跋扈，马士英与阮大铖迎立福王，李自成攻陷北京，清兵南下，史可法沉江等。

清初孔尚任作。《桃花扇》是孔尚任十多年苦心经营，三易其稿写出的一部传奇剧本。全剧共有四十出。剧本写明代末年曾经是明朝改革派的"东林党人"逃难到南京，重新组织"复社"，和曾经专权的太监魏忠贤余党阮大铖进行斗争。其中复社中坚侯方域邂逅秦淮歌妓李香君，两人陷入爱河。阮大铖匿名托人赠送丰厚妆奁以拉拢侯方域，被李香君知晓坚决退回。阮大铖怀恨在心。弘光皇帝即位后，起用阮大铖，他趁机陷害侯方域，迫使其投奔史可法，并强将李香君许配他人。李香君坚决不从，欲自尽未遂，血溅诗扇。侯方域的朋友杨龙友，利用血点在扇中画出一树桃花。南明灭亡后，李香君出家。扬州陷落后，侯方域逃回寻找李香君，最后也出家学道。全剧穿插当时的历史事件，如南明君臣花天酒地，四镇带兵打内战，史可法守扬州，城破后投河自尽等。《桃花扇》是一部最接近历史真实的历史剧，重大事件均属真实，只在一些细节上作了艺术加工。以男女情事来写国家兴亡，是此剧的一大特色。《桃花扇》形象地刻画出明朝灭亡前统治阶层腐化堕落的状态，康熙皇帝专门派内侍向孔尚任索要剧本，看到其中描述南明皇帝耽于声色的情节，常皱眉顿足说："弘光弘光，虽欲不亡，其可得乎！"

绘画与雕塑

❧ 传神论 ❧

中国画和西方绘画最大的区别就在于，后者努力的目标，是精心细致地再现事物的原貌（其现代派的"变形"只是变形而已），前者则力图传达出事物的内在神韵。比如画人物，西洋画讲究在三维空间（上下、左右、前后）中描绘出人物的真实影像，其创作往往凭借科学的人体解剖，以具体深入的形象刻画为胜，有时甚至毛发毕现。中国画呢，它不是忽视人物的外形描绘，但相比起外貌写真来，它更强调表现人物内在的精神风貌，就是所谓"传神"，这是中国画的画家们一直坚守的艺术表现原则。

早在 4 世纪，东晋大画家顾恺之就提出了"以形写神"说。他曾讲到，楼台亭榭等建筑静物画起来费时间，但画好比较容易；而画人物最难了，难就难在要"迁想妙得"，就是要用思想去捕捉表现对象的心理活动，以巧妙地传达出人物的精神风貌。据记载，顾恺之画成人物后，常常几年都不点眼睛。有人问原因，他回答说："四体妍蚩，本无关于妙处。传神写照，正在阿堵中。""阿堵"为六朝人口语，相当于现代汉语里的"这个"，此处指眼睛。顾恺之的意思是说，表现人物时，身体四肢的美好与丑陋都无关紧要，只有画好这眼睛才能传达出人物的内在神韵。可见，中国画的画家对人物传神是多么重视！

到了现代，有了照相技术，摄什么是什么，可是要传达对象的内在之美与独特神韵，还是要靠绘画艺术，中国绘画尤其讲究神韵。

❧ 气韵说 ❧

南北朝时期，我国古典文艺批评空前繁荣，此时生活在南齐的谢赫，全面系统地总结了古代绘画的创作实践，提出了品评画作优劣的"六法"。这"六法"最大的贡献，就是将"气韵生动"创立为观赏、衡量中国画好坏的首要标准。

所谓"气韵生动"，是讲绘画作品要有生气、有神气而不呆板，要能表现出描写对象的精神特质。这好比是看一个人，从中国画的审美标准出发，就要先看她的气质风韵，而不只是看形体。

"气韵生动"是作品精神的自然流露。"气"是思想观念、感情和想象，"韵"是个性与情调。它要求艺术家无论画人物、山水、花鸟，都要表现出它们的精神之美。

一幅画只有气韵生动，才能焕发出感人的生命力量。比如齐白石老人笔下的一头牛，就绝不是动物的简单再现，而是他心里能与之对话且充满个性活力的牛。据廖静文先生回忆，徐悲鸿先生有一次给白石老人送去新鲜的桃子，老人十分高兴，一定要让捧桃人走前面，并恭敬地说："桃子先走！"老先生礼待桃子如一令人尊敬的生命，他笔下的桃子自然就有了鲜活的生命力，让人十分喜爱。

看一幅画作，首先看它的整体气韵，这就是懂画了。懂画，就是会欣赏；会欣赏，学画才能成为高手。

中国画

中国画这个概念，广义上指运用中国的传统绘画工具（笔、墨、纸、砚、颜料等）所绘的画，简称"国画"。中国画按题材又可分为人物画、山水画、花鸟画、动物画等；按使用材料和表现方法，主要分为工笔、写意和兼工带写三种；按照画幅大小和形状及折叠方式，可以分为横向的长卷、横批，纵向展开的条幅、中堂，仅有一尺左右见方的册页、斗方，画在折扇、团扇等扇子上的扇面。

中国画在创作上重在传达出物象的神态情韵和画家的主观感受，造型上讲求"妙在似与不似之间"和"不似之似"，对那些能体现出神情特征的部分往往会采取夸张甚至变形的手法加以刻画，而不是追求实际的"相像"。在构图上，中国画讲求经营，重视虚与实、疏与密的配合与平衡，力求打破时空的限制，构造出一种画家心目中的景象。中国画善用水墨，创造出极为丰富的笔法和墨法，同时墨还可以与色相互结合，形成墨色互补的多样性。以这些独特的笔墨技巧，如点、线、面作为状物传情的表现手段，描绘对象的形貌、骨法、质地、光暗及情态神韵，传情达意，具有独立的审美价值。中国画，特别是中国文人画，讲求诗、书、画、印的有机结合。画面上题写的诗文跋语，既是画面的有机组成部分，同时还能表达画家对社会、人生及艺术的思考和认识，在深化主题的同时，提升画作的文化品位。

中国画在观察认识、形象塑造和表现手法上，与西方绘画相比，有着迥异风格和独特的艺术趣味。中国画对客观事物的观察、体认、再现，以及借物传情的艺术构想，渗透着画家的社会意识，使绘画具有相应的认识作用、教育作用和高度的审美价值，体现出中国人独特的思维方式、哲学观念和审美情趣。

〖 人物画 〗

人物画是以人物活动为主要描写对象的绘画，它是中国画的三大画科之一。早在周代，就已经出现了以劝善戒恶为目的的历史人物壁画。

按题材分类，人物画可分为历史人物画、宗教人物画和现实人物画三种。按艺术手法可分为有工笔重彩、写意、白描、泼墨等多种。按画面人物的多少，一般分为群像画和肖像画。群像画以突出人物活动为主，肖像画以描绘人物形象的酷肖为主。各种人物画所表现的侧重点虽有所不同，但都要求形神兼备，人物形象要符合人物的形体、比例、场景透视原理等，更重要的是传达人物的性格、气质和神态。人物画通常要求人物显得逼真传神，气韵生动，常常把人物安排在一定的场景中。描绘重点是人物的面部，同时处理好人物之间、人物与环境之间的关系，以求画面整体的统一。战国楚墓出土的《人物龙凤图》与《人物驭龙图》帛画，是表现战国时期神话人物的经典作品，也是目前最早的独幅人物画作品。我们公认的著名古代人物画有东晋顾恺之的《洛神赋图》、《女史箴图》，五代周文矩的《文苑图》，五代南唐顾闳中的《韩熙载夜宴图》，北宋李公麟的《维摩诘像》等。

〖 山水画 〗

山水画是中国三大画种之一。它所表达的是古人对自然的崇拜和热爱，表达了天人合一的境界和追求，一定程度上反映作者对自然的思考以及对人生社会的认识，在用写实或艺术的手法表现自然之美的同时，也间接反映当时的社会生活状态。在技法上，山水画有水墨山水、青绿山水、金碧山水、浅绛山水、淡彩山水、没骨山水等形式。在题材和内容上，名山大川、田野村居、城市园林、寺观舟桥、历史名胜等皆可入画。

晋代，山水画从人物画中分离出来，成为独立的画科；隋唐的李思训、王维等人完善了山水画的画理、画法、章法，中国山水画的传统就此形成。五代以及北宋时期，山水画大兴，荆浩、关仝、李成、董源、巨然、范宽、米芾等人以水墨山水闻名，王希孟、赵伯驹等人以青绿山水闻名，山水画在这时发展到高峰。山水画的技法基本上有"勾"、"皴"、"染"、"点"四个步骤，首先用墨线勾出山石的大致轮廓，再用各种皴法画出山石明暗向背，然后用淡墨渲染，加强山石的立体感，最后用浓墨或鲜明的颜色，点出石上青苔或远山的树木。

现存最早的山水画名作是隋代展子虔所作的卷轴画《游春图》，此画绢本设色，现为北京故宫博物院藏品。

《 花鸟画 》

芙蓉锦鸡图 宋 赵佶

花鸟画是中国绘画的三大画种之一，它的描绘对象包括花卉、竹石、虫鸟、游鱼等。早在原始时代的陶器上，就出现了简单的鸟鱼图案，这算是我国最早的花鸟画。东晋、南朝宋时，花鸟画成为独立的画种，唐代趋于成熟。经过长期发展，花鸟画总体上形成了写实为基础，寄托情感和寓意为归依的传统。画家通常以花鸟来表现人的精神和气节韵致，以及对现实的种种寄托，具有强烈的抒情性。同时也间接表现社会生活，反映时代精神。按艺术手法，花鸟画可分为工笔和写意等多种；按照用墨用色的不同，可分为水墨花鸟画、泼墨花鸟画、设色花鸟画、白描花鸟画及没骨花鸟画等。

在构图上，花鸟画突出主体，善于剪裁，常常通过枝叶来进行对画作整体的布局安排和调整，讲究虚实相对，相互呼应。此外，配合对画作内容进行解说或烘托的诗文，也是花鸟画的一大特点。五代到宋朝，中国花鸟画达于繁盛。南宋及元代相继出现了水墨写意"四君子画"（梅、兰、菊、竹），与此同时兴起了以线描为主要手段的白描花卉。明朝后期，徐渭以草书入画，开创了强烈抒写个性的先河。到清初朱耷，这种表达个性的花鸟画达到高峰水平。数千年的积淀，使得花鸟画成为世界美术史上独特而优雅的存在。

《 笔法 》

笔墨是中国画的最大特色，从广义上讲，笔墨指利用笔墨达到的效果，诸如色彩、章法、意境、品位等都要通过笔墨来实现；从狭义上讲，笔墨专指用笔用墨的技巧。这里我们先说说笔法。

　　中国画用笔分为中锋、侧锋、逆锋、拖笔等。中锋也叫正锋，方法是将笔管垂直，用笔时笔尖在墨线中间，中锋的线没有明显粗细变化，显得连贯一致；侧锋是指行笔时笔尖不垂直于纸，笔尖在墨线一边，侧锋笔墨容易产生飞白效果，线条有切削感；顺锋是指笔按照由左向右、由上向下的走势运行；逆峰是将笔向笔锋方向逆行，适于画树干山石时使用，线条显得苍老滞涩；拖笔是指执笔时稍稍放松，引着笔管拖行，线条显得轻柔飘逸。笔锋的运用还有："提按"、"转折"、"滑涩"、"虚实"、"顿"、"戳"、"揉"等方法。中国画的笔法主要体现在对线的运用上。"以线造型"是中国画的基本原则。经常利用毛笔线条的粗细、长短、浓淡、刚柔、疏密等变化，来表现物体的形态和画面的节奏韵律。关于运笔方法，黄宾虹曾提出"五笔"之说，"五笔"即"平、圆、留、重、变"。要求用笔画线时注意粗、细、曲、直、刚、柔、轻、重的变化和对比，从而做到画人物"传神写照"；画山水刚柔相济，有质有韵。中国画的笔法必须服从客观形象造型的要求，笔法不同，画作的风格就不同；对象不同，使用的笔法也应该不同。同时，笔法必须接受画家思想感情的指挥，画家个性感情的不同，自然会运用不同的笔法，产生不同的艺术效果。

❰ 墨法 ❱

　　中国画的墨法，主要是运用墨色变化的技巧。中国画素有"五墨六彩"的说法，五墨是指墨的浓度，即焦、浓、重、淡、清。六彩是指墨的变化，即黑白、干湿、浓淡。用墨是中国画的基本技法，处理好笔与墨、墨与色的关系，是技法中的关键问题。还可以通过笔中墨与水的比例、含墨水的多少、蘸墨方法以及行笔速度等，变换出各种不同的笔墨效果。中国画用墨，主要在于运用墨色变化的技巧，以墨代色，让不同的墨色在纸面上体现出来，更巧妙的是让一支笔中产生各种墨色的变化。

　　中国画用墨的技巧随着时代的不断发展和历代画家的总结而日趋成熟，逐渐产生了泼墨法、积墨法和破墨法等多种表现手法。积墨法是先画一遍或浓或淡的墨，干了之后，再画一层，让墨色积叠起来，画面苍润浑厚，如龚贤的《山水图》。泼墨法是用笔蘸满墨色，大片涂抹，像泼出去一样，不重复，画面淋漓湿润，多用于作大写意画时使用。破墨法又分为浓破淡、以淡破浓、干破湿、湿破干四种。具体操作是先画出墨色，在墨未干的时候，再在上面施加墨、色，可使墨色呈现出湿润、丰富、浓厚而变化莫测的效果。画家作画的时候，往往将三种方法融合在一起。此外，还有焦墨法、宿墨法、用矾法等。

❖ 水墨写意 ❖

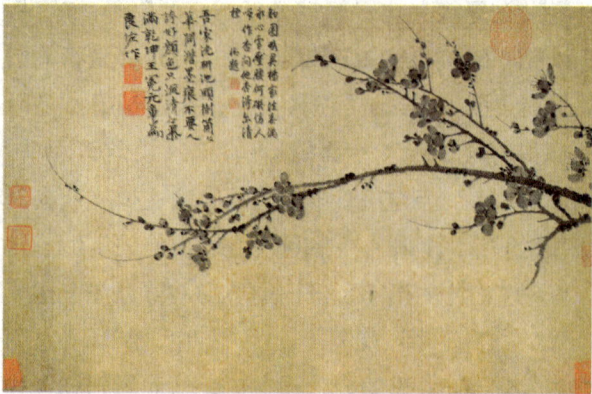

墨梅图 元 王冕
王冕追求笔墨趣味，崇尚水墨写意。王冕笔下的梅花是他个人精神世界的体现。

写意俗称"粗笔"，是与"工笔"相对的一种绘画技法，可分为"大写意"和"小写意"两种。通过简练概括、放纵恣肆的笔墨，着重表现描绘对象的意态神韵。它出现于工笔人物画成熟之后，是由宋代的梁楷创造的。明代中期，水墨写意画迅速发展，泼墨大写意画非常流行，出现了很多名家，如人称"青藤白阳"的徐渭和陈淳，就是当时成就突出的两位画家。

徐渭是明代著名的书画家，是当时最有成就的写意画大师。他的写意花鸟，用笔豪放，笔墨淋漓，注重内心情绪的抒发，如《墨葡萄图》等。他独创的水墨写意画的新风，对后世产生了极大的影响。陈淳擅长泼墨大写意的花鸟画，他的作品不讲究描画对象外表的形象，而是追求画面的生动，在淡墨运用方面有一种特殊效果，如《红梨诗画图》等，其人物画寥寥数笔，令人回味，山水画水墨淋漓。

❖ 工笔 ❖

工笔，又称"细笔"，与写意相对，为细致写实的中国画技法，特点是注重线条美，造型严谨，一丝不苟。工笔的技法又可分为描、分、染、罩。描，即白描，就是先分别用浓墨、淡墨描出底稿；分，即用墨色上色，用清水分蕴开来，以表现出画面的层次；染和分的程序一样，但用的不是墨色，而是用彩色来分蕴画面；罩，指的是整体上色。

中国的工笔画起于战国，到两宋走向成熟。工笔画是中国画中追求"形似"的画种，关注"细节"，注重写实，图人状物"尽其精微"，力求"取神得形，以线立形，以形达意"，获取神态与形体的完美统一。历代工笔画名家有唐代的周昉、张萱，五代宋朝的黄筌、赵佶，明代的仇英等人。著名作品有《簪花仕女图》、《虢国夫人游春图》等。

❦ 白描 ❧

　　白描，指中国画中单用墨色线条勾描形象而不施彩色的画法。白描可分为单勾和复勾两种。单勾即用线一次勾成，或用一色墨，或根据不同对象用浓淡两种墨；复勾则仅以淡墨勾成，再根据情况进行复勾，其线条并非是依原路刻板地复迭，要求流畅自然，以达到加强画面质感和浓淡变化的效果，使得物象更具神采。由于物象的形、神、光、色等都要通过线条来表现，所以白描画法有着较高的难度，但是其具有朴素简洁、概括明确的特点，因而常用于人物画和花鸟画，顾恺之、李公麟等都是中国古代著名的白描大师。

❦ 题款与印章 ❧

　　自元代以后，多数中国画都形成了画面、题款、印章并举的形式，成为中国画的传统形式。题款，也称落款、款识、题画、题字，等等。凡在书画上标上姓名、年月、诗文等都称为题款。它对构图起着稳定平衡作用，能弥补绘画构图的不足，是整幅作品的重要组成部分，同时还能增添诗情画意，补充画者想要表达的内容。

　　具体而言，在画面上题写诗文，叫"题"，题画文字，有题画赞、题画记、题画跋、题画诗（词）等。在画上标志年月、签署名号、盖章等，叫做"款"。款文也可以记写籍贯、年龄等，若为他人作画，往往要写上受赠者的称谓。题款对款文的文采和书法的水平都有很高要求，字体不限，但是必须和画的内容、风格和意境相配合。

　　中国画的印章有姓氏章、姓名章、名章、字号章、年代章、收藏章、闲章之分，印章的书体有大篆、小篆、隶书、草书、行书之分，印章的字体与形式也必须和画相偕。所有形式的章，其位置和内容都有相应的要求，不能随便，但唯独闲章的位置可以较为灵活，内容也可以活泼，警句、诗词、成语、短句等都可

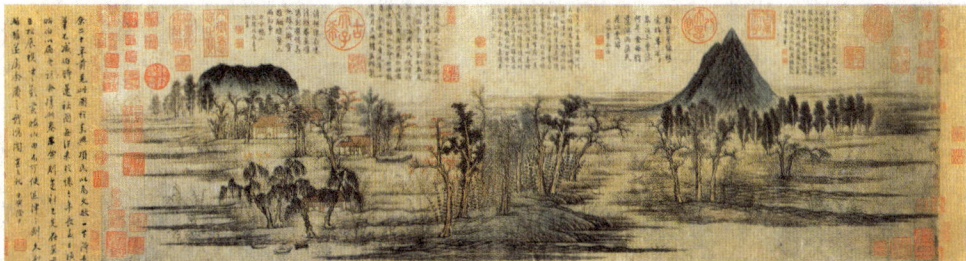

鹊华秋色图 元 赵孟頫
画上有题款，有印章，其中印章包括"古希天子""御书房鉴藏宝""乾隆鉴赏"等50余款。

以，但正所谓"闲章不闲"，它并非可有可无。在一些古画名画上，我们常能见到繁多的收藏章，有的甚至在空白处盖满了收藏章，元代钱选的《浮玉山居图》流传到清末时，画上已经有300余方印章，作为鉴别真伪的依据，它们起了巨大的作用。

❮ 构图与透视 ❯

中国画的构图，又称章法，即合理安排景物所在位置，画面形象不能任意罗列、填塞，必须按照事物的客观规律加以安排。同时需要注意景物的大小、深浅、虚实等多种对立统一的关系，不能过分拘泥于章法，按照客观事物的自然形态，结合主观意识自由创作。

中国画的作画要领，通常是作画之前，首先要确定好表现的内容和作品的主题，考虑主宾远近的取势，然后根据画面需要，进一步考虑留白、气势、色彩、题词、用印等细节安排。同时还要注意自身所处的位置和视点移动，将所得视觉形象巧妙地取舍、综合，使之形成一种意境，达到突出主题、表达情感的最佳效果。书法中有计白当黑的说法，中国画上很注意对空白的利用和表现。每一处空白，都是精心布置，看似无意，其实有意。在中国画上，我们常常能见到不同的留白，这些空白有的是严守真实的画面空间和布白，有的是打破真实，依据画家的构图需要而平列的空间和布白，这样做的结果就是能够让描画对象按照艺术的需要拉长或缩短形象，或者变换位置，从而呈现出最佳视觉效果。

在透视方面，中国画焦点透视法和散点透视法都有，但最常用和常见的还是散点透视法，多视点的散点透视法在中国画中最为主流，又称"移步换影"。如《清明上河图》的长卷，既有俯视的图景，又不乏仰视和平视的图景，它把街市、人物、桥梁、船只等都合理地安排和表现在一个画面上。中国画透视的方法还有一种是"以大观小"，也就是把辽阔的景物缩到极小的空间内，让人能够一目了然地看到景物或人物群体的全貌，同时尽量缩小作画对象透视上的大小差别，使物象超越空间的约束。

❮ 虎头三绝顾恺之 ❯

顾恺之（约公元345～406年），东晋著名画家，字长康，小字虎头，晋陵无锡（今江苏无锡）人。顾恺之多才多艺，工诗赋、书法，尤擅绘画，尝有"才绝、画绝、痴绝"之称。他的画多是人物肖像及神仙、佛像、禽兽、山水等。顾

洛神赋图 东晋 顾恺之

恺之人物画的特色是"传神",也就是能画出人物的精神,使画中的人物看起来栩栩如生。

顾恺之的代表作有《洛神赋图》、《女史箴图》等,皆为后代摹本。《洛神赋图》取材于曹植的名篇《洛神赋》。画卷从曹子建和他的随从在洛水看到洛神起,到洛神离去为止,全卷交织着欢乐、哀怨、怅惘的感情。图中,曹子建依依难舍,怅然沉思,而宓妃回眸顾盼,含情脉脉,可以说达到了"悟通神化"的地步。《女史箴图》线条非常纤细,若"春蚕吐丝"。

顾恺之的画对后世影响深远,其笔法如春蚕吐丝,线条似行云流水,轻盈流畅,遒劲爽利,称为"铁线描"。顾恺之与南朝陆探微、梁代张僧繇,并称"六朝三杰"。世人曾这样评价3人的作品:"像人之美,张得其肉,陆得其骨,顾得其神,神妙无方,以顾为最。"顾恺之还著有《论画》、《魏晋胜流画赞》等绘画理论作品,提出并阐发了"以形写神"、"迁想妙得"的理论观点,对中国画的发展产生重大影响。由于他在绘画方面的卓越成就,国画界尊崇他为画祖。

❧ 阎立本兄弟 ❧

提到唐代书画,不能不提阎立本兄弟。唐代的评论家张彦远曾说:"阎则六法该备,万象不失。"他所说的阎实际上是指阎立本、阎立德兄弟,在这弟兄二人中,阎立本得到的评价更高。

阎立本(约公元601～673年)是唐朝著名的画家和书法大家,无论书画,均得美名。他的画的特点是极其形似,取材甚广,宗教人物、山水、动物无不涉足,他最为擅长的是人物画。著名代表作有《步辇图》、《历代帝王图》等,其中《历代帝王图》是中国古典绘画中最重要的作品之一。这幅画描绘了自汉到隋的

13 位帝王形象，画中用精细的笔法表现出了各位帝王各自的性格特征，其中寓含着作者或褒或贬的强烈的感情色彩。阎立本所画的宫女，形象多曲眉丰颊，线条优美而且神采如生。阎立本的画作描法富于变化，有粗有细，有松有紧，极富表现力。

阎立德（约公元 596 ～ 656 年）不仅是画家，还是当时优秀的建筑师。他曾受命营造唐高祖陵，负责监督建造翠微、玉华两宫，此外还参与营建昭陵，也曾主持修筑唐长安城外郭和城楼等。阎立德在工艺美术和绘画方面都造诣颇深，曾担任御用服装设计师，主持设计帝后所用服饰。他的绘画才能方面，以人物、树石、禽兽见长。

❦ 画圣吴道子 ❧

吴道子（约公元 685 ～ 758 年），原名吴道玄，画史尊称吴生，阳翟（今河南禹县）人。幼年家境贫寒，起初为民间画工，年轻时就已经小有名气了。后来漫游洛阳，开始从事壁画创作，名声更显。当时人将张旭草书、裴旻舞剑、吴道子作画称为"三绝"。开元年间被唐玄宗召入宫中，以后一直为宫廷服务。

吴道子擅长画佛道、神鬼、人物、山水、鸟兽、草木、楼阁等，尤其是佛道、人物。吴道子的一生，主要从事宗教壁画的创作。他曾于长安、洛阳两地寺观中绘制了 300 多幅壁画，而且没有雷同，其中以《地狱变相》最为著名。他的山水画也很著名。唐玄宗曾派他去画四川的山水，他没有打一张草稿，回来一气呵成。他的画具有独特风格，所画人物衣褶飘飞，潇洒秀逸，被人们称为"吴带当风"。《天王送子图》是吴道子的代表作。这幅画描写的是佛祖释迦牟尼降生以后，他的父亲净饭王和母亲摩耶夫人抱着他去大自在天神庙朝拜，诸神向他行礼的故事。现存的是宋人李公麟的临摹本。

❦ 唐代仕女画 ❧

仕女画是人物画的一种，指古典绘画中表现妇女生活题材的作品。现在泛指用古典仕女画手法描绘妇女形象的绘画形式。仕女画最早始于战国。仕女画的特点，大都以工笔重彩为主要表现形式，并富于浓烈的装饰性。唐朝仕女画的内容主要是表现贵族妇女的游乐生活场景以及宫廷女性的美丽容颜，在艺术手法上，唐朝仕女画比前朝有了很大进步，不仅色彩搭配和谐，用笔也更趋精细，而且画中人物形象更加生动，并能表现出人物的不同气质。唐朝仕女画对我国人物画的

簪花仕女图 唐 周昉

发展、完善起了很大的推动作用。

张萱是唐朝初期杰出的仕女画画家，他的作品多以贵族女性游乐生活为题材。他画仕女喜欢以朱色晕染女性耳根，线条精细劲健，色彩富丽匀净。他作品中的女性形象代表着唐代仕女画的典型风貌，是周昉仕女画的先导。张萱仕女画的代表作是《捣练图》与《虢国夫人游春图》。

周昉是继张萱后以描绘贵族妇女形象著称的画家。他的仕女画有"画仕女，为古今之绝冠"的美誉。他开始多摹拟张萱的创作手法，后来走上了自我创作的道路，形成了自己的风格特色。他的仕女画色彩柔丽，线条秀美均细，人物体态多追求丰腴之形，这也正和唐朝以胖为美的社会潮流相符。由于周昉身处唐朝由盛而衰的转折时代，因而其笔下的女性形象仿佛沉湎在一种百无聊赖的心态之中，怅然若失，动作迟缓。他的代表作是《簪花仕女图》，该作品以精细的笔法刻画了几个贵族妇女的生活情节，她们虽然步履从容，但在眉宇之间却流露出淡淡的、莫名的哀思。

《 江南画派 》

江南画派，指的是以中国五代南唐画家董源和他的学生巨然和尚为代表的南方山水流派。董源，字叔达，江南钟陵（今江西进贤西北）人，曾任南唐后苑副使，后苑在宫廷的北面，因此称董北苑。他的山水水墨取法王维，着色则学李思训，善用明暗透视画法，画江南风景。他的《潇湘图》展现的是远山茂林，江水行船，沙滩平坡，是有代表性的江南风光。而他的《龙宿骄民图》，描绘的是草木茂盛的丘陵，给人以空气湿润，山水空蒙之感。他的《落照图》，用笔很少，近视看不真切，远看却山川、村落俱佳，显出一派逼真的夕照景象，这种明暗透视化的方法比西洋要早了将近千年。董源创"披麻皴"画法，对后世画家产生了巨大的影响。

巨然和尚是董源的学生，江宁（今南京）人，开元寺僧，擅长山水，师法董源的水墨风格，但又有所发展，擅画江南山水的"淡墨轻岚"之景。他的名作《烟岚晓景》壁画，为当时民众所称赏，《秋山问道图》更是为世人所推崇。巨然以杰出绘画成就，得以与董源并称"董巨"。董源和巨然，是南方山水画派的始祖。

张择端和《清明上河图》

《清明上河图》是北宋画家张择端的传世名作。张择端，字正道，东武（今山东诸城）人，生卒年月不详，北宋末年画家。他自幼好学，宋徽宗时供职翰林图画院，专事绘画。

《清明上河图》是进献给宋徽宗的贡品，长525厘米，宽25.5厘米，其中共有人物1643个，牲畜208头，房舍122座，轿子8顶，舟船25只，树木124棵。它主要描绘了北宋都城东京（今开封）的繁华景象。全图分为三个段落：首段描绘的是汴京郊野的风光，中段描绘的是繁忙的汴河码头，后段描绘的是汴梁城市区繁华的街道。画中汴河两岸店铺林立，市民熙来攘往，运载东南粮米财货的漕船通过汴河桥洞，一队远道而来的骆驼商队穿过城门。市区城楼高耸，街巷纵横，店铺鳞次栉比，行人摩肩接踵。茶坊、酒肆、脚店、肉铺、寺观、公廨等人头攒动，热闹非凡。《清明上河图》是一幅描绘北宋汴京社会经济生活风俗的不朽画卷。另外需要特别指出的是，"清明"并非指清明节，而是太平盛世的意思。画作描绘的是秋天。现收藏于北京故宫博物院。

清明上河图 北宋 张择端

元四家

"元四家"是黄公望（1269～1354年）、王蒙（1308～1385年）、倪瓒（1301～1374年）和吴镇（1280～1354年）四位元代山水画家的合称。他们都生活在元末，虽然每个人社会地位不尽相同，但不得意的遭遇是相似的。他们四人都是江浙一带人，在艺术上受到赵孟頫的影响，擅长水墨山水竹石等，并结合书法诗文，是典型的文人画风格。他们的画作使中国山水画的笔墨技巧达到了一个新的高峰，成为元代山水画的主流，对明清山水画产生了巨大的影响。"元四家"的作品非常注重笔墨技巧，讲究意境神韵，使山水画的美学价值得到很大提高。在作品中，他们都流露出对没落王朝的怀恋情结，同时也受到当时文人消极避世思想的影响，他们的作品大多偏于淡远、萧疏、幽深，比较脱离现实。黄公望的画作山川深厚，草木华滋；王蒙的画作千岩万壑，连环重迭；吴镇的山水苍茫沉郁；倪瓒的山水具有一种荒凉空寂、疏简消沉的趣味。他们的代表作分别有：黄公望的《富春山居图》，王蒙的《青卞隐居图》、《夏日山居图》，倪瓒的《渔庄秋霁图》、《紫芝山房图》，吴镇的《江岸望山图》。

《富春山居图》

黄公望画《富春山居图》的时候已近八十岁，用了三四年的时间才将这幅画作完成。《富春山居图》表现了秋初之时富春江两岸的景色。画面上层峦叠嶂，松石挺秀，在云木掩映的山间，有江流、村落、亭台、渔舟、小桥、飞泉，使人恍若置身其间，特别是赋予了连绵浩渺的江南山水以一种富有韵律感的深远意境。笔简而意豪，神采烂漫。明代著名画家董其昌称赞道："展之得三丈许，应接

富春山居图 元 黄公望

不暇。"还曾说他在长安看这画时，顿时觉得"心脾俱畅"。无怪乎后人喻此图为"画中兰亭"。

《富春山居图》流传到现在是有过一番不平凡的经历的，这幅画题款是送给无用上人的，后来多次易主，清顺治年间为收藏家吴鸿裕所得，他专门筑造了"富春轩"秘藏之。这个人临死的时候，嘱咐家人将《富春山居图》等书画烧掉，作为他的殉葬物。幸好他的侄儿吴静庵不忍名画成灰，从火中救出此画，但前段已经烧坏数处。吴静庵将画截为前后两段，画的后段为清朝皇室收藏，现收藏于台北故宫博物院；画的前段辗转于民间藏家之手，现存于浙江省博物馆。

吴门画派

在吴门画派中，最著名的有沈周（1427～1509年）、文徵明（1470～1559年）、唐寅（1470～1523年）、仇英（1498～1552年），后人称他们为"吴门四家"。

沈周和文徵明的作品都具有传统的文人画风格，其作品题材丰富，尤以山水画为胜，大都描写江南秀丽的风景和文人生活，注重笔墨，讲究诗书画的结合。文徵明的作品有《绿荫清话图》《松下高士图》等。唐寅和仇英均为职业画家，创作内容丰富，技法全面，功底深厚，他们的作品都有很高的趣味性，深受人们喜爱。他们所描绘物象精细真实，强调意境，雅俗共赏。唐寅的山水画笔墨细秀，风格清逸，如《骑驴思归图》《山路松声图》等。人物画多为仕女和历史故事，造型准确，色彩艳丽。仇英擅长青绿山水和工笔人物画，传世作品有《桃源仙境图》《观榜图》《松溪横笛图》等。

吴门四家在山水画方面的成就对南宋院体绘画是新的突破，他们在人物画和花卉画方面各自有特点和成就。除仇英之外，吴门四家的另外三人非常重视将诗、书、画有机结合，这一做法促使了文人画更臻完美、更加普及，对明代后期直至清初画坛产生了非常有力的影响。

扬州八怪

扬州八怪是指清康乾年间活跃在扬州的一批大艺术家，他们有大致相同的画风、趣味以及文艺思想和命运。八怪究竟是哪几位画家，历来说法不一，现在一般是指汪士慎（1686～1759年）、黄慎（1687～1768年）、金农（1687～1764年）、高翔（1688～1753年）、李鱓（1686～1762年）、郑燮（1693～1765年）、李方膺（1695～1755年）和罗聘（1733～1799年）等八人。扬州八怪对官场的黑暗、富商的巧取豪夺深感痛恨，对劳动人民的疾苦抱以深切的同情，在生活上大都历经坎坷，最后走上了以卖画为生的道路。他们虽然卖画，却是以画寄情，在书画艺术上有更高的追求，不愿流入一般画工的行列。

扬州八怪在艺术观上，最突出的一点是重视个性表现，建立自己的"门户"；在题材选择和内容含意上大胆创新，将百姓日常生活用品纳入绘画题材之中，同时扩大花鸟画的范围，多以梅、兰、竹、松、石为描写对象。在绘画风格上，扬州八怪主要继承了徐渭、石涛等人的水墨写意画技巧，他们学习前人，但又不拘泥于那些前辈的技艺，进一步发挥了水墨特长，以简练的手法塑造物象，不拘于某些具体环节的形似。笔墨上，纵横驰骋，随意挥洒，力求神似，直抒胸臆。在内容含意上，他们除了表现一般的孤高、绝俗等思想外，还运用象征、联想、隐喻、夸张等手法，并通过在画上题写诗文，赋予作品深刻的社会内容和独特的表现形式。如郑燮的《墨竹》，看此画，读竹旁之诗，使人不由得联想到当时的灾荒、饥馑，充分体现了画家那颗仁慈、爱民之心。再如李鱓的《鸡》，此画以象征、隐喻手法劝人行善。扬州八怪的绘画技艺和风格特色虽然只流行于扬州及相邻地区，但它在继承和发展水墨写意上，产生了巨大的推动作用。

兰竹图　清　郑燮

❦ 海上画派 ❧

桃实图 清 吴昌硕

海上画派，通常是指 19 世纪中叶至 20 世纪初期，一群活跃于上海地区的画家。海派画家集中在清末民初的上海，因为地域之便，他们有机会不断接触外界的新鲜事物，这为艺术的发展提供了丰厚的土壤。海派画家以传统文化为基础开拓了新的画风。这些画家性格迥异，画风多样，代表人物有"海上三任"、虚谷、吴昌硕等。

"海上三任"指的是名扬中外的晚清上海著名画家任熊、任薰和任颐。其中任颐在艺术上成就最高、影响最大。任熊（1823 ~ 1857 年），海上画派早期的领袖人物之一，人物、花卉、山水无不擅长，特别以肖像画著称。他的笔法清新活泼，画作很有装饰趣味，深受当时人们喜爱。代表作品有《自画像》等。任薰是任熊的弟弟，特别善画花鸟，用笔风格劲挺，他的人物画画风与任熊非常相近。

任颐（1840 ~ 1896 年），浙江萧山人。专工人物、花鸟，常以风土人情和民间传说入画，画中融汇了艺术与现实。他的人物画题材广泛，具有非常独特的风韵，很注重写生。山水也是他所擅长的题材。他的通景屏《群仙祝寿图》是近代绘画中少见的佳作，特点是构思奇妙，人物形象生动，精美之程度令人惊叹。任颐以他自身中西贯通的极高绘画素养，最终成为晚清画坛上最杰出的画家之一。画僧虚谷的山水画《观潮图》、《日长山静图》等作品，笔法冷隽，风格洒脱清秀；吴昌硕作为海派的中坚人物，将书法、篆刻融入绘画创作当中，韵味独特。

总而言之，海上画派艺术特点是题材以花鸟画为多，其次人物，再次山水，在笔法墨法的应用上，简逸明快，追求意境。习惯于借古喻今，借物寓意，讲究内涵充实。他们的画作兼有商业价值和欣赏收藏价值。

❦ 流丽的彩陶 ❧

历史上谈到中华文明的起源，有人文始祖黄帝创造中华文明之说：制衣冠、造舟车、养蚕桑、创文字、定算数……也包括了图形，描画出人物和五岳，创造了绘画。这个时期是距现在 5000 到 10000 年的新石器时代。

　　这时候，先民们已经定居下来，由食物的采集者变成了食物的生产者。过去的几十万、上百万年，过着流浪生活的狩猎者随身携带的东西有限，得以聚族而居的人们发明了制作陶器的方法。陶器可以贮存谷物，煮熟食物，存放水，甚至还用来安葬人。

　　先民们聚集生活的黄河上、中游地区是彩陶最繁盛的地区，1921年在河南省渑池县仰韶村首先发现6000年以前的文化遗存，考古学上称之为仰韶文化，仰韶文化中的彩陶见证了当时中国绘画的艺术水平。

　　仰韶文化分为两种类型，一种称为半坡型，一种称为庙底沟型，都是以出土地点命名的。半坡型彩陶以动物的形象和纹样居多，尤其是鱼最多，这可以想见当时渔猎经济中人与鱼的亲密程度。专家们说鱼纹的含义是图腾，是祈求捕鱼多多，是希望生殖繁盛，此言不虚，在以后几千年中，鱼确实也被中国人视为是子孙绵绵，富富有余的象征。

　　人面纹也属半坡型彩陶的特色，而且经常是和鱼纹画在一起，这可能表示这个民族和鱼的亲密关系。人面有神秘的变形，像是在施一种魔法。当年主持发掘半坡文化的考古学家石兴邦先生就说这含有巫觋意义。

　　我们来看马家窑文化中这一著名的"舞蹈彩盆"。盆内画有手拉手跳舞的人们，每组五个人，一共画了三组。遥想那远古的黄河边上，在一个喜庆的夜晚，围绕着篝火，人们载歌载舞。透过篝火，一排舞动的身影生动活泼、纯朴而天真。他们跳的是简单而热烈的图腾歌舞，有节奏的歌舞声随着黄河水一波一波传来。千万年过去了，直到现在，有些少数民族部落还保留着这种类型的原始歌舞。

　　公元前3000年至公元前2000年（距今5000　4000年），仰韶文化的中心逐渐往西北转移，到了今天的甘肃、青海一带，在那里又产生了马家窑文化。这是上古游牧民族羌人生活的地方，所以马家窑文化的创造者应该是羌人。

❧ 青铜器之美 ❧

　　自公元前21世纪（约公元前2070年）起到公元前221年秦统一六国，这将近20个世纪的时间里，中国经历了夏、商、周三个朝代，历史上称作"三代"，连同与周朝相交织的春秋战国时期，也称"先秦"。"三代"是中国的青铜器时代，青铜文明极其辉煌。这个时代的中国，创造出了世界上最精美的青铜器。商周青铜器纹饰精严威重，造型、纹饰形变到有一种惊肃瑰丽之美，这让人们联想到当时以天命构建的礼制的神圣与威严。周代自春秋中期以后周王室衰弱下去，各诸侯国互相争霸，天下礼崩乐坏，青铜器的礼器大为减少，日用的器皿多了起来。战国的青铜器错彩镂金、精巧繁富，纹饰图形生动有神，有一种华丽之美。天命的威严让位给了人世的精彩。著名的四川成都百花潭出土的射礼采桑宴乐攻战纹壶更是呈现了当时社会的生活气息。顺艺术之流看去，这正是开了汉代画像石艺术的先河。

商周青铜器上最主要的纹饰是饕餮纹。《吕氏春秋》里这样说："周鼎著饕餮，有首无身，食人未咽，害及其身，以言报更也。"这种奇异狞厉的神兽纹饰大量用于国家礼器，可能是先人借助神话，让人间的政教权力获得合法的威严。

青铜器的整体美，可以用威重、精美、瑰丽来形容。直到今天，如果我们要在一个厅堂，一个广场营造威重、壮丽的气氛，复制一件青铜器是个好办法，它是重器，压得住大场面，至今仍不失其礼器的尊严。

从青铜器也可以看出中国绘画的意象特点。就青铜器常见的纹饰夔龙来说：对比一下，龙，西方是根据恐龙化石和巨型爬行怪兽的形象，努力复原恐龙的原形画出来的，是那样的凶恶、丑怪、恐怖！而中国的龙是集众兽之美，表现出的是威严、壮丽、神圣。

青铜器作为国家贵重的礼器，是中华文明进程中一个时代的美术（包含了绘画）的代表之一，表明了中国绘画不以具象的美为最高标准，而以内含的善为最高境界，所以，有学者也称青铜器为中国艺术之源。

❧ 秦汉帛画 ❧

帛画，是画在丝织的帛上的。我们现在考古发掘出来的帛画都是古代丧礼用的"铭旌"，是为死者的灵魂升天引路用的，入葬时覆盖在灵柩之上。帛画起源于战国中期的楚国，到东汉就消失了。因它源于楚国，所以帛画充满着楚文化"琦玮谲诡"的浪漫主义色彩。

1972年从湖南长沙马王堆一号汉墓出土了汉文帝时期（公元前179 前157年）的帛画，使我们看到了汉代帛画描绘精妙华美的艺术特点。这幅"非衣"帛画，构图严谨，纵横一体、大体中轴对称，局部不对称，主次分明，疏密繁简错落有致。线描细劲如游丝，着色厚重而典雅。以朱砂、青绿、银粉等石色的精妙使用，使得帛画至今还鲜艳夺目，而且代表了汉代艺术总体色调热烈而沉着、华丽而厚重的特点。从这幅帛画我们看到了非常瑰丽的艺术想象，天上、人间，过去、未来，神与人，灵与兽，传说与现实，

长沙马王堆一号汉墓帛画

浑然一体，贯通三界，跨越时空，天人合一，人神和谐，构建成一个井然有序的想象中的世界。我们从这里看到了帛画作者高超的艺术组织能力。

这幅帛画呈"T"字形，从上而下分三级描绘了天上、人间、地下的景象。上部分是天界，右角是经日与金乌，左角是新月、玉兔与蟾蜍，正中是人首蛇身的天国主宰烛龙（一说是人类始祖女娲）。新月下有一女子飞升，一说是"嫦娥奔月"，一说是"死者灵魂升天"。下面有双龙相对腾起，两位兽首人身的司铎骑在异兽上振铎作响，鸿雁飞、群鹤舞，天界里万灵欢悦、祥云缥缈、气象万千。

帛画中部，是人间世界，只见衣着华丽的墓主——一位老年贵妇，拄杖前行，前有仙吏跪迎，后有侍女随侍，这里还原墓主在世的生活，可谓是栩栩如生。她将这样升入天界。玉璧有巨龙交缠，帐幔、流苏、悬磬下有列鼎，这是祭飨的场面。

最下部为地下部分：描绘了一个赤身裸体的地神，他正托举着大地，脚下踩踏着两条巨大的鳌鱼。

《 汉代画像石与画像砖 》

画像石指的是在石料上雕刻图像的石刻艺术。它盛行于西汉至唐，多见于墓室、祠堂、石碑、石阙、门楣、棺椁上。画像石的内容十分丰富，有历史故事、乐舞杂技、车骑出行、建筑、生产劳动等，具有很高的历史和艺术价值。山东嘉祥武翟山下的东汉武氏祠内的画像石上有历史故事、烈女故事、孝义故事、神话传说等，多达25种。其中一幅刻画了荆轲刺秦王的故事，柱子右侧是惊慌逃跑的秦王，左侧是怒发冲冠、奋力投出匕首的荆轲，秦王脚下是早已吓瘫的秦舞阳，让人看了有一种惊心动魄之感。

画像砖起源于战国时期，盛行于两汉，多在墓室中构成壁画，有的也装饰在宫殿中。画像砖的画面内容非常丰富，有表现劳动生产内容的，如播种、收割、舂米、酿造、放牧等；有表现社会风俗的，如宴乐、杂技、舞蹈、驯兽等；有神话故事，如西王母、月宫等；还有达官贵人乘车马出行和狩猎的。所以画像砖不仅是美术作品，也是记录当时生产生活的资料。

《 中国三大石窟 》

龙门石窟、云冈石窟、敦煌莫高窟被誉为中国三大石窟。龙门石窟位于河南洛阳南面伊水两岸的东、西山上，属于佛教石窟，它南北长约1000米，现存2100多个窟龛，共有3600多品碑刻题记，还有40多座佛塔。龙门石窟始建于北魏时期，历经东魏、西魏、北齐、隋、唐、北宋几朝，通过连续的大规模营建，内容不断增添。龙门北魏窟龛早期的诸多造像，人物衣褶样式都为云冈旧式，造像面容显得非常柔和。唐代的龙门石窟中的造像特点是时间长、规模大、题材丰富，早期的洞窟内的造像体态圆肥丰满；中期的造像成就最高，造像特点是肌肉丰腴，体态婀娜多姿，极富曲线美；晚期的石窟造像规模明显减小，数量也减少。

云冈石窟在山西大同市西郊武周山北崖，石窟依山开凿，东西绵延大约 1000 米，甚是壮观，现存 45 个主要洞窟，51000 余尊雕造像，其中的大佛最高达 17 米。云冈石窟中的昙曜五窟也就是现在的云冈第 16 窟至 20 窟，开凿最早，最具宏伟气魄。而第五、六窟和五华洞中，所有的内容最为丰富多彩，极为富丽瑰奇，所有的造像都具有其内在的气魄和力量，是云冈艺术的精华所在。从石窟中的种种纪年铭刻和艺术风格上看，云冈石窟基本上都是北魏的遗物，距今已有 1500 多年。

敦煌石窟是我国甘肃敦煌一带石窟的总称，位于如今的甘肃敦煌的鸣沙山与三危山之间的断崖上，所在崖面全长 1618 米，南端长约 1000 米的地段内分布了洞窟的绝大部分，北端崖壁上洞窟数量很少。莫高窟现存的大小洞窟有 491 座，塑像有 2400 多尊，壁画 45000 余平方米。莫高窟开凿于十六国时期的前秦，北凉、西魏、北周、隋、唐、五代、宋、西夏、元、清等朝代依次修建维护。莫高窟艺术最大的特点是建筑、塑像和壁画三者有机结合。莫高窟的窟形建制有禅窟、影窟、殿堂窟、穹隆顶窟、塔庙窟等；彩塑形式则有影塑、圆塑、浮塑、善业塑等分别；壁画的类别有故事画、佛教史迹画、经变画、供养画、动物画、尊像画、建筑画、山水画、装饰画等。敦煌莫高窟的人物壁画画面精美绚丽、色调明净，充分体现了隋唐宗教绘画的现实主义思想。敦煌莫高窟壁画直观地反映了十多个朝代的社会形态及当时涉外交流的状况，堪称是全人类的文化宝藏。

《 秦始皇陵兵马俑 》

秦始皇兵马俑是秦始皇陵墓里随葬的陶塑作品。1974 年，当地打井的农民先是发现了最大的一号坑，后经考古学家钻探又先后发现二、三号坑。3 个坑内共发掘出陶俑 7000 多件，战车 100 多乘，兵器 10 万多件。其中一号坑面积最大，达 14260 平方米，坑内有各类人俑 6000 多件，列队而立；二号坑内总有 1000 多件兵、马俑，是以战车、骑兵为主要组成的混列兵种阵列；三号坑乃是作为指挥场所的小坑，仅有 60 多个兵马俑。所有兵马俑均仿照真人真马的尺寸，其中的

秦始皇陵兵马俑群
兵马俑制成后都用鲜艳的颜色彩绘过，由于出土时经验不足，导致这些彩绘很快风化褪色，从出土的兵马俑群可以想象，当年这样一个衣着鲜艳的庞大军阵下葬时是何等气势磅礴！

兵俑身高在 1.75 ～ 1.85 米之间，根据装束、发式的不同可以分为将军俑、武士俑、车士俑等。这些兵马俑形象逼真，神态生动，排成方队之后，气势恢弘，让人强烈地感受到当年吞并六国、逐匈奴七百里的大秦帝国军队的威武之势。

　　秦兵马俑不是由单一的模具脱制而成的，而是模拟真人真马制成的群塑，整体气势雄壮。兵马俑的脸形、发型、体态乃至神态都不相同，比如将军俑身着铠甲，形体高大健壮，体态勇武；跪射俑的神态丰富而复杂，形神兼备。兵马俑的工艺之精湛令人叹为观止，再加上车马上的装饰都是和当时真实生活相同，给人以身临其境之感，也成为研究秦史的绝佳实物资料。秦兵马俑的出现，展示了我国秦代雕塑的高超水平，同时为我们研究秦代军事和文化等各方面提供了借鉴。

书法与篆刻

《 中国书法 》

书法是指文字的书写艺术，特指以毛笔表现汉字而形成的艺术形式。经过长达数千年的发展，书法艺术形成了篆书、隶书、草书、楷书、行书等书体。

书法包括用笔、结构、章法、墨法等艺术表现手段。用笔包括书写时的笔法、笔力、笔势、笔意等艺术技巧。笔法是指起笔、收笔、圆笔、方笔、中锋、侧锋、露锋、藏锋、提按、转折等用笔的方法；笔力指笔画所蕴涵的内在力量；笔势指用笔时所形成的气势；笔意指笔画线条所表现的情感、意趣。书法的结构又称结字、结体或间架，是从美观角度对字的笔画进行组合的艺术技巧，它受文字的结构规律和作者的审美情趣影响，表现形式有虚实、疏密、欹侧、匀称、和谐、聚散、呼应等。章法是通过字与字、行与行之间的合理安排使作品看上去完美和谐的艺术技巧，在各种书法中最注重章法的是草书和行书。用墨是指用不同笔、墨、纸组合产生不同的效果的技法，方法有：浓墨、淡墨、干墨、渴墨、湿墨、枯墨、涨墨等。

书法是中国独特的艺术形式，是世界艺术史上独树一帜的巨大创造，体现着中国人独特的哲学思想和审美情趣。它源远流长，在几千年的发展史上，形成许多著名的书法流派，产生了灿若群星的书法家，留下了难以尽数的书法珍品，这些珍贵的文化艺术遗产，不仅有巨大的审美价值，也有着巨大的文化和历史价值。

《 隶书与分书 》

隶书相传为秦末程邈在狱中所整理。隶书是把小篆删繁就简，笔画由圆转变为方折，线条出现波磔的字体。出现于先秦，成熟于东汉。我们现在学习的汉隶著名碑刻大都是东汉晚期的，如《孔宙碑》、《华山庙碑》、《礼器碑》、《张迁碑》、《乙瑛碑》等。

分书又称"八分书"，历来解释纷纭，比较公认的说法是，隶书的字形像"八"字分布，所以称隶书为"八分书"，又称分书。

隶书继承了篆书的曲线美，创新出了隶书特有的"波磔"笔画的线条美。

隶书是与汉代其他文化艺术同步的，它的最主要特点是：大气，厚重，生动，而且不乏精致。汉代是隶书艺术的高峰，已形成了丰富多彩的风格，大致可分为遒劲凝炼、飘逸秀丽、工整精严、端庄博雅、古朴厚重、奇逸恣肆等。

《 草书 》

草书有章草、今草、狂草之分。章草最早形成于汉代。当时通行的是草隶，即草率的隶书，又名"隶草"、"古草"，其后发展成为"章草"。正如刘熙载《艺概·书概》所说："解散隶体，简略书之，此犹未离乎隶也。""章则劲骨天纵，草则变化无方。"至汉末，张伯英（芝）把章草里面的隶书笔意省去，将上下字体之间的笔势连带、偏旁连接，从而创造出了"今草"。唐代的张旭、怀素在"今草"的基础上，写得更加狂放不羁，称之"狂草"。欣赏草书时要注意：

1. 观气象，草书是最能体现人的气质、情感及精神风貌的书体，以有高情逸韵为上，潦草粗俗为下。宋代米芾曰："草书不入晋人格，辄结成下品。"可为参考。

2. 观笔墨，草书是典型的线条艺术。不论中锋、侧锋，方笔、圆笔，都要内含情致，外具形质。墨法则要浓淡润枯，五色焕发，俱见神采。

历来人们形容草书佳作都说是"笔走龙蛇"，美术上称为蛇形线，那么蛇形线有什么样的艺术魅力呢？英国画家荷加斯通过各种线条类型的美学研究，认为：蛇形线赋予美以最大的魔力……蛇形线是一种弯曲的并朝着不同方向盘绕的线条，能使眼睛得到满足，引导眼睛去追逐其无限多样的变化……这不仅使想象得以自由，从而使眼睛看着舒服……它是动人心目的线条。

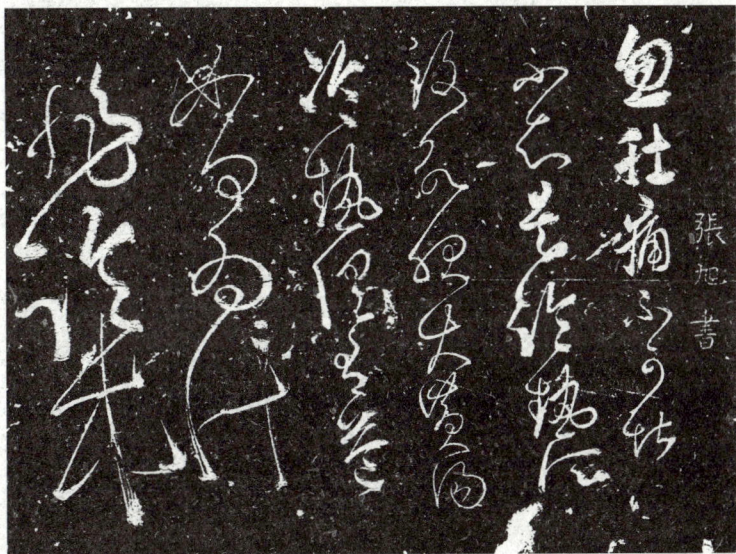

肚痛帖　唐　张旭

❧ 章草 ❧

章草是一种隶书的草写。它是从秦代的草隶中演化出来的新书体。西汉元帝时史游整理后编写了《急就章》，使这一新书体规律化，这就有了章草书体的范本。它的笔画特点圆转如篆，点捺如隶。一字之内笔画间有牵丝萦带，但是字各各独立。

历史上草书名家都精通章草，章草上通隶书、简牍，下开今草，学习它可以两通。

"目不寓章草，落笔多荒唐。"

这是《章草草诀》中的话，说的是实情。章草奠定了草书的基本规范，如果不经过章草学习，很容易把规范草书写成潦草之书。

章草书法特点：章草省掉隶书的蚕头却保留了雁尾，这雁尾用重笔挑出。

❧ 魏碑 ❧

魏碑，狭义地说是北魏时期的书体，其实一般指的是广义，即指北朝碑刻，包括了魏、齐、周三朝，直至隋统一南北之前。这是一种隶书过渡到楷书时的书体，属于楷书范畴。它出现于当时的北方，多民族融合、汉文化与少数民族文化交流、佛教盛行，造像记发达，从体裁上还包括碑碣、摩崖、墓志。

魏碑书法质朴雄强，粗犷自然，存隶书的雄厚之气，比唐楷多质朴之姿，有鲜明的艺术特色，康有为对之推崇备至："魏碑有'十美'：'古今之中，唯南碑与魏碑为可宗。可宗为何？曰有十美：一曰魄力雄强，二曰气象浑穆，三曰笔法跳越，四曰点画峻厚，五曰意态奇逸，六曰精神飞动，七曰兴趣酣足，八曰骨法洞达，九曰结构天成，十曰血肉丰美，是十美者，唯魏碑南碑有之。'"（康有为《广艺舟双楫》）

❧ 楷书 ❧

楷书又称正书，或称真书，是在减省隶书的基础上发展而成的，是隶书的变体，其特点是：形体方正，笔画平直，可作楷模，故名。始于东汉，盛行于东晋并一直沿用至今。

魏晋之间，凡工楷书者，都称之为善于隶书。《晋书·王羲之传》："（王）善隶书，为古今之冠。"《晋书·李充传》："充善楷书，妙参钟（繇）索（靖），世咸重之。"初期"楷书"，仍残留极少的隶笔，结体略宽，横画长而直画短。魏晋钟繇的《宣示表》、《荐季直表》仍存隶书的遗意，然已备尽楷法，公认为正书之祖，其书可为楷书的代表作。

《 王羲之与《兰亭序》》

王羲之（公元303～361年），字逸少，琅琊临沂（今山东临沂）人，著名书法家，被后代尊为"书圣"。王羲之出身声威显赫的东晋士族，曾经官至右军将军和会稽内史，所以又常被人们称作王右军、王会稽。王羲之是个书法的多面手，行草楷隶等各种书体都写得很

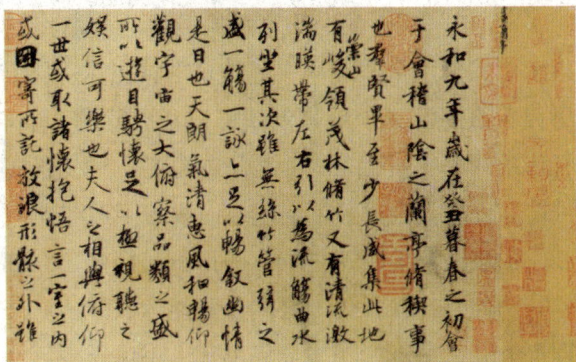

《兰亭集序》帖　东晋　王羲之

好，他的楷书学习的是钟繇的笔法，草书学的是张芝，也曾学习过李斯、蔡邕等人的书法，可谓是博采众长。王羲之的书法圆转凝重，创立出有婉媚风格的今体书风，突破了隶书笔意，有"龙跳天门，虎卧凤阙"的美誉，给人以安静优雅的美感。《晋书·王羲之传》评价他说："尤善隶书，为古今之冠，论者称其笔势，以为飘若浮云，矫若惊龙。"据史料记载，他的书法作品有楷书《乐毅帖》、《黄庭经》，草书作品有《十七帖》，行书作品有《姨母帖》、《快雪时晴帖》、《丧乱帖》等。其中他的行书《兰亭序》最具有代表性，被赞誉为"天下第一行书"。

东晋穆帝永和九年（公元353年）三月三日，阳光明媚，王羲之与谢安、孙绰等41人在山阴（今浙江绍兴）兰亭饮酒唱歌，赋诗唱和。最后，有人提议将众人当日所做的37首诗，汇编成集，这便是《兰亭集》。之后，大家又推举王羲之写一篇《兰亭集序》。王羲之酒意正浓，于是提笔在纸上畅意挥毫，一气呵成，这就是名噪天下的《兰亭序》。序中记叙了兰亭周围山水之美和聚会时的欢乐之情，同时抒发了王羲之对好景不长，生死无常的感慨。此贴共28行，342字，章法、结构、笔法都很完美。《兰亭序》用笔以中锋为主，从而使其字形有骨气奇高之彩，侧笔优美，曲折有致，有时蕴藉含蓄，有时锋芒毕露。尤其是章法，从头至尾，俯仰开合，疏朗多姿，笔迹似断实连，气韵生动。结体欹侧变幻，错落有致，曲尽其态，尤其是帖中20个"之"字，每字各具情态，无一雷同。《兰亭

序》充分体现了王羲之作品飘若浮云、游若惊龙的风格特征。同时他的气度、风神、襟怀、情愫，在这件作品中也得到了充分表现。王羲之的《兰亭序》不仅在当时名冠天下，也是后来众多书法家临摹、学习时最常用的版本。

❖ 颠张醉素 ❖

"颠张"指唐朝书法家张旭，他的草书特点是激情勃发，如狂如颠。"醉素"指张旭的学生怀素和尚，他的草书特点是：圆转飞动，空灵剔透。张旭、怀素是唐代草书书法家中最具创新意识和成就的，他们对传统书法既有继承又有创新，将传统的草书进行了一定程度的创新，两人的书法都臻于化境。他们在书法上的创造，使其完全摆脱了实用性而成为一种纯粹艺术。

张旭，字伯高，生卒年不详，吴郡吴（今江苏苏州）人。曾担任过长史的职务，因此有"张长史"之名。张旭为人风流狂放，据说他写字前必先喝酒，醉后挥毫，有时甚至用头发蘸墨书写，书法连绵回绕，起伏跌宕，变化无穷，因此被人叫做"张颠"。张旭的草书灵感多来自生活与自然，比如他曾经从公孙大娘的舞剑过程中领悟到书法的新途径，这种擅长触类旁通的学习精神使得他最终在草书上取得了很高的成就，被后人尊称为"草圣"。他的传世草书有《肚痛帖》、《古诗四帖》等。

怀素（公元737～799年），俗姓钱，字藏真，永州零陵（今湖南永州）人，自幼出家为僧，是张旭的学生。他擅长草书，喜好饮酒，人称醉僧。每次喝醉后，就挥笔狂书，"运笔迅速，如骤雨旋风，飞动圆转，随手万变，而法度具备"。他的草书在张旭的基础上又有新的发展，灵动飘逸，变化多端，具有创造性风格。怀素与张旭合称"颠张醉素"，对后世草书影响很大。有《自叙帖》、《藏真帖》、《苦笋帖》、《论书帖》、《食鱼帖》、《律公帖》、《小草千字文》等传世。

❖ 颜筋柳骨 ❖

"颜筋"，指的是唐朝颜真卿的书法，特点是筋力丰满，气派雍容堂正；"柳骨"指的是唐朝柳公权的书法，其特点是骨力劲健。

颜真卿（公元709～785年），字清臣，琅琊临沂（今山东临沂）人。曾任监察御史、殿中侍御史、平原太守、御史大夫。颜真卿自幼学书，曾得到张旭亲授，并集众家之长，融会贯通，形成独特风格。他行楷书俱佳，但以楷书最佳，他的楷书端庄雄伟，气势开张，结体方正茂密，笔力雄强圆厚，笔画横轻竖重；

行书则气韵舒和。总的来说，他的书法蕴涵古法，却又不被古法拘束，在唐朝的书法上独树一帜，称为"颜体"。颜真卿创造出极具大唐风度的书体，是盛唐书法创新的代表人物，是书法史上继二王之后成就最高、影响最大的书法家，同时也以高尚出众的人格名垂千古。他的代表作有《多宝塔碑》、《颜勤礼碑》、《麻姑仙坛记》、《祭侄文稿》、《湖州帖》等。《多宝塔碑》是颜真卿的成名作，它是由岑勋撰文，徐浩题额和史华刻字，现收藏于西安碑林，书写风格颇有二王、欧、虞、褚的遗风，整篇结构严密，点画圆整，端庄秀丽。

柳公权（公元 778 ~ 865 年），字诚悬，京兆华原（今陕西耀县）人，是唐代与颜真卿齐名的大书法家，并称"颜柳"。曾任翰林院书诏学士、太子太保。他擅长楷书，先学王羲之，后学颜真卿，博众家之长。最终，他在晋人劲媚的书法特点和颜书的雍容雄浑风格之间独辟蹊径，自成一体。他的书法结体紧密，笔画锋棱分明，偏重骨力，书风遒媚劲健，在书法史上影响很大。世人常将其书法与颜真卿相对比，称之为"颜筋柳骨"。他的代表作有《玄秘塔碑》、《神策军碑》、《金刚经》等。《神策军碑》整体布局平稳匀整，特点是左紧右舒，历来被作为最好的临写范本之一；《玄秘塔碑》的原碑现存陕西西安碑林，这是柳公权传世书法中最为著名的一篇，在楷书中堪称模范。

《玄秘塔碑》

此碑用笔吸取北碑方笔雄强之势和颜真卿圆笔遒润之法。笔法利落，引筋入骨，寓圆厚于清刚，是此碑最大特色。其书结体严谨，恪守法度，用笔劲健，点画方整，结体谨严而疏朗，章法上行间茂密，为唐楷代表作之一。柳体用笔是"方圆并用"的，如"玄"字的首头用"圆笔"，"字"字的首点用"方笔"。圆笔：起笔裹锋，不使笔锋散形，收笔一回锋即可，点画呈圆形。方笔：起笔要逆锋，比圆笔多一个转折，就是有两个转折，点画外形呈现出棱角，清刚的风格就形成了。

玄秘塔碑　唐　柳公权
此碑刻于唐会昌元年（公元 841 年），螭首方座，高 386 厘米，宽 120 厘米。28 行，每行 54 字。现藏于陕西碑林博物馆。

❦ 宋四家 ❧

"宋四家"指的是苏轼、黄庭坚、米芾和蔡襄四个最能代表宋代书法成就的书法家。

苏轼（1037～1101年），著名文学家、书画家。他的书法继承"二王"传统，但又注意创新。他擅长行书和楷书，其字初看平淡无奇，细看却有浩荡之风，笔法有风骨，变化灵活，代表作品有《前赤壁赋》《后赤壁赋》以及《黄州寒食诗帖》等。

黄庭坚（1045～1105年），北宋诗人、书法家。他兼擅行书和草书。以侧险的笔法取势，字形瘦劲，其代表作有《松风阁诗》、《黄州寒食诗跋》、《花气熏人帖》等。

米芾（1051～1107年），是一位独具个性的书法家，其作品遵循法度，但又有潇洒奔放的态势，作品呈现出淋漓痛快的风格，传世作品包括《苕溪诗卷》、《蜀素帖》等。其中《蜀素帖》是米芾的著名佳作，此书用笔纵横挥洒，方圆兼备，刚柔相济，藏锋处微露锋芒，露锋处亦显含蓄，长短粗细，体态万千，充分体现了他"刷字"的独特风格。章法上，紧凑的点画与大片的空白强烈对比，粗重的笔画与细柔的线条交互出现，流畅的笔势与涩滞的笔触相生相济，动静达到了完美结合。结字也俯仰斜正，变化极大，并以侧欹为主，表现了动态的美感。另外，由于丝绸织品不易受墨而出现了较多的枯笔，这恰使得通篇墨色有浓有淡，更精彩动人。

蔡襄（1012～1067年），在宋代书法发展史上起到过关键性作用。浑厚端庄、淳淡婉美、气息温雅是他书法的最大特点。他的传世代表作有《自书诗帖》、《谢赐御书诗》、《蒙惠帖》等，此外还有碑刻珍品《万安桥记》、《昼锦堂记》等。

❦ 《黄州寒食诗帖》 ❧

《黄州寒食诗帖》的内容为作者自作诗，诗作是苏轼罹难文字狱后被贬黄州，生活困顿潦倒的真实写照。该帖为手卷形式，其用笔如行云流水，一气呵成。可谓"端庄杂流丽，刚健复婀娜"，故有"苏书第一"之称。

诗文全篇洋溢着起伏的情绪。诗写得苍凉惆怅，书法也正是在这种心情和境况下，有感而出的。通篇起伏跌宕，迅疾而稳健，痛快淋漓，苏轼将诗句中的心境情感变化，寓于点画线条的变化中，或正锋，或侧锋，转换多变，顺手断连，浑然天成。其结字亦奇，或大或小，或疏或密，有轻有重，有宽有窄，参差错

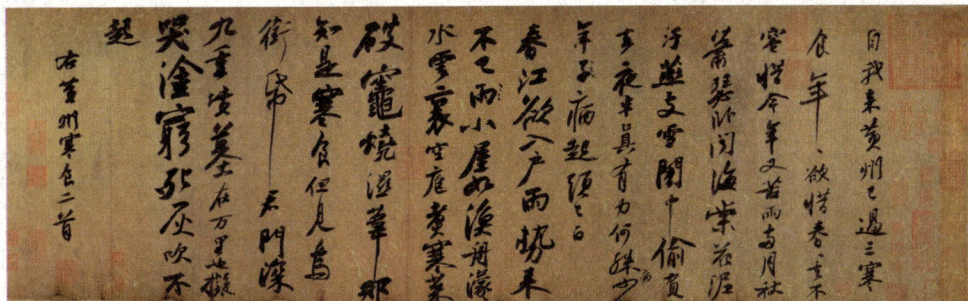

黄州寒食诗卷　北宋　苏轼

落，恣肆奇崛，变化万千。难怪黄庭坚为之折服，叹曰："东坡此诗似李太白，犹恐太白有未到处。此书兼颜鲁公、杨少师、李西台笔意，试使东坡复为之，未必及此。"（《黄州寒食诗跋》）董其昌也有跋语赞云："余生平见东坡先生真迹不下三十余卷，必以此为甲观"。《黄州寒食诗帖》是苏轼书法作品中的上品，在书法史上影响很大，元朝鲜于枢把它称为继王羲之《兰亭序》、颜真卿《祭侄稿》之后的"天下第三行书"。

石鼓文

石鼓文，也称猎碣，是中国最早的石刻文字。唐朝时候，人们在陕西凤翔发现了战国时代石刻文，冠之以"石刻之祖"的名号。石鼓文所记录的是描述秦国国君游猎的 10 首四言诗，分别刻在 10 个鼓形的石头上，所以人们将它们叫做石鼓文。

具体而言，石鼓文的字体基本上为大篆，这种字体比甲骨文、金文的笔画更为简化，但比起小篆来，它的笔画和结体要复杂一些，可以说它是由大篆向小篆演变而又尚未定型的过渡性字体。从书法上看，石鼓文横竖折笔之处的特点是圆中寓方，转折处竖画内收，下行则逐步向下舒展开来。细看石鼓文的用笔起止，均为藏锋，笔画圆融浑劲，字体结体严谨，用笔匀称而适中。石鼓文书法具有较高的艺术水平，不愧为"篆法之祖"。石鼓文名声远播，是我国书法史上承前启后的宝典，和历代书法家研习篆书的重要范本。比如，我国清代著名的篆书家杨沂孙、吴昌硕就曾经研习石鼓文，并深受影响，他们在石鼓文的基础上不断发展，逐渐形成了自家特有的风格。

石鼓文现藏于故宫博物院，但由于年代久远，损毁严重，许多字迹已漫漶不可识辨。目前流传下来的石鼓文最著名的拓本是明代安国藏的《先锋》、《中权》、《后劲》等，这些均为北宋拓本，现存于日本。

❦ 大盂鼎 ❧

大盂鼎，又称"盂鼎"，它是现存西周青铜器中的重器之一，也是西周康王时期著名的青铜器之一。它是在清道光年间从陕西岐山县出土的，曾经数度流离，几经辗转，解放后，被收藏者捐献给国家，如今珍藏于中国历史博物馆。大盂鼎为西周大型鼎器，立耳、圆腹、三柱足、腹下略鼓，高101.9厘米，口径77.8厘米，有153.3公斤重。鼎身的口沿下有饕餮纹带的装饰，底下的三足上，则有兽面纹的装饰，此外还有扉棱纹饰。大鼎体现出精良高超的制作工艺，整体造型流露出雄伟凝重的万端威仪，堪为世间珍宝。大盂鼎的内壁有长达291字的铭文，记述的内容是康王向盂叙述周文王和周武王的立国经验，任命盂来管理兵戎，并赐美酒、命服、车马和奴隶的事情。这段铭文是珍贵的历史资料，为史学家研究周朝的奴隶制度提供了依据。铭文整体布局严谨，用笔方圆兼备，有端庄凝重的风格，艺术味道浓厚，是西周青铜器中非常罕见的艺术精品。

大盂鼎是西周早期金文书法的代表作品，也是中国珍贵的文物。所谓大盂鼎，是与小盂鼎相对而言的，它们同时出土，但遗憾的是小盂鼎原器已失，仅存铭文拓本。

❦《毛公鼎铭》❧

《毛公鼎铭》是西周宣王（公元前827—前782年）时金文，498字，是先秦青铜器中铭文最长的鸿篇巨制。内容记天下四方动乱，周王命毛公忠心辅佐国事，并赐予他大量物品，毛公为感谢周王，特铸鼎记其事。铭文书法精严细密，圆劲遒美，结体劲健，井然有序，通篇布局有若群鹤游天、蛟龙戏海，气势流贯磅礴，神采绚丽飞动。正如郭沫若所赞："铭全体气势颇为宏大，泱泱然存周宗主之风烈。"全文笔画圆匀均衡，首尾如一，不露锋芒，是为金文书法的经典。

清李瑞清说："毛公鼎为周庙堂文字，其文则尚书也。学书不学毛公鼎，犹儒生不读《尚书》也。"

❦《泰山刻石》❧

《泰山刻石》现在仅存29个字，对于它的真伪，近世以来颇有争论，多数学者认为它虽然历经辗转，但历史清楚，当系真品。

这是秦始皇东巡时为"颂秦德而立"，据说是李斯所书，文字显示出秦统一天下以后，"书同文"所产生的极为规范的风格，字体平正，笔线均匀流畅，字呈长方形，端庄有致，字形的结构与黄金律暗合。而且它直接继承了石鼓文的雄浑朴厚的艺术特点，用笔劲健，风格大气，这是标准的小篆书法，为后世留下了极为珍贵的典范。

秦诏版

秦始皇兼并六国，统一天下以后，诏令全国统一度量衡制度，在统一制造的度量衡器上都刻上相关诏书，或者镶嵌上刻有诏书的铜诏版，这就是秦诏版。

这组书法，是凿刻出来的，所以笔线刚劲方折；竖有行，横无列，每行多弯曲，其书法字体大小不一，或二字仅占一字之格，或一字独占二字之格，极富情趣。其结字亦奇正间出，不拘成法，用笔长短疏密，任意安排，有"如水在方圆之妙"（虞世南《笔髓论·契妙》），具有一种自然适意的朴素质实之美。

与庄严肃穆的纪念碑式的刻石小篆不同，这些刻在诏版、铜量和权上的小篆完全是用于公示的应用文，所以通篇字写得质朴大方，不拘泥于形式，从这里我们似乎可以看出秦代行政风格中务实的一面。

礼器碑

礼器碑，全称汉鲁相韩敕造孔庙礼器碑，也叫韩敕碑，刻制于东汉永寿二年（公元 156 年），现被山东曲阜孔庙所保存。这块碑四面都有刻字且均为隶书。碑阳面有 16 行字，每行 36 字，碑后、碑阴及碑的两侧都有题名。从书法艺术上讲，这是一件非常具有艺术性和专业性的作品，是公认的隶书的规范。

礼器碑上所刻的书法显得端庄工整，字体大小匀称、符合规矩、严谨端正、风格肃穆。笔法以方笔为主，然而方中寓圆，横向笔画显得绵延不绝，中部显得略高，整体呈现出雍容宽厚的特点。在细节上，字的点画提按幅度较大，细画看起来坚如钢丝。笔道瘦劲而不失刚健，显得非常富丽典雅，体现出汉隶鲜明的厚重风格。其中，碑的后半部以及碑阴所刻的内容是最精彩的部分，艺术价值极高，被认为是汉碑中的经典之作。礼器碑的书法艺术和刻工可以说是已经达到了登峰造极的艺术境界。虽是刻写，但纯化了书写的意味，尽现出汉代墨迹自信爽快的韵味。此碑的文字书法对唐代楷书的形成产生了巨大的影响，在中国书法史上占有重要地位，具有深远的影响。

❮ 中国印章 ❯

中国印章，又称"图章"。随着时代的推移和使用者的不同，中国印章也有不同的称呼。秦以前印章被称为"玺"。秦统一六国后，皇帝所用的专称"玺"，多以玉做成，故后世有"玉玺"之称，而一般人所用的印章称为"印"。至汉代，皇帝、皇后等人所用印章仍称为"玺"，民间所用的印章则称为"现章"、"印信"等。唐代称印章为"宝"。宋元以来先后把印章称为"记"、"末记"、"关防"、"图章"、"花押"等。

古代印章主要分为两类：官印和私印。此外还有殉葬用印、辟邪印等。印章的形制主要有一面印、两面印、多面印，等等。印章的制作方法主要包括拔蜡、翻砂、凿印（用刀凿刻的）、铸印（用铜浇筑的）四种方法。印章的制作材料，古代多用铜、银、金、玉、琉璃等为印材，后有牙、角、木、水晶等，元代以后盛行石章。刻印印章的文字主要用篆书，秦汉多用大篆，宋元以来多用小篆，近代以来也有用楷书、行书、隶书入印的。印章上镌刻成凸状的印文，称为"阳文"或"朱文"；刻成凹状的印文，称"阴文"或"白文"。刻在印章顶端的文字称为"顶款"。印章文字的布局遵循"分朱布白"的规则，讲求虚实疏密适度、和谐。印章上除了镌刻文字外，还有刻图案的。印章的产生和使用虽然有很长的历史，但把印章作为一种书法艺术品来欣赏和创作却是从宋元开始的。宋元以前的印章主要以实用为主，明清以来印章艺术逐渐演化成为篆刻艺术。

❮ 篆刻 ❯

篆刻又称为"玺印"、"印"或"印章"等，是用篆书刻成的印章，是一种特有的传统艺术和实用艺术品。篆刻艺术是书法、章法、刀法三者完美的结合。在一方印中，既有书法笔意，又有绘画构图，还有刀法雕刻，可谓"方寸之间，气象万千"。篆刻在两千多年中出现了两个高度发展的阶段。一是战国、秦汉、魏晋六朝时期，被称为"古代篆刻艺术时期"，其用料主要为玉石、金、牙、角等。

私印 西晋
西晋时，玄学成为主流，这些私印体现了当时嗜爱清奇的风尚，字体修长潇洒，如玉树临风。

这一时期尤以汉代玺印为代表。汉印结体简化，笔画平整方直，并以鸟虫书入印，装饰性很强。汉代铸印庄重雄浑，凿印健拔奇肆，成为后世篆刻艺术的重要渊源。

二是明清时期，这一时期篆刻艺术大放异彩。明代中叶，印章由实用品，或书画艺术的附属品，发展为一门独立的篆刻艺术。自从明篆刻家文彭之后，篆刻艺术繁荣起来，形成了徽派、浙派、皖派等很多篆刻流派，出现了何震、程邃、丁敬、邓石如、黄牧甫、赵之谦、吴昌硕等篆刻艺术家。

❧ 文房四宝 ❧

中国书法的材料和工具是由笔、墨、纸、砚构成的，因而人们通常把它们称为"文房四宝"，意思就是说它们是文人书房中必备的四件宝贝。

笔，主要是指毛笔。毛笔的最早使用者是秦代的蒙恬。毛笔的种类甚多，现在所使用的主要有紫毫、狼毫、羊毫及兼毫四种。"紫毫笔"，就是取野兔脊背之毫制成，因色呈黑紫而得名。"狼毫"，就字面意思而言，是指以狼毫制成的笔。古代也确实有用狼毫制成的毛笔，但今天所称的狼毫，是用黄鼠之毫做成的。"羊毫"，是指以青羊或黄羊之须或尾毫制成的毛笔。"兼毫"，是指合两种以上之毫制成，依其混合比例命名，如三紫七羊、五紫五羊等。

墨，分为天然墨、半天然墨和人工墨。天然墨、半天然墨主要是指石墨，多在汉代以前使用；人工墨主要是指松烟墨和油烟墨，它们出现在汉代，至今仍在使用。松烟墨是用松枝烧烟加工制成，其特点是颜色乌黑，无光泽；油烟墨是用桐油或添烧烟加工制成，其特点是色泽黑亮，有光泽。在墨锭当中，泛出青紫光的最好，黑色的次之，泛出红黄光或有白色的为最劣。

纸，是我国古代四大发明之一。根据造纸的材料和吸墨功能的强弱，纸可以分为两大类。以木头为材料制成的纸，吸墨较强，以宣纸类为代表，如彷宣、玉版宣。由于宣纸较为昂贵，后来又出现了毛边纸、元书纸与棉纸等。用竹子制成的纸吸墨性较弱，以笺纸类为主，如澄心堂纸、泥金笺，还有今天的洋纸。

砚，是磨墨用的工具。根据制砚材料的不同，砚可以分为石砚、陶砚、砖砚、铜砚、玉砚等种类，最常用的还是石砚。从古至今，最负盛名的砚是广东产的端砚和安徽产的歙砚。

中华建筑

《 "房" 和 "屋" 的区别 》

房，是古代宫室中供人居住的房间，位于堂之后，室之两侧，专指东房、西房，在室之东者为东房，室之西者为西房，又叫右房。东房、西房都有门与堂相通，东房后部还有阶通往后庭。到了后世，住宅内凡是居室皆可称房。

屋，本义是幄，就是指带有木架的帐幕。《说文·木部》："幄，木帐也。"《释名·释床帐》："幄，屋也。以帛、衣、板施之，形如屋也。"由于四面用帐幕围合起来像屋宇，所以称为"幄"。后来"屋"指房屋，另造"幄"字专指帐幄。屋即人来到这里居住之意。因此，房屋一般指上有屋顶，周围有墙，能防风避雨，御寒保温，供人们在其中生活的建筑物。

《 堂 》

古代的住宅，方位一般向南。住宅的内部，可以分为堂、室、房三部分。前部分是堂，堂一般不住人，是用来行吉凶大礼的处所。堂的后面是室，室是专门住人的。室的东侧和西侧，是东房和西房。

整所住宅，常常建筑在一个高出地面的台基上，台基太高，这样一来，堂前就要有台阶，人进入堂房，必须先登上台阶，古人常说的"升堂"，就是指登上台阶进入堂房的意思。

上古的堂前，是没有门的。堂上的东边和西边，有两根楹柱，东西两壁的墙，叫做序，堂内靠近序的地方，分别叫做东序、西序。堂的后面有墙和室、房隔开，室、房都有户，户和堂是相通的。古人所说的户，通常指的是室的户。室户偏东，在户的西边相应的位置上，有一个窗口，叫做牖。室还有一个朝北的窗口，叫做向。东房的后部，有阶通往后庭。

古人在堂上坐的时候，通常尊贵的坐向，是室的户牖之间朝向南面的方向，所以古人常说"南面"。不过在室内的座位，跟在堂上的座位，又不一样，室内尊贵的坐向，是朝向东面的方向。

❧ 阁、厢、殿 ❧

古代还有阁和厢的概念。

汉代的阁、厢，指的是堂东西两侧的房子，这些房子和堂毗连平行。堂的东边和西边有墙，叫序，序外东边和西边，分别设置有一个小夹室，东边的小夹室叫做东夹，西边的小夹室叫做西夹，东夹和西夹，这就是所谓的阁了。在东夹、西夹前面的空间地带，叫东堂、西堂，这就是所谓的厢了。阁和厢之间设置有户，阁厢是相通的。在厢的前面，也设置有阶。

汉代的殿又指什么呢？乐府诗《鸡鸣》中说："鸣声何啾啾，闻我殿东厢。"诗中所说的东厢，指的就是东堂，诗中所说的殿，就是上面所说的堂屋。秦汉以前，古人叫堂不叫殿，后来汉代开始叫殿，但汉代的殿，实际上也可以指宫廷和庙宇之外的其他建筑，和后来专指宫廷和庙宇里的主要建筑不同。

❧ 台、榭、观、阙 ❧

台、榭、观、阙的概念是什么呢？

所谓台，是指高大而平坦的建筑物，一般的用途是瞭望。在台的上面有木构建筑，这个木构建筑就是榭。榭的特点，是只有楹柱没有墙壁。

在宗庙或宫廷大门外两旁，有比较高大的建筑物，这就是观。两个观之间，有一个豁口，所以叫做阙。但观也可以指独立的建筑物，如汉代宫中的白虎观。后来，观的意义进一步扩展，道教的庙宇，也开始叫做观了。

林榭煎茶图 明 文徵明

❦ 六大古都 ❧

　　我国古代的都城通常是政治中心和经济中心的结合体，同时还是文化中心。我们通常所说的"六大古都"，分别是西安、开封、洛阳、北京、南京、杭州。从实际情况看，西安、北京和南京对古城风貌保持得较好，存留了大量古代文物和各种建筑遗迹，比较能体现古都的各方面特点。

　　西安位居六大古都之首，它在中国古代历史上建都最早、时间最长、定都朝代最多。在西安建立都城的朝代包括西周、秦、西汉、前秦、隋、唐等。而明清时期的西安，已成为军事指挥中心和西北区域的政治军事中心。西安的城市布局是北方平原地带城市的典型代表，特色是方整规则，道路宽敞笔直。我们今天见到的钟楼和鼓楼，是明代的遗留。

　　洛阳乃天下之中，西周初年，周公营建东都洛邑，就在此地。西周灭后，周平王迁都于此，开始了它作为首都的序幕，此后，东汉、曹魏、西晋、北魏，都在这里定都，隋朝和唐朝把这里称为东都，以掌控天下。后来，后梁和后唐也曾于此建都，所以洛阳有"九朝古都"之称。

　　开封乃是七朝古都，最早在此定都的是战国时期的魏国，当时称大梁，魏灭后衰落；隋代大运河开凿后，开封再次繁荣，后梁、后晋、后汉、后周和北宋都在此定都，称为东京。特别是在北宋时期，开封城达到鼎盛，当时它是大运河的中枢，城内交通方便，舟桥林立，非常繁华。宋亡后金朝曾迁都于此。

　　南京最初为三国时期东吴都城。后成为东晋及南朝宋、齐、梁、陈的国都，五代的南唐、明代早期、太平天国、中华民国均建都于此。南京城虎踞龙盘，但却饱受磨难，战争的破坏尤其严重，数度繁华的东南大都会，并没有留下太多的古迹。

　　北京位于华北平原北部，战国时为燕国国都，金时正式建都，称"中都"。元大都坐北朝南，分为大城、皇城和宫城部分，城墙为夯土筑造，共有 11 座城门，东西南各 3 门，元大都划定南北中轴，布局围绕这个中轴展开，显示出与前代不同的特点。明清时期的北京，在元大都的基础上加以改建而建都，其布局近乎完整地保存到现代。

　　在六大古都中，杭州资历最浅，但以风光秀丽驰名天下，正所谓"上有天堂，下有苏杭"。杭州始建于秦朝，到唐朝才繁荣起来。唐末，吴越王钱镠在此建都。金兵灭掉北宋后，赵构南渡定都于此。虽然作为都城的历史不长，但杭州却拥有大批名闻世界的名胜古迹，引得天下游客流连忘返。

❨ 古城墙 ❩

城市是人类文明发展到一个重要历史阶段的标志，而城墙则是一座城市的重要标志。我国古代的城市从尊贵的京都到一般府、县乃至一些乡、镇都建有城墙来防御外敌的入侵。

城墙上一般有城门、城楼、角楼、墙台、敌楼、宇墙、垛口等防御工事，构成了一整套坚固的城防体系。此外有些城墙还起着防洪的作用。我国现存有不少著名的古城墙，如安徽寿县、江西赣州、湖北荆州、浙江衢州等城墙，都有重要的防洪功能，其中一个突出的例子是浙江临海（台州）的城墙，其瓮城、马道等结构与形式都是为防洪而专门设计的。我国古代的城墙建筑，不仅固若金汤，在建筑艺术上也有突出的成就。现存北京的前门城楼、箭楼，德胜门箭楼、东南角楼，西安城墙的城楼、箭楼等，莫不以其坚固的城墙、高耸的城楼、宽广的护城河显示出雄伟壮观的气势；北京故宫紫禁城的城角楼，飞檐折角，重檐金顶，倒映护城河中，确是一幅优美的画图。现在保存较为完整的城墙有陕西西安城墙、湖北江陵县的荆州城墙、湖北襄阳县的古城墙、辽宁兴城的宁远卫城墙、山西平遥县的古城墙、福建惠安县的崇武城墙等，其中，尤以陕西西安城墙规模最大且最完整，它平面呈长方形，周长 11.9 千米，高 12 米，顶宽 12 ~ 14 米。城墙外有宽 20 米、深 10 米的护城河。墙面用青砖包砌，厚重坚实，东西南北四面均开设城门。城门上建有城楼、箭楼、闸楼，巍峨凌空，气势宏伟。城楼与箭楼之间有瓮城，城四角各有一座角楼，显示出我国古代京城的雄姿。它是我国现存唯一完整的古代大型城垣。

此外我国还有一些特殊的古城墙，如山东蓬莱戚继光备倭水城，是用来操练水军和停泊战舰以防御倭寇入侵的；北京卢沟桥的宛平城，是专门防守卢沟桥的桥头军事堡，等等。

❨ 万里长城 ❩

早在春秋时期，为抵御北方游牧民族的侵略，楚国修建了一段长城。到了战国，燕、赵、秦等诸侯国更是大规模修建。秦统一六国后，秦始皇派人把北方各诸侯国所筑长城连结起来，西起临洮，东到辽东，绵延一万多里，这就是"万里长城"名称的由来。之后，各朝各代都曾对万里长城进行过修缮，现今我们所看到的，主要是明代修建的长城。

长城依地形而建，就地取材。在有山的地方，长城就建在陡峭的山脊上，并开采山石，凿成巨大的条形，堆砌城墙，内填灰土，非常坚固；在黄土地上，长城主要用土夯筑；在沙漠里，则用沙砾作主要材料，层层铺设红柳和芦苇以使城墙更加稳固。长城是一个军事防御建筑，城墙顶上铺有方砖，非常平整，宽的地方可以并行五六匹马，可供兵马顺畅通行；城墙的外沿则排列着两米多高的垛子，垛子上部有方形的望口和射口，用来望敌情和射击敌人；城墙顶上每隔300余米设有一个屯兵的堡垒，打仗的时候，各堡垒之间可以互相接应；另外，长城的两边还有烽火台，有的紧靠长城两侧，有的则在长城以外，一旦有紧急情况，白天放烟，晚上点火，以提供警报和请求救援。长城规模宏大、气魄雄伟、建筑艺术精妙，是世界上最伟大的奇迹之一，它凝聚着先人的血汗和智慧，是中华民族的骄傲和象征。

❧ 阿房宫 ❧

阿房宫号称"秦川第一宫"。"阿房"是"近旁"的意思。秦始皇在统一六国后，绘制了六国王宫宝图，在秦国咸阳的渭水南岸进行仿造，称为"六国宫殿"。相传共有宫室145处，其中著名的有信宫、甘泉宫、兴乐宫等。公元前212年，秦始皇又下令在渭河以南兴建更大的宫殿——朝宫，朝宫就是阿房宫。

西汉史学家司马迁在《史记·始皇本纪》中记载：阿房宫前殿，东西五百步，南北五十丈，殿中能坐1万人。宫殿四周为阁道，从殿下直抵南山。在南山的峰巅建宫阙，又修复道，通过阿房宫渡过渭水直达咸阳。《汉书·贾山传》记载阿房

阿房宫图卷 清 袁江
此图所绘依山殿阁，傍水楼台，山水相连，花木并茂，并有龙舟、游艇、宫人等点缀。

宫的规模"东西五里，南北千步"。秦朝末年，项羽火烧秦宫室，大火 3 个月不熄。现在在陕西西安西郊三桥镇以南，东起巨家庄，西到古城村，还保存着约 60 万平方米的阿房宫遗址。但在近年来的考古发掘中，史学界却得出了新的结论，即当年秦始皇虽然大力兴建阿房宫，但因工程规模浩大，加之秦末乱世人力匮乏，直至秦亡阿房宫也未竣工，它只是个半拉子工程。至于项羽火烧阿房宫，也是误传。

史书上记载项羽入咸阳曾"烧其宫室，虏其子女，收其珍宝货财"，但并未指出所烧的是阿房宫。

❀ 故宫 ❀

故宫旧称紫禁城，是明清两代皇宫，中国现存最大最完整的古建筑群，也是现存的最大宫殿群，现为故宫博物院。

兴建于明朝永乐年间（1406～1420 年），设计者是蒯祥。故宫是一个长方形城池，墙外有护城河环绕，占地 72 万平方米，建筑面积约 15 万平方米，拥有殿宇 9999 间半。故宫严格按照《周礼·考工记》中"前朝后市，左祖右社"的帝都营建原则建造。故宫有四个大门，正门（南门）名为午门，俗称五凤楼，午门后有五座汉白玉拱桥通往太和门。东门名东华门，西门名西华门，北门名神武门。故宫宫殿的建筑布局有外朝内廷之分。外朝是明清皇帝行使权力、举行盛典的地方，以太和、中和、保和三大殿为中心，文华、武英两殿为两翼。太和殿（又称金銮殿）是皇帝即位、举行节日庆典和出兵征伐等大典的地方。中和殿是皇帝休息和接受大典中执事官员参拜的地方。保和殿是科举考试举行殿试的地方。内廷是封建帝王和后妃居住的地方，以乾清宫、交泰殿、坤宁宫为中心，东西六宫为两翼。

❀ 天坛 ❀

天坛是明清皇帝祭天和祈谷的地方，位于今北京崇文区，是世界上现存最大的古代祭祀性建筑群，始建于明永乐十八年（1420 年），占地约 270 万平方米。天坛建筑布局呈"回"字形，有两层垣墙，形成内外坛。坛墙南方北圆，象征天圆地方。主要建筑有斋宫、圜丘坛、祈年殿、长廊、万寿亭、回音壁、三音石、七星石等。天坛的代表建筑是圜丘和祈年殿等。圜丘和祈年殿间由一条长 359 米，宽 28 米，高 2.5 米的丹陛桥连接。圜丘位于丹陛桥南端，由 3 层圆形露天石坛构成，每层都围有汉白玉石围栏。祈年殿位于丹陛桥北端，正月上辛日在这里合祀天地。大殿建在高 6 米，底层直径 90.9 米的 3 层汉白玉圆形的祈谷坛上。祈年殿呈圆形，高 38 米，直径 32.72 米，是三重檐亭式圆殿。殿内中央的四根龙井柱高 19.2 米，象征一年的四季；中层 12 根金漆柱，象征一年 12 个月；外层 12 根檐柱，象征一天 12 个时辰。中外层共 24 根柱象征二十四节气。

天坛成功地将中国人对"天人关系"的认识以及对上天的敬畏与期望体现出来；处处展示着中国人传统的哲学观念和象征的艺术手法；集古代科技成就如数学、力学、美学、生态学于一炉，是中国古代具代表性的建筑精品。

❮ 陵墓建筑 ❯

陵墓是我国古代埋葬帝王或后妃的坟墓和祭祀建筑群，是我国古代建筑中规模最大的建筑形式之一。古人有灵魂的观念，认为人死之后，还有所谓的阴间，死人要在阴间继续生活。所以，上至帝王将相、达官贵人，下至黎民百姓无不重视丧葬、精心为死者构筑坟墓。在漫长的历史时期，陵墓在不断的发展过程中，逐步融合了绘画、雕塑、书法的艺术形式，出现了众多规模巨大、布局合理、结构精美的陵墓群。其中，最有代表性的是帝王陵。

帝王陵墓一般靠山建筑，也有少数建在平原上。陵园的布局一般以山为主体，四面建筑城墙、城门，城墙的四角建有角楼，在陵墓的前面建有甬道，甬道的两侧立着石人、石兽的雕像，陵区内遍植松、柏，树木森森，给人以庄严肃穆的感觉。陵墓之内建有殿堂，用来放置已故帝王的衣冠和用具，并设置宫人服侍，就像帝王生前一样。如秦始皇的陵墓内，还用水银造成江河湖海的样子，用金银雕刻出山林和鸟兽，另有规模庞大、气势不凡的兵马俑；而唐朝懿德太子的陵墓内部，由墓道、过洞、天井、甬道、前室、后室等部分组成，四周墓壁上则绘有城墙、阙楼、宫城、宫门、殿堂等内容，完全是生前生活环境的写照。陵墓的墓室主要用木、砖、石 3 种材料筑成，殷商至西汉早期的墓室结构是井擀式结构，即用大块木材纵横交错建成墓室，后来又出现了用大木枋紧密排列构成的"黄肠题奏式"墓室。西汉中期出现砖结构的墓室，南北朝和隋唐时期，逐渐得到推广。石筑墓室在五代及宋朝时期已经广泛运用，但这一时期的墓室是石料和木料并用，直到明清时期，墓室全部采用高级石料修建，形成一组华丽的地下宫殿。

现存比较著名的陵墓建筑有：陕西临潼县的秦始皇陵、陕西乾县的唐乾陵、河南巩县的宋陵、北京昌平区的明十三陵、河北遵化县和易县的清东陵和西陵等。

赵州桥

❁ 赵州桥 ❁

赵州桥又名安济桥，俗称大石桥。位于河北石家庄市赵县的交河之上，建于隋代大业元年至十一年（公元 605 ~ 615 年），距今已有 1400 多年，是由工匠李春设计建造的。它是世界上现存最早、保存最好的石拱桥，被誉为"华北四宝之一"。

赵州桥是一座弧形单孔石拱桥，全长 64.4 米，券高 7.23 米，单孔跨度 37 米，桥面宽 10 米，用厚约 30 厘米的条石铺成。它的大石拱由 28 券（窄拱）并列组成，大石拱上两端各建有两个小拱（净跨分别是 2.85 米和 3.81 米），它们不但节省了石料，而且还能减轻桥身自重和增大泄洪面积。赵州桥结构坚固，雄伟壮观，设计合乎科学原理，施工技术巧妙绝伦。唐代中书令张嘉贞在《赵州大石桥铭》中称赞它"制造奇特，人不知其所为"。由于桥位良好、基底应力适宜，1400 多年来赵州桥经历了 10 次水灾、8 次战乱和多次地震，但桥身基本完好，至今仍在发挥作用。

❁ 古塔 ❁

我国的古塔是我国古代的高层建筑，源于印度。在印度梵语中称为"浮屠"，据说是有人出于向佛祖表达敬意而建造的，也有说是为了供奉佛祖的舍利而建造的。古塔是我国古代建筑中最为多样、数量极大的建筑类型。我国现存的佛塔有 2000 余座，大江南北无处不有，其中比较著名的有：山西应县木塔、山西普救寺莺莺塔、河北承德普乐寺都城上琉璃小塔。

山西应县木塔，位于山西忻州市应县县城内西北角的佛宫寺院内，它是我国现存最古老、最高大的纯木结构的高层古建筑，在世界上也是独一无二的。塔有9层，高达 67.31 米，底层直径 30.27 米，整体重量约有 7400 吨，整个建筑由第一层开始向上逐渐变小，轮廓优美，有"远看擎天柱，近似百尺莲"的说法。整个建筑全用木材建成，没用一根铁钉，让人叹为观止。

山西普救寺莺莺塔，塔平面呈四方形，底层每边长 8.05 米，门开在南面，门宽 1.28 米。塔基呈正方形，塔平面为四方形，全塔共 13 层，高 36.76 米。塔的内部是多层空心的，最为奇妙的是塔有神奇的声学效果，站在塔底，楼上人的说话声听起来像是从地下传来一样。它与北京天坛回音壁、四川大佛寺石琴、河南蛤蟆塔被称为四大回音建筑。

河北承德普乐寺琉璃小塔，普乐寺是雄伟的皇家寺庙，普乐寺的东部有一座巨大的经坛，这是藏传佛教修炼、传经的地方。在经坛的四角和四面的中间建有八座宝塔，塔分为黄、白、青、紫、黑五色。这些塔的下面有四角形、六角形、八角形的台基，台基上饰有精美的花纹，整个塔看起来色调明快，雍容华贵。

皇家园林

殷商时期的"囿"是皇家园林的原始形式，据史料记载，当时"囿"是指开辟一块地方，在里面种植树木、放养动物、挖掘池塘、筑造楼台，供皇家打猎、游玩、供奉神明及生产所用。当时最为著名的"囿"是周文王的灵囿。

秦汉时期，皇家园林发展成为山水宫苑的形式，就是在皇帝的离宫别苑周围圈一块地，形成一个自然的园林，其规模常达数百公里。如秦始皇所建的信宫、阿房宫，把宫阙建在终南山的顶峰，让樊川成为宫内的池塘，气势多么雄壮。汉朝时期，汉武帝修建完成了规模宏大、功能多样的上林苑，园内不仅有观赏景物的去处，有动物园、植物园、狩猎区，甚至还有赛狗场，在上林苑建章宫的太液池中，建有蓬莱、瀛洲、方丈 3 座仙山，"一池三山"的做法一直延续到了清代，上林苑标志着古代皇家园林建设的第一个高潮。

从魏晋南北朝开始，皇家园林更趋于华丽精致，虽然在规模上达不到秦汉时期的山水宫苑，但是在内容上则丰富得多，如北齐的高纬在仙都苑中建造"贫儿村"、"买卖街"来体验民间生活；宋徽宗建造的艮岳，在平地上大兴土木，用仿造的人工假山来代替全国各地的名山大川，这一时期，假山的仿制已经达到了很高的水平。

元明清时期，皇家园林的建造日趋成熟，这一时期出现的名园，如颐和园、圆明园、避暑山庄、北海等，既继承了古代园林的优良传统，又有进一步突破和创新，无论在选址、立意、山水的构造乃至小路的铺设上，都表现出了令人叹服的高超技巧。如颐和园在仿制无锡寄畅园的基础上，把南方的西湖、江南水乡的风貌与北方的广袤和雄奇的大山融合起来，更建有众多的精美佛香阁，使人游了这一个园林，便好像见识了全国各地的美景。

避暑山庄

避暑山庄又名承德离宫、热河行宫，是清朝皇帝的夏宫，也是中国现存最大的古代离宫和皇家园林，位于河北承德市北部。

始建于清朝康熙四十二年（1703 年），后多次改扩建，乾隆五十五年（1790 年）建成。清朝前期，每年夏天，清朝皇帝都会到这里避暑并处理政务，避暑山庄成了清朝第二政治中心。避暑山庄占地 560 万平方米，分宫殿区和苑景区两大部分。苑景区又分湖区、平原、山峦三部分。这些风景都是仿照中国各地风景园林艺术风格而建，所以避暑山庄成为中国各地胜迹的缩影。宫殿区在山庄南端，主要建筑澹泊敬诚殿（正宫）是节日举行大典的地方。后面的依清旷殿是皇帝召见朝臣的地方。另外还有烟波致爽殿和云山胜地殿。正宫东侧的松鹤斋是后妃们居住的地方。避暑山庄周围是博仁寺、博善寺、普乐寺、安远庙、普宁寺、普佑寺、广缘寺、须弥福寿之庙、普陀宗乘之庙、广安寺、罗汉堂和殊像寺 12 座藏传佛教寺庙群。

圆明园

圆明园位于北京海淀区，原为清代的一座大型皇家园林，与附园长春、绮春（万春）合称圆明三园。1860 年，被英法联军焚毁。

圆明园始建于清朝康熙四十八年（1709 年），乾隆九年（1744 年）完工。附园长春和绮春两园分别建成于乾隆十六年（1751 年）和乾隆三十七年（1772 年），时间长达 150 多年。圆明园不仅是清朝皇帝休息的地方，也是他们会见大臣、接见外国使节、处理政务的地方，与紫禁城同为当

圆明园九州清晏图　清

时的全国政治中心，有"御园"之称。全园占地347万平方米，有建筑150多处，其中凿湖造山，遍植奇花异草，集中外园林建筑之精华，构筑有圆明园四十景。三园的平面布局呈一个"品"字形，有园门相通。全园以福海为中心，海中有"蓬岛瑶台"等三个小岛，象征道家"一池三仙山"之说。另外，长春园还有海晏堂、远瀛观等西洋风格的建筑。它还是一座大型的皇家博物馆，藏着许多珍宝、图书等，被誉为万园之园。1860年，英法联军攻入北京，抢劫了园中珍宝，并纵火焚毁，现仅有遗址存在。

颐和园

颐和园位于北京市西北郊，原为清朝皇帝的行宫御苑，原名清漪园，是保存最完整的一座行宫御苑，始建于清乾隆十五年（1750年），咸丰十年（1860年）被英法侵略军焚毁，光绪十二年至二十一年（1886～1895年），慈禧挪用海军经费进行了重建，光绪十四年（1888年）改名颐和园。

颐和园以杭州西湖为蓝本，吸取了江南园林的设计手法和意境建造而成。全园占地面积约290万平方米，分为宫廷区和苑林区。宫廷区以仁寿殿为主，是政务活动区。苑林区以万寿山、昆明湖为主体。万寿山东西长约1000米，高60米，山上建有排云殿、德辉殿、佛香阁、智慧海等。昆明湖约占全园面积的78%，湖中有一模仿杭州西湖的苏堤而建的西堤。湖中有南湖岛，又称龙王庙，与东岸一座长150米的十七孔桥相连。湖北岸有一条东西走向的"长廊"，全长728米，共273间，是中国园林中最长的长廊。万寿山东麓的谐趣园原名惠山园，是一座园中园，是模仿无锡寄畅园而建的。

苏州园林

私家园林是古代官僚、文人、富商、地主所拥有的私人宅院。我国的私家园林以江南的私家园林数量最多、艺术价值最高，其中又以苏州园林最具代表性。

与皇家园林相比，江南私家园林的规模较小，一般只有几亩至几十亩，最小的仅一亩半亩，但造园家却能在这有限的空间内，运用多种艺术技巧，造成一种好像深邃不尽的景象，给人一种空间很大的感觉。院子以水面为中心，四周散布着精美的建筑，构成一个个小的景点，几个小景点又围合成大的景区。院子的主人一般都具有较高的文化素养，能诗善画，善于品评，园林追求超凡脱俗、清高淡雅的风格。院子主要供主人修身养性、闲适时自娱自乐所用。苏州的古典园林极具特色，建筑布局、结构、造型、风格，都运用了巧妙的衬托、对景、借景、尺度变换、层次配合、小中见大等种种造园艺术技巧和手法，将亭、台、楼、阁、泉、石、花、木有机地融合为一体，浑然天成，毫无斧凿的痕迹。

苏州拙政园是私家园林中的经典之作，它始建于明朝正德四年（1509 年），之后几经雕琢，现存的园貌主要形成于清朝末期。全园分为西、中、东三部分，以中部为主。中部的园子呈矩形，水面较多，也呈横长的矩形，水池内建有东、西两座假山，又有几条小桥和堤坝把水面分成几个部分。水池的南岸有较大面积的平地，建筑物多集中在此，由宅入园的小门就开在南岸的院墙上。入园以后，迎面有一座假山挡住视线，使园内景物不至一览无余，这种手法称之为"障景"。岸西有一座名叫"别有洞天"的凉亭，透过清澈的水面，东岸有一座方亭与之遥相呼应，水中的荷香四面亭和曲折的小桥更增加了景观的层次感，这种手法称之为"隔景"。北岸以土为主，遍植柳树、芦苇，别有一番风趣。东岸有梧竹幽居亭，由此西望，透过水池亭阁，在树梢上可遥见远处的苏州报恩寺塔，将塔景引入园内，称为"借景"。院内粉墙、绿水、几处怪石、数竿细竹，不尽的美景组合成一幅完美的画卷。

拙政园与沧浪亭、狮子林、留园分别代表着宋元明清四个朝代的艺术风格，被称为苏州"四大名园"。其他名园还有网师园、环秀山庄、艺圃、耦园、退思园等。

江南三大名楼

江南三大名楼指的是黄鹤楼、岳阳楼和滕王阁。黄鹤楼位于湖北武汉长江边的蛇山上，始建于公元 223 年，传费文伟在此驾黄鹤成仙而得名。现楼为 1986 年重建，高 51.4 米，共 5 层，黄瓦红柱，层层飞檐。咏黄鹤楼的诗文以崔颢的《黄鹤楼》和李白的《黄鹤楼送孟浩然之广陵》最为著名。

岳阳楼位于湖南岳阳的洞庭湖畔，原是三国时期吴国的阅兵台，唐开元四年（公元 716 年）建岳阳楼，现在的岳阳楼为 1984 年重修。主楼平面呈长方形，宽 17.24 米，深 14.57 米，高 19.72 米，楼顶为黄色琉璃瓦，金碧辉煌。主楼右有"三醉亭"，左有"仙梅亭"。楼内陈列着杜甫的《登岳阳楼》诗、范仲淹的《岳阳楼记》和历代名人的对联。

滕王阁在江西南昌赣江边，是唐太宗之弟滕王李元婴于公元 675 年所建，故名，为三大名楼之首。现楼为 1989 年重建，楼高 57.5 米，共 9 层，主体建筑面积为 1.3 万平方米，是一座仿宋建筑。咏滕王阁的诗文以王勃的《滕王阁序》和《滕王阁》诗最著名。

❦ 平遥古城 ❧

平遥位于山西省中部，是一座具有 2700 多年历史的古城，现在的城墙建于明洪武三年（1370 年），是我国现存最完整的明清县城，是中国汉民族中原地区古县城的典型代表。

平遥古城基本上还是明初的形制和构造。城池为方形，面积 2.25 平方公里，城墙高 12 米，周长 6157.7 米，外表全部砖砌。墙上垛口，墙外有护城河，深宽各 4 米。城池有 6 座城门，东西各二，南北各一。城门上原建城楼，四角各建有一座角楼，大多已残坏。城内的街道、铺面、市楼保留明清形制。城内主要街道是十字形，商店沿街而立，住宅位于小街巷内。其中大型建筑有：古城北门有镇国寺和古城西南的双林寺。镇国寺建于五代时期，是全国排名第三位的古老木结构建筑。双林寺建于北齐武平二年（公元 571 年），寺内 10 多座大殿内保存有元代至明代的彩塑造像 2000 余尊，被誉为"彩塑艺术的宝库"。古城内现保存着 3997 处传统四合院民居，其中有 400 处保存相当完好。

中国民居

先秦时期，"帝居"、"民舍"等都称"宫室"；汉代规定食禄不满万户的称"舍"。直至近代，才把除宫殿、官署以外的居住建筑统称为"民居"。

早在新石器时代后期，我国木构架体系的房屋已经萌芽。西周及春秋时期，瓦的出现使民居变得更为结实。战国时期，出现了砖和彩画，民居变得较为美观。秦汉时期，石材在民居中的使用开始增多。魏晋南北朝时期砖瓦应用更为广泛。隋唐以后，民居开始注重根据社会等级来设计房屋形制。明清时期，民间建筑的类型与数量也有增加，形制已经较为固定。各民族的建筑也有发展，地方特色更加突出。私家园林开始广泛出现。在汉族民居中，最有代表性的是北京四合院和南方"四水归堂"式的天井式民居。

与砖瓦结构不同的建筑是一些少数民族的民居，使用干阑式住宅，用竹、木等构成的单栋独立的楼，底层架空饲养牲畜、存放东西，上层住人。在云南、贵州、广东等地的傣族、景颇族、壮族等聚集区常见。河南、山西、陕西、甘肃等黄土层较厚的地区则有窑洞式住宅，施工简单，还有冬暖夏凉的效果，非常经济适用。一般可分为靠山窑、平地窑、砖窑等。碉房是青藏高原特有的住宅形式，一般是用土或石砌筑，形似碉堡，大多为 2 ~ 3 层。底层通常是用来养牲畜，楼上住人。

第七篇

民俗文化

节日

《 春节 》

春节是中国的传统节日，又叫阴历年，俗称"过年"、"新年"，时间是农历正月初一。它是中国所有节日中最隆重的节日。春节的历史很悠久，它起源于商朝时年头岁尾的祭神祭祖活动。正月初一古称元日、元辰、元正、元朔、元旦等，俗称年初一。民国时期改用公历，公历的 1 月 1 日称为元旦，农历的正月初一叫春节。

据《史记》、《汉书》记载，正月初一为四始（岁之始，时之始，日之始，月之始）和三朝（岁之朝，月之朝，日之朝）。在古代，人们在这一天迎神祭祖，举行各种娱乐活动，占卜气候，祈求丰收。春节的各种活动各地略有不同，其内容大致都有：除夕，俗称大年，这时家人团聚，吃团年饭，进行守岁；贴门神和春联（汉代的习俗是在门户上画鸡、悬苇，或画神荼、郁垒二神像于桃板上，意在驱逐瘟疫恶鬼，后演变为门神和年画）；正月初一，人们走亲访友，俗称走喜神方，互致祝贺，称为拜年。另外，各地还要放爆竹，以驱祟迎祥。

《 元宵节 》

卖元宵 清 选自《太平欢乐图册》

元宵节又叫上元节、元夕节、灯节，是汉族传统节日，时间是农历正月十五日。正月是农历的元月，古人称夜为"宵"，正月十五是一年中第一个月圆之夜，所以称正月十五为元宵节。早在西汉汉文帝时，就已经下令将正月十五定为元宵节。汉武帝时，"太一神"的祭祀活动定在正月十五（太一：主宰宇宙一切之神）。东汉明帝提倡佛教，他因听说佛教有正月十五僧人观佛舍利、点灯敬佛的做法，就下令在正月十五这一天夜晚在皇宫和寺庙里点灯敬佛，并下令民间也都挂灯。后来这种佛教节日逐渐形成民间的节日。元宵节经历了由宫廷到民间，由中原到全国的发展过程。

后随着时间推移，元宵节的内容不断变化。唐玄宗时规定观灯为 3 夜，元宵夜出现杂耍技艺，北宋延长到 5 夜，出现了猜灯谜活动。明朝时规定正月初八张灯，正月十五落灯，又增加了戏剧表演。元宵节的一个重要的活动就是吃元宵（又称汤圆），有团团圆圆之意。一般认为元宵节是春节活动的结束。

❖ 二月二 ❖

"二月二"，指的是农历二月初二，是我国农村的一个传统节日。有关"二月二"的习俗很多，其中俗语"二月二，龙抬头"可谓家喻户晓。"龙抬头"一说，最早见于明人刘侗《帝京景物略》："二月二，龙抬头，蒸元旦祭馀饼……"至于抬头的为何是龙，又为何只与"二月二"有关，说法和故事就多了。在民间认为，龙是一种吉祥物，主管天上的云雨，"龙抬头"，意味着风调雨顺，是人们心中美好愿望的充分体现。由于我国大部分地区受季风气候影响，所以在农历二月初，气温便开始回升，日照时数也逐渐增加，气候已经适宜进行田间农事活动。所以，会有这样的农谚："二月二，龙抬头，大家小户使耕牛。"但也有一些地方或某些年份，因为春旱较严重而导致春雨贵如油。倘春雨充沛，则预示着一年的丰收。所以又有农谚说："二月二，（若）龙抬头，大仓满，小仓流。"

"二月二"敬土地神这一习俗，盛行于我国台湾地区。每逢"二月二"，人们把纸钱系在竹枝上，然后插立田间，以奉献给土地神。鄂西鹤峰一带的土家族人在敬土地神时，还要点香烛，摆上酒菜，然后磕头请愿。

这一天，其他习俗也有很多，比如有的地方在起床前，先念："二月二，龙抬头，龙不抬头我抬头。"起床后还要打着灯笼照房梁，边照边念："二月二照房梁，蝎子蜈蚣无处藏。"有的地方在这一天妇女不动针线，说是怕伤了龙的眼睛；还有的地方这一天禁止洗衣服，怕伤了龙皮，等等。

❖ 清明节 ❖

清明节是我国传统节日，也是最重要的祭祀节日，大概在每年的 4 月 4 日至 6 日之间。同时，清明又是二十四节气之一。

清明节大约始于周朝，已有 2500 多年的历史。因清明与寒食（民间禁火扫墓的日子）的日子接近，后两者合二为一，寒食成为清明的别称，也成为清明的一个习俗。清明那天不动烟火，只吃凉的食品，并且去给祖先扫墓（俗称上坟）。北方和南方在清明节的活动侧重不同。北方重视扫墓，人们带着酒食果品、纸钱等物品到墓地，将食物摆在亲人墓前，焚烧纸钱，给坟墓培上新土，插上几枝嫩绿的新枝插，叩头祭拜，最后吃掉酒食回家。南方则侧重踏青，借此出去郊游。另外，清明节时还有插戴柳枝、放风筝、取新火、画蛋、斗鸡、荡秋千等活动。直到今天，清明节仍是祭拜祖先，悼念亲人的重要节日。

端午节

端午节又称端阳节、重午节、端五节等，俗称五月节，中国民间的传统节日，时间是农历五月初五。

关于端午节的起源，流传最广的是纪念爱国诗人屈原。楚国大臣屈原遭奸臣陷害，被流放到汨罗江一带。他听说楚国首都郢被秦军攻破，悲痛万分，投汨罗江而死。江边的人民为了怕鱼吃屈原的尸体，就向江中投米，并划龙舟驱散江中的鱼，后来演化为吃粽子和赛龙舟活动。除了吃粽子和赛龙舟外，端午节的习俗还有佩香囊（避邪驱瘟），悬挂菖蒲、艾草，喝雄黄酒，挂荷包和拴五色丝线，挂钟馗像等习俗。

七夕

七夕节又称"乞巧节"或"女儿节"，时间是农历七月初七，这是中国传统节日中最具浪漫色彩的一个节日，也是过去女子最重视的一个节日。乞巧节起源于汉代。东晋葛洪的《西京杂记》有"汉彩女常以七月七日穿七孔针于开襟楼，人俱习之"的记载，这是古代文献最早的关于乞巧的记载。乞巧节来源于牛郎织

乞巧图卷 清 丁观鹏
每年阴历七月七晚上，妇女们在院子里陈设瓜果，向织女星祈祷，请求帮助她们提高刺绣缝纫的技巧。

女的故事：织女是天帝之女，后下凡与牛郎结婚，生下一男一女。后王母娘娘派人抓走织女，并在两人之间划了一道天河，只允许两人每年七月七在鹊桥相会一次。传说织女是一个心灵手巧的仙女，所以每逢七月七，凡间女子就会在这一天晚上向她乞求智慧和巧艺，并求她赐给美满姻缘，这就是乞巧节的由来。传说在七夕的夜晚，人们抬头可以看到牛郎织女在银河相会，在瓜果架下还能偷听到两人的情话。它与孟姜女传、白蛇传、梁祝并称中国四大传说。

❧ 中秋节 ❧

中国传统节日，又称团圆节、八月节。时间在农历八月十五日，这正是一年秋季的中期，所以称为中秋节。中秋节与元宵节、端午节并称三大传统佳节。农历把一年分为四季，每季又分孟、仲、季三部分，所以中秋也称仲秋。八月十五的月亮是一年满月中最圆、最亮的，所以中秋节又叫做"月夕"、"八月节"。中秋节在两汉时已经出现，但时间是立秋日。唐朝时，中秋季的活动日益增多，出现了观月、赏月、饮酒对月等活动。北宋宋太宗把八月十五日定为中秋节。中国一直是一个农业社会，而八月正是农作物的收获季节，庆祝丰收、祝贺团圆便成了中秋节的主题。每当夜幕降临，明月东升，人们献月饼、瓜果以祭月，这种风俗一直延续到今天。八月十五，人们仰望夜空中的明月，期盼家人团聚。他乡的游子，也会寄托自己对故乡和亲人的思念，所以中秋节又称"团圆节"。

❧ 重阳节 ❧

重阳节又称重九节、茱萸节，是中国传统节日，时间在农历九月初九。《易经》认为九为阳数，两九为"重九"，两阳为"重阳"，古人认为这是个值得庆贺的吉利日子。九九重阳，因为与"久久"同音，九在中国古人的观念里是最

重阳食栗糕 清 选自《太平欢乐图》
浙江一带在重阳节做粉糕，又名栗糕。

大的数字，所以有长久长寿的含意，而且秋季也是一年收获的黄金季节，所以人们对重阳节有着特殊的感情。历代文人也有不少祝贺重阳的诗词佳作。

重阳节起源很早，在战国时的《楚辞》中就已经提到。屈原的《远游》里写道："集重阳入帝宫兮，造旬始而观清都。"三国魏文帝曹丕在《九日与钟繇书》中，描写了重阳节的饮宴："岁往月来，忽复九月九日。九为阳数，而日月并应，俗嘉其名，以为宜于长久，故以享宴高会。"到了唐代，重阳节被正式定为民间节日。明朝重阳节时，皇帝要亲自到万岁山登高，皇宫里要一起吃花糕以庆贺。在重阳节这天，人们登高、赏菊、插茱萸、放风筝、饮菊花酒、吃重阳糕等。

《 除夕 》

除夕，又称"除日"、"除夜"、"岁除"、"岁暮"、"岁尽"、"暮岁"，俗称大年夜（除夕的前一天为小除，称小年夜。除夕为大除），旧称"年关"，是农历岁末的最后一晚，即大年三十，是中国的传统节日。除夕的"除"是"去、易、交替"的意思，除夕就是"月穷岁尽"的意思。

相传古时候有一个猛兽叫"年"，每到岁末就出来吃人。一次偶然的机会，人们发现年害怕红色的东西、火光和巨响。于是每到岁末，人们都穿上红色的衣服，燃放鞭炮，吓得年再也不敢出来了。人们互相祝贺道喜，张灯结彩，饮酒摆宴，庆祝胜利。后来人们逐渐把穿红色衣服演变成贴红色春联。过除夕，各地的风俗略有不同，北方人包饺子，南方人做年糕。水饺状似"元宝"，年糕音似"年高"（一年比一年高），都是吉祥如意的好兆头。除夕之夜，全家人都要吃"团年饭"。吃团年饭时，桌上一定要有"鱼"，象征"富裕"和"年年有余"。饭后，长辈要给晚辈发"压岁钱"，接下来就是全家人守岁到凌晨，到了大年初一去拜亲访友。

礼俗

❦ 做满月 ❧

婴儿出生一个月叫满月，在民间，庆贺满月的仪式和活动多种多样，丰富多彩。其中，喝满月酒和剃满月头是延续至今最为重要的习俗。

婴儿满月的礼俗流行于唐朝。到了南宋，几乎所有官宦和富有的人家要为婴儿举办"洗儿会"，这是一种很隆重的风俗。主人家要在婴儿出生满一个月的日子发请帖宴请亲友，亲朋好友会在这一天携带各种礼品前来向婴儿表达祝福。到了近代，婴儿满月时的庆祝方式有了不同，满月时外婆要为婴儿准备一份丰盛的礼物，包括面条、粽子、馒头和一只活鸡，有的还会送婴儿用的帽、鞋、袜、衣服等，俗称"拿满月"。中午时分，亲朋好友聚在一起，觥筹交错，祝福声此起彼伏。这种情景就是历代相沿的"满月酒"。

"剃满月头"是婴儿满月的另外一项重要仪式，在民间也叫落胎毛。在我国，不同的地方剃满月头的习俗是不一样的，有不同的说法和讲究，但其中有一个共同点是胎毛不能剃光。一般情况下是在头顶心或近脑门处留下一撮，俗称桃子头、桶盖头、米囤头等。另外，还有一些地区的习俗是把落胎毛的仪式放在婴儿出生满百天时举行，称为剃百日头，留一撮毛和郑重处理落发的习俗与剃满月头基本一致。

关于珍藏剃下胎毛的意义，也有众多讲法。有些地方的风俗是将其搓成一个圆球挂在床檐正中，意在孩子长大离家后，胎发团还挂在母亲的床上，可以永远受到母亲的护佑；有些地区的习俗是用线绳将胎发吊在窗台上牢牢系住，说这样就可以使小孩经受风吹雨打，有利于小孩的成长；有的地方则是将胎发盛入金银小盒，或用彩色的线结成绦络，认为这样做可以起到辟邪的作用；还有的地方是将胎发用红布包起来，缝进小孩儿的背心或夹袄中，认为如此便能使小孩儿顺利成长。

❦ 做寿 ❧

做寿也叫"祝寿"，是我国一种庆贺老人生日的活动。中国民间以 50 岁以下为"做生日"，50 岁以上为"做寿"。民间做寿的形式大同小异，一般根据家境贫富而酌情定之。在家中做寿时，正厅要设寿堂、贴寿字、结寿彩、燃寿烛，重

饮酒祝寿图轴 明 陈洪绶

图中做寿之人居中，头裹软巾，方面大耳，神情轩昂，两侧侍女抱匜捧罐而立，身后一仆从拉杖侍立，石案对面二人或卧于芭蕉叶上，举杯对饮，或坐于石凳上以杖撑身，另一手伸入水中。三人皆面红耳赤，呈现醉意，然各具姿态。

要的一项就是宴请宾客，大家欢聚一堂，共同庆贺。宴请酒食中的面条，称为"寿面"，是必不可少的，取其福寿绵长之意。亲戚前来祝贺，所执贺品多为寿桃、寿幛、寿联。受贺者穿着新衣端坐堂中，接受贺者的两揖之拜及贺礼；如遇平辈拜寿，受贺者应起身请对方免礼；若遇晚辈中小儿叩拜，受贺者须给些赏钱。如果是父母的寿日，出嫁的女儿要回来祝贺。在一些地区，出嫁的女儿会为做寿的长辈送上自己亲手做的鞋，还有衣料、寿面、寿酒，等等。如果父母都在，不论他们是否同庚，皆为双寿，所以送礼该送双份。

在我国民间，祝寿多重"九"和"十"。"九"是数中之极，意味着至极；"九"又与"久"谐音，取其"天长地久"之意，因此，岁数逢九或九的倍数，就要举行大典，称为之"庆九"。其中"花甲寿"和"八十寿"是最重要的。我国以 60 岁为一个花甲子，所以有些地方认为人只有至 60 岁才能称"寿"，因此 60 岁的生日一定会办得很隆重；80 岁就可被誉为"老寿星"了，所以"八十寿"又称为"做大寿"，要比 60 岁时的更为隆重。

百日礼

"百日礼"，又称"百岁礼"、"过百天"，指的是在婴儿出生 100 天的时候所举行的一种纪念仪式。100 天是孩子出生后的一个非常重要的日子，在这一天父母会邀请亲朋好友会聚，一同为小儿祝福，而婴儿在这天则要穿"百家衣"、戴"百岁锁"。百家衣是由各种色彩的小布块缀成的，样子仿佛僧人所穿的一拼一块的百衲衣，而用来做衣服的布块、布条则是由多个亲戚朋友凑成的。在众多的颜色中以紫色最为贵重，也最难寻，因为"紫"与"子"同音，人们一般不愿把"子"送给别人。孩子穿百家衣有着两种蕴意：一是象征长命百岁，一是象征先苦后甜。百岁锁，又叫"长命锁"、"百岁链"，常常是姥姥家或舅舅家送的，也有的是父母购置的，一般是用银做成的，外面镶金，少数有钱人家会用纯金的，锁的两面分别刻有"长命百岁"、"富贵平安"等吉祥语。戴长命锁的寓意是把婴儿的生命给"锁"住，这样妖魔就抢不走了，孩子就会平安。有时百岁锁并不是姥姥家送的或自己家买的，而是要"凑份子"，也就是孩子的父母将白米、茶叶、枣、栗子等含有吉祥蕴意的食品取少许包在红纸包里，要包很多包，最好是能够达到一百包，然后将这些红纸包分送至亲戚朋友家，而对方在接受后则在红纸里放上若干钱返还回来，父母再用这些凑起来的零钱到金银匠那里铸制"长命锁"，人们认为这样得来的锁是最吉祥的。

❧ 成年礼 ❧

成年礼是为承认年轻人具有进入社会的能力和资格而举行的人生仪礼。我国传统成年礼称为冠礼、笄礼，早在周朝就有了。

男子行加冠礼，即在男子20岁时，由主持仪式者为男子戴三次帽子，称为"三加"，分别为"缁布冠"、"皮弁"、"爵弁"，象征冠者从此有了治人的权力、服兵役的义务和参加祭祀活动的资格。传统冠礼中还有"命字"，即由嘉宾为冠者取新的字号，冠者从此有了新的名字。女子在15岁时要行笄礼，但是规模比冠礼要小得多。主要是由女性家长为行笄礼者改变发式，表示从此结束少女时代，可以嫁人。

举行成年礼，地点选在宗庙神圣之地，日子需经卜筮而定。行礼当天，主人须邀请亲朋好友来观礼才算正式。秦汉以后的成年礼仪，大多遵守《仪礼》的规范进行，唐宋以后，成年礼已逐渐式微，部分成年礼仪式举办大多依附着民间信仰。

在世界上许多原始民族中，成年礼是一个人由个体走向社会的一道必不可少的程序，有的过程十分隆重而且带有考验的性质。

❧ 三书六礼 ❧

三书六礼指的是中国古代婚嫁礼仪的程序。三书指的是聘书、礼书和迎亲书。聘书就是定亲书，即男女双方正式缔结婚约，纳吉（过文定）时用。礼书就是过礼之书，即礼物清单，书中详列礼物种类和数量，纳征（过大礼）时用。迎亲书指迎娶新娘之书，用于结婚当日（亲迎）接新娘过门时。

六礼指的是纳采、问名、纳吉、纳征、请期和亲迎。纳采，男方家请媒人去女方家提亲，女方家答应议婚后，男方家备礼（通常以活雁作礼，表示忠贞不贰）前去求婚。问名，俗称"合八字"。即男方家请媒人问女方的名字和出生年月日，并将女方的生辰八字放在祖先灵案上观察。如果家中平安无事，就把男方生辰八字送给女方。女方家把男方的生辰八字放置在佛像前。如果三日家中无事，就同意缔结婚姻。纳吉，又称小定或文定，也就是订婚。男女双方家平安无事后，男方备礼通知女方家，告知决定缔结婚姻，送给女方金戒指。纳征，又称纳币，大聘或完聘，即男方家送聘礼给女方家。请期，又称择日。即男家择定婚期，并征得女方家同意。亲迎，即新郎到女家迎娶新娘。

❦ 相亲 ❧

"相亲"俗称"看亲情"。指的是男方正式向女方提亲之后，男方父母亲就要到女方家登门"看厝相亲"。以前，男女结婚首先要经过"相亲"这一道程序。虽然现在提倡自由恋爱，但"相亲"还是作为一种民俗流传了下来，并且在不同的地方、不同的民族有着不同的特点和风格。

相亲的仪式，在较偏僻的乡间较为简单。男方选择个吉祥之日，由媒人告知女方父母，在相亲的吉日，让女儿多加打扮，并进行家务之事，如洒扫庭院，或在田间耕作，或做女红，或躲在门后探头侧面观看客人的言笑容貌，男子及其父亲只观察其外貌而已。如认为容貌不丑，体态确为少女的风姿，其他方面则单凭媒人说项，男方认为满意即可。

男方按所选择的吉祥之日，到女方"看厝相亲"。女方家要给每一位客人准备一碗煮熟的鸡蛋，俗称"月老蛋"。一则表示对客人的欢迎和尊重，再则也有借此观察对方的用意。"月老蛋"是由女子亲自敬送，如果男子或男方尊长对女子感到满意，便可以吃下"月老蛋"；如果不中意，就不动这碗"蛋"。以这种曲折委婉的方式表达当事人的心意，避免因为言语而造成不愉快，比较有人情味。

在一些地方也有女家往男家"相亲"的习俗。招待的点心可以是长寿面，象征将要永结长久的美意。女方亲友如果对男子感到比较满意，便吃下长寿面，否则不吃。但无论如何，在收面碗时，务必要记得在碗底放一个较厚的红包，敬"月老蛋"的也要如此。经过了"看亲情"，男女双方以至双方家长都无反对意见，这门婚姻基本上就不成问题了。

《 过礼 》

过礼是指"看亲"之后，要履行订婚手续。第一步，由媒人把男方的生辰八字送到女方，女方的生辰八字送到男方。然后双方把生辰八字放到祖先牌位或佛像前，如果 3 天内双方家里没有发生盗窃、生病之类的事，就同意婚事。有些迷信的父母，会拿着双方的生辰八字请算命先生推算，看看是否冲突。如果不冲突，就同意婚事，如果冲突，就立即回绝。

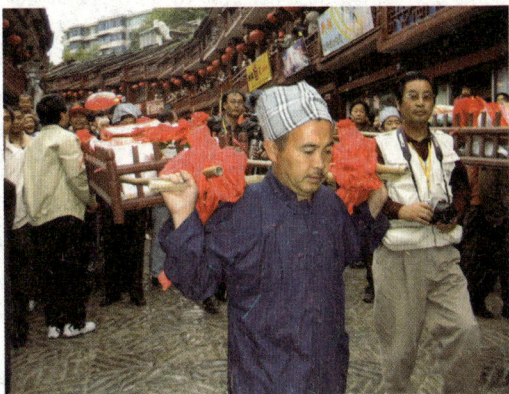

过礼图

"换帖"、"合八字"之后，媒人要选个吉日，带男方去"过礼"订婚。"过礼"是大事，男方要给女方送一笔重礼，礼物至少包括猪肘子一个，酒一对，鸡鸭各一只，对方父母的衣料各一套，鞋袜各一双，包封一个，给女方的东西若干等。至于包封里钱数的多少、给女方的订婚礼物，都要在事先由媒人同双方协商好，不能由男方单独决定。同时，女方父母也应替对方着想，力求节俭，少收聘礼。过礼之后，双方就开始正式商议结婚事宜了。

《 拜堂 》

拜堂又称拜高堂、拜花堂、拜天地，是古代婚礼仪式之一，婚礼的高潮阶段。迎娶之日，男家发轿之后，男家堂屋布置好拜堂的场所。家堂上燃放香烛，陈列祖先牌位，摆上粮斗，里面装着五谷杂粮、花生、红枣等，上面贴双喜字。当接新娘的花轿停在堂屋门前，伴娘站到花轿前时，仪式就已经开始。喜轿进入院子，要从火盆上抬过，寓意为烧去不吉利之物，今后的日子红红火火。新娘从轿中出来，脚不着地，踏着"传席"进入男方堂屋。之后，傧相二人分别以"引赞"和"通赞"的身份出现，新郎新娘在引赞和通赞的赞礼中开始拜堂。拜堂前，燃烛焚香、鸣爆竹奏乐。拜堂的"三拜"分别是："一拜天地，二拜高堂（双亲），夫妻对拜"，最后"新郎新娘入洞房"。拜堂仪式到此结束。

拜堂风俗始于唐朝。唐朝时，新娘见舅姑（公婆），俗称拜堂。北宋时，新婚夫妇先拜家庙，行合卺礼。第二天五更，新娘把镜台镜子摆在一张桌子上，进行下拜，称为拜堂。南宋时，拜堂改在新婚当天。新婚夫妇到中堂先揭开新娘的盖头，然后"参拜堂，次诸家神及家庙，行参诸亲之礼"。后世沿用南宋风俗，一般在迎娶当天先拜天地，然后拜堂。清代和民国时期都将拜天地和拜祖先统称为拜堂。

《 喜宴 》

旧时拜堂之后，新娘在新房中不再出来。而新郎要走出新房去招待宾客。喜宴要按宾客的尊卑长幼排座位，称为"请客"或"清客"。排座位的原则是上尊下卑，右尊左卑，客人按长幼尊卑，身份、地位从高到低入席。

主席要摆在堂屋正中，男方请"上亲"坐上首右边席位，由新郎的父亲或舅父坐上首左边席位作陪，其余宾客按尊卑长幼对号入座。除正席外，次尊贵的一席摆在新房中，新娘的母亲坐在首位，新郎的母亲或舅母作陪，其余宾客也按长幼尊卑次序排定。宾客入席后，傧相便宣布动乐鸣炮开宴。新郎要先到首席敬酒，说表示感谢的话祝酒。然后，厨房开始上菜，喜宴开始进入高潮，各席的酒菜都一样，只有"男上亲"和"女上亲"的酒席略有差别，而且新郎要守候在桌边，为"上亲"斟酒等，以示尊敬。喜宴结束后，"上亲"先到堂屋休息，吃点心，由男方尊长陪着说些客套话。过一会儿，上亲起身告辞。临走时，男家要送红包、衣料、鞋袜之类。"送上亲"时，男家所有体面的人都要送到门口，鸣炮动乐，以示敬重。

婚宴 清 选自《清人嫁娶图》

《 丧葬习俗 》

丧葬习俗指的是安葬和悼念死者时所必须遵循的一整套礼仪制度。我国汉族丧礼，根源于上古社会的丧葬习俗，与灵魂不灭的观念有关。由秦汉及隋唐，丧礼臻于完备。主要包括丧葬仪规、丧服制度、祭祀活动三个方面。

汉族丧礼的传承，由于时代的不同、地域的差异而有所变化，加上宗教等因素的影响，因而产生无数多姿多态、风格特异的丧葬习俗，反映出不同的文化心

北京出殡行列图　清

理。出殡是汉族丧礼最后一项重要仪式，其时间一般人家是在"大殓（即将死者放入棺材）"的次日或人死后的第七日，而官宦富贵之家则在"七七"（49天）以后甚至更长时间，才在事先择定好的日子出殡。出殡前一天晚上，死者至亲好友都来到丧家，晚饭后祭奠烧纸，称为"辞灵"，而且整夜留在丧家，俗称"伴宿"或"守夜"。次日清晨，撤去灵前所供诸物，"孝子"将"丧盆"摔碎，执领魂幡在他人搀扶下前导，灵柩随后起行，还要带上一只公鸡，到墓地后释放，给死者"引路"。出殡的规模一般没有固定标准，因贫富而异，少则二三十人，多则百人以上。按规矩，棺材必须用人抬步行，而不能用车拉。抬棺材的人在农村多是由亲友帮忙，而在城市可以雇人。出殡的队伍中还要有相应的"仪仗"，包括铭旌、纸制冥器和用柳枝糊白纸做成的"雪柳"和祭幛等，以及沿途吹打的鼓乐班子，边走边撒纸钱。

　　归葬之处，一般都是在本家族的墓地。棺入穴后，先由孝子用衣襟捧土覆盖，然后众人填土成坟，于坟前焚烧冥器摆供祭奠后返回。下葬后第三天，家人要到墓地给新坟填土、祭奠，称为"圆坟"。死者去世后每隔七天都要有祭奠仪式，俗称"办七"或"烧七"，一般至七七而止。死者去世后第一百天、周年、二年、三年的"整日子"也要祭奠。另外，清明、七月十五、十月初一以及除夕等，都是民间烧纸上供，祭奠亡灵的日子，一直延续至今。

饮食文化

烧尾宴

古代名宴烧尾宴历来声名显赫，是指士子登科或官位升迁而举行的宴会。此宴出现在唐高宗时期，距今已有 1300 余年了。"烧尾"一词源于唐代，有三种说法：一说是兽可变人，但尾巴不能变没，只有烧掉；二说是新羊初入羊群，只有烧掉尾巴才能被接受；三说是鲤鱼跃上龙门，必有天火把它的尾巴烧掉才能成龙。此三说都有升迁更新之意，故此宴取名"烧尾宴"。

烧尾宴的风习，始于唐中宗景龙时期，终于玄宗开元年间，仅流行了 20 余年。景龙三年（公元 709 年），韦巨源官升尚书左仆射，在家设烧尾宴奉请皇帝，肴馔丰美绝伦，世所罕见。《清异录》中记载了韦巨源设烧尾宴时留下的一份不完全的食单，使我们得以窥见这次盛筵的概貌。食单共列 58 种菜点。20 余种糕饼点心中仅"饼"的名目就有"单笼金乳酥"、"贵妃红"、"见风消"、"双拌方破饼"、"玉露团"、"八方寒食饼"等七八种之多；馄饨一项，就有 24 种形式和馅料……烧尾宴中的工艺菜也令人叹为观止，一道"素蒸音声部"，用素菜和蒸面做成一群蓬莱仙子载歌载舞，栩栩如生，华丽壮观。菜肴则水陆八珍，尽皆入馔。从菜名到烹调均新奇别致，超乎想象。有乳煮的"仙人脔"，生烹的"光明虾"，活炙的"箸头春"，冷拼的"五生盘"，笼蒸的"葱醋鸡"，油炸的"过门香"以及匠心独运的蛤蜊羹"冷蟾儿羹"……58 种菜点并非烧尾的全部，我们已能显见此宴的奢华，无怪乎唐代另一个宰相苏琼得官，却不向皇帝进献烧尾宴，并义正词严地说："宰相是辅佐皇帝治理国家的，今关中大饥，米价很贵，百姓都吃苦头饱，所以臣不敢烧尾。"从此，烧尾宴也就渐渐消逝了。虽然如此，烧尾宴是中国筵宴史上的一座丰碑，它上承周代八珍席，下启宋朝万寿宴和清廷满汉宴，开了豪华大宴之先河。

满汉全席

满汉全席，起兴于清代，原是官场中举办宴会时满人和汉人合坐的一种全席，逐渐发展成集满族与汉族菜点之精华的历史上最著名的中华大宴。乾隆年间李斗所著的《扬州书舫录》中有关于满汉全席的最早记载："满汉全席，分为六宴，均以清宫著名大宴命名，一为蒙古亲藩宴，二为廷臣宴，三为万寿宴，四为千叟宴，五为九白宴，六为节令宴。全席汇集满汉众多名馔，择取时鲜海错，搜寻山珍异兽。计有冷荤热肴一百九十六品，点心茶食一百二十四品，计肴馔三百二十品。合用全套粉彩万寿餐具，配以银器，富贵华丽，用餐环

奇石摆出的"满汉全席"

境古雅庄隆。席间专请名师奏古乐伴宴，沿典雅遗风，礼仪严谨庄重，承传统美德，侍膳奉敬校宫廷之周，令客人留连忘返。全席食毕，可使您领略中华烹饪之博精，饮食文化之渊源，尽享万物之灵之至尊。"

满汉全席是我国一种具有浓郁民族特色的巨型宴席。既具有宫廷菜肴之特色，又吸取地方风味之精华，菜点精美，礼仪讲究，形成了引人注目的独特风格。满汉全席共有 108 道菜，分三天吃完。满汉全席取材广泛，用料精细，山珍海味无所不包。烹饪技艺精湛，富有地方特色，突出满族菜点特殊风味，烧烤、火锅、涮锅几乎是不可缺少的菜点；同时又展示了汉族烹调的特色，扒、炸、炒、溜、烧等兼备，为中华菜系文化的瑰宝。

❦ 中国菜系 ❦

中国是传统的"烹饪王国"，在中国人的心目中，美食有着重要的地位。"民以食为天"、"饮食男女，人之大欲存焉"等古语形象地说明了中国人自古就有重饮食的习俗。中国文化对世界影响最为广泛而深远的当属中国烹饪，在世界各个国家，只要有华人居住，就有中国餐馆。到中国旅游，不品尝一下中国的美味佳肴、风味小吃，就无法领略中国饮食文化的精妙所在。可以这样说，不了解中国饮食，就不了解中国，中国饮食文化可谓是独一无二、博大精深。

在中国饮食文化发展演变的过程中，形成了以"中国菜"总的格调下不同的地方风味，逐渐成为一套自成体系的烹饪派别。中国的地方菜系丰富多样，最著名的有八种：鲁菜、川菜、粤菜、闽菜、苏菜、浙菜、湘菜、徽菜，称为"中国

"八大菜系",还有的加上京、鄂两菜系,构成十大菜系。众多菜系的不同,主要是源于各地区的地理环境、自然条件或物产资源存在着差别,这是各地人民的饮食种类和口味习惯各不相同的物质基础。"东南之人食水产,西北之人食陆禽",就是这个道理。物产决定了人们的食性,长期形成的对某些食物独特味道的追求,渐渐地就成为一种难以更改的习性。俗称的"南甜北咸、东辣西酸",就是地方饮食长期形成的结果。菜系的形成还与社会的发展,政治、经济、文化中心的形成和转移密切相关。中国著名的几大菜系基本上都是出自富庶的省份地区或是人杰地灵之乡。如四川被称为"天府之国",淮扬是盐商的老家,湘菜和徽菜名列八大菜系,也与其省份出读书人较多有很大的关系。

宴饮之礼

作为传统的古代宴饮礼仪,自有一套程序:主人折柬相邀,到期迎客于门外。宾客到时,互致问候,引入客厅小坐,敬以茶水、烟或点心。《清稗类钞·宴会》云:"(客来)即就坐,先以茶点及水旱烟敬茶,俟筵席陈设,主人乃肃客一一入席。"客齐后导客入席,以左为上,视为首席,相对首座为二座,首座之下为三座,二座之下为四座。客人坐定,由主人敬酒让菜,客人以礼相谢。席间斟酒上菜也有一定的讲究:应先敬长者和主宾,最后才是主人。男女同席时,则先女宾后男宾。酒要斟至八分满为宜。上菜时要先上冷菜后上热菜。上全鸡、全鸭、全鱼等大菜时,不能把头尾朝向正主位。宴饮结束,主人要将客人让入客厅小坐,上茶,交谈至辞别。这种传统宴饮礼仪如今在我国大部分地区仍完整保留。

宴饮图
明张岱《夜航船》载:"十月朔拜暮,有司进暖炭,民间作暖炉会。"图为众人围坐宴饮的热闹场面。

❦ 待客之礼 ❧

对待客之礼,《周礼》、《仪礼》与《礼记》这儒家经典三礼中已经记载得非常详细。凡是陈设便餐,带骨的菜肴放在左边,切的纯肉放在右边。干的食品菜肴靠着人的左手方,羹汤放在靠右手方。细切的和烧烤的肉类放远些,醋和酱类放在近处。蒸葱等伴料放在旁边,酒浆等饮料和羹汤放在同一方向。这些规定都是从用餐实际出发的,并不是虚礼,主要是为了取食方便。仆从摆放酒壶酒樽,要将壶嘴面向贵客;端菜上席时,不能面向客人和菜肴大口喘气,如果此时客人正巧有问话,必须将脸侧向一边,避免呼气和唾沫溅到盘中或客人脸上。主人要作引导,要作陪伴,主客必须共餐。尤其是有长者在席时,酌酒时须起立,离开座席面向长者拜而受之。长者表示不必如此,少者才返还入座而饮。如果长者举杯一饮未尽,少者不得先干。凡是熟食制品,侍食者都得先尝一尝。如果是水果之类,则必让尊者先食,少者不可抢先。

❦ 进食之礼 ❧

进食之礼在先秦时已有了非常严格的要求,直至现在。一般要坐得比尊者长者靠后,而进食时要尽量坐得靠前一些,以免不慎掉落的食物弄脏了座席。主人不能先吃完而撤下客人,要等客人食毕才停止进食。宴饮完毕,客人自己须跪立在食案前,整理好自己所用的餐具及剩下的食物,交给主人的仆从。更有"共食不饱"、"共饭不泽手"、"毋口它食"、"毋啮骨"、"毋投与狗骨"、"毋扬饭"、"毋刺齿"、"当食不叹"等许多饮食礼仪。这些进食之礼曾作为许多家庭的家训,代代相传。食礼为先,食礼是饮膳宴筵方面的社会规范与典章制度,餐饮活动中的文明教养与交际准则,体现了赴宴人与东道主的仪表、风度、神态和气质。

❦ 席间雅兴 ❧

中国人不仅讲究吃,还讲究吃的艺术。一桌宴席不仅要吃得有滋味,还要吃得有兴致、有水平。如果一人坐于席上,或大汗淋漓、挥汗咀嚼,或谈吐粗鲁、举止不雅,那岂不是在暴殄天物?诗仙李白《春夜宴从弟桃花园序》云:"幽赏未已,高谈转清。开琼筵以坐花,飞羽觞而醉月。"只有这样的雅兴、逸兴,才能使宴席陡增味外之味,盎然无比。

诗文宴饮,大多为文雅之士而为之。此时食客既要有席宴的吃情,又要有应时的才情。早在先秦之时，就有以赋诗为宴饮增趣的。《春秋左传》记载，齐国国君与晋国君欢宴，席上晋国大夫荀吴赋诗曰："有酒如淮，有肉如坻。寡君中此，为诸侯师。"齐君也赋诗曰："有酒如渑，有肉如陵。寡人中此，与君代兴。"两人均赋诗颂扬自己的国家，在这样的豪情之中不禁大增宴席的雅兴。不仅诗如此，文亦然。唐朝著名诗人王勃在宴会上文情大发，挥毫泼墨，留下了千古绝唱《滕王阁序》。可想而知，赋文之后的宴席定会别有兴味。诗文言志，宴饮吃情，在席间饮酒欢宴，赋诗撰文，真应了那句"醉翁之意不在酒，在乎山水之间也"。为筵宴助兴，除了音乐舞蹈和赋诗撰文之外，古人席间还有种种雅致的游乐活动，有的甚至流传至今。如礼射、投壶、流觞、传花、酒令、剑、看戏、划拳、征联、说笑话、射覆、抛球、骰子、酒胡子……这些游乐活动虽大多与饮酒关系更为密切，但却无不为席宴增添无限的趣味。

❖ 流觞 ❖

流觞又称"流杯"、"浮杯"。"觞"、"杯"均为酒器，又称为"羽觞"或"耳杯"，春秋战国之时的楚国就已经非常流行羽觞了。羽觞很轻，能够浮于水上，便有了流觞之戏。人们在水旁欢宴时，将酒杯盛满酒自上游放入水中，之后奏乐。待酒杯流到筵席之处时，众人便取酒分饮。在山水美景之间，饮酒、美食和玩乐，是何等的雅兴。

曲水流觞图 宋
此图描绘的是东晋大书法家王羲之在春三月与朋友集会赋诗之雅事。

❖ 酒令 ❖

　　酒令更是中国人席上常见的游乐方式，以酒令佐饮既活泼又富有情趣。酒令用于行酒，是以众人事先约定的方式来决出胜负，以胜者罚负者酒。酒令多种多样，许多均为文字游戏，有对诗、联句、拆字、回环、连环、藏头等。此外，还有骰令、游戏令，即掷骰子行酒和抛球、划拳等游戏方式。唐代著名诗人白居易有云"香球趁拍回环盏，花盏抛巡取次飞"，形容酒筵上欢快热烈的抛球游戏的场面。

❖ 茶道 ❖

　　茶道即饮茶之道，是一种以茶为媒的生活礼仪，也是修身养性的一种方式，它通过沏茶、赏茶、饮茶来增进友谊、美心修德、学习礼法，是很有益的一种仪式。茶道最早起源于中国，兴于唐，盛于宋、明，衰于近代。宋代以后，中国茶道传入日本、朝鲜，获得了新的发展。唐朝《封氏闻见记》中有记载："茶道大行，王公朝士无不饮者。"这是我国现存文献中对茶道的最早记载。唐朝陆羽所著的《茶经》是最早记载中国茶道历史发展的巨著。

　　在我国，茶被誉为"国饮"，被人们视为生活的享受、健康的良药、提神的饮料、友谊的纽带和文明的象征。中国的茶文化博大精深，茶道是核心。茶道包括两个内容：一是备茶品饮之道，即备茶的技艺、规范和品饮方法；二是思想内涵，即通过饮茶达到陶冶情操、修身养性，使思想升华到富有哲理的境界之目的。中国茶道的基本要求是：1. 茶具必须清洗洁净。2. 主张用清水煎茶，有条件的情况下可用泉水、江水，甚至用松上雪、梅花蕊上雪化水煎茶。3. 讲求水沸适度。4. 要求使用名贵优质茶具，将茶碗烫热或烤热，以便于茶汤香气充分升扬。中国四大茶道流派分别为贵族茶道、雅士茶道、禅宗茶道和世俗茶道。

　　中国茶道大胆地探索茶饮对人类健康的真谛，创造性地将茶与中药等多种天然原料有机结合，使茶饮在医疗保健中的作用得以增强，从而获得了更大的发展空间，这就是中国茶道最具实际价值的方面。

古人的娱乐

六博

"六博"，又称"陆博"，可以看做是象棋的前身，因为每人六枚棋子而得名。六博在棋盘和棋子之外还有箸，相当于后来的骰子，在行棋之前使用，因而六博的胜负具有很大的偶然性。六枚棋子为：枭、卢、雉、犊、塞（2枚），"枭"之外的5枚又统称为"散"，玩法就是以杀枭为胜，枭也就相当于后来象棋中的将或帅。六博在春秋时期即已出现，在此后相当长的时期都非常盛行，后来六博发生分化，一支发展为后来的象棋，另一支则演变为赌博的手段，原初形式的六博在宋代之后就基本消失了。

投壶

投壶图

投壶是古时士大夫阶层在宴饮时所进行的一项游戏。春秋时期，诸侯宴请宾客的礼仪之一是请客人在席上射箭，因为当时射箭为六艺之一，为士人必备的技能，但也有一些客人射艺不佳，于是就采用以箭投酒壶的方式来代替，逐渐成为一种风习，投壶代替了射箭而成为宴饮之间的一种游戏。秦汉之后，"雅歌投壶"几乎是士人们会宴之时的必有项目，并且产生了许多较为复杂的形式，游戏的难度有所增加，同时趣味性也变得更强。宋代司马光在专著《投壶新格》中详细记载了游戏的各个方面，包括壶具的尺寸、投矢的名目和计分方法等。然而在宋代之后，投壶渐趋衰落，不复盛行。

❀ 射覆 ❀

"射覆"，是古时《易经》占卜的学习者所玩的一种卜测性质的游戏。"射"是猜度之意，"覆"是覆盖之意，"射覆"的直义就是猜测覆盖物所遮藏的为何物。游戏的时候，覆者用盆碗杯盂等器皿覆盖某一物件，射者通过占筮的途径来进行猜度。覆盖的一般都是生活中常见的物品，有时也写下一个字来让人卜测。汉代的东方朔就是一位射覆大家，晋代的郭璞、梁元帝萧绎、唐代的李淳风、宋代的邵雍等也都是史上有载的一流高手。射覆在古代是一项十分流行的游戏，在诗词典籍中多有所见，如李商隐《无题》诗中写道："隔座送钩春酒暖，分曹射覆蜡灯红。"《红楼梦》第六十二回中对宝玉、宝钗、探春、香菱等进行的射覆游戏更是描写得非常详细。射覆需要运用到非常玄妙的易学知识，蕴涵着全息理论的奥义，但也表现出通常思维所不可理解的一面。

❀ 围棋 ❀

围棋是一种双方各执黑白棋子进行对弈以最终占地面积大小来定胜负的游戏。战国时期赵国史官编写的《世本》称"尧造围棋"，晋代张华在《博物志》中说"或曰舜以子商均愚，故作围棋以教之"，反映围棋起源之早。至少在春秋时期，围棋已经很为流行。关于围棋的最早确切记载见于《左传·襄公二十五年》："今宁子视君不如弈棋，其何以免乎？弈者举棋不定，不胜其耦。而况置君而弗定乎？必不免矣。九世之卿族，一举而灭之。可哀也哉！"公元前 559 年，卫国的国君献公被大夫宁殖等人驱逐出国，后来，宁殖的儿子又答应把卫献公迎回来，文子听说后感叹宁氏的做法反复无常，预言他们的灾祸将要不远了。"举棋不定"这一成语也就是由此而来。其后围棋在发展的过程中又经过了较大改进，三国时期魏邯郸淳在《艺经》上说，魏晋及其以前的"棋局纵横十七道，合二百八十九道，白、黑棋子各一百五十枚"，而在甘肃敦煌莫高窟石室中发现的南北朝时期的《棋经》载明当时的棋局是"三百六十一

重屏会棋图卷 南唐 周文矩
古人有"围棋初非人间之事，乃仙家养性乐道之具也"之说，下棋可使人精神集中，排除杂念。

道，仿周天之度数"，这与现代围棋的格制是完全相同的。唐玄宗时设立了"棋待诏"制度，就是为翰林院中的专业棋手赋予官职，提高了棋人的地位，扩大了围棋的影响。明清两代则是围棋发展的高峰，名家辈出，并且形成不同的流派，这种兴盛的局面直到清末因国势衰弱而被截断。

❀ 中国象棋 ❀

中国象棋，在战国时代已经成为贵族阶层所流行的一种游戏。《楚辞·招魂》曰："菎蔽象棋，有六簙些。"王逸注云："言宴乐既毕，乃设六簙，以菎蔽作箸，象牙为棋，丽而且好也。"这里讲的是先秦时期的象棋，当时称作"六簙"，棋制由棋、箸、局等三种器具组成。局，就是棋盘；箸，相当于骰子，每次行棋之前进行投掷；棋是棋子，用象牙雕刻而成，每方6子，分别为枭、卢、雉、犊、塞（2枚）。象棋是模仿当时的兵制而设计的，象棋游戏也具有军事训练的意义。后来象棋取消了投箸，也就是说不再存有侥幸的成分，而全凭实力和智谋取胜。此后秦汉及至隋唐象棋在流传过程中不断地得到改进，最后定型于北宋末年，即当代的象棋样式：双方各16枚棋子，分别为将（帅）一个，车（车）、马、炮、象（相）、士（仕）各两个，卒（兵）五个。南宋时期，象棋变得家喻户晓，十分盛行，还出现了洪迈的《棋经论》、叶茂卿的《象棋神机集》等多种象棋专著，象棋由此成为一门独立的学问。

❀ 百戏 ❀

"百戏"一词产生于汉代，是当时各种民间表演艺术的泛称。据宋代类书《事物纪原》卷九"百戏"引《汉元帝纂要》："百戏起于秦汉曼衍之戏，后乃有高絚、吞刀、履火、寻橦等也。"这里的"曼衍之戏"指的是一种由人装扮成巨兽的舞蹈，"高絚"就是走钢丝，而"寻橦"是一个人手持或头顶长竿，另有数人缘竿而上的表演。"百戏"原本涵盖广泛，包括各种乐舞、说唱、戏耍等，而宋代之后则习惯上将"百戏"仅用于称呼杂技一类的表演。

❀ 骑射 ❀

骑射，即骑在马上射击，最初是一种军事技能，后来也作为一项独立的体育活动。中国古代早期，马只用来驾车，并不用来骑乘，直到周赧王八年（公元前307年），赵武灵王实行军事改革，令军民着胡服，学骑射，中原地区才有了骑马的风俗。在此之前，中原各国的军队编制是步兵与战车相配合，而胡人则已有骑兵队伍，在交战的过程中，虽然中原军队的武器更为先进，但是灵活性却不如胡军，加之身着长袍，行动起来更不方便，这常常导致作战失利，于是赵武灵王决心改易服装，

乾隆射猎图

建立骑兵。后代历朝也都建有骑射部队，至于辽、金、元等游牧民族所建立的朝代更是以骑兵立国，骑射是一项看家本领。清朝前期，骑马和射击被看做是生活必备的技能，连同妇女和儿童也普遍善于骑射，骑射成为民族兴盛的一项标志，满族人也深以此为豪，努尔哈赤和皇太极皆被誉为"马上皇帝"。后来战事平息，骑射则主要作为一项体育运动而存在。清末唐晏在《天咫偶闻》中说："国家创业，以弧矢威天下，故八旗以骑射为本务，而士夫家居亦以射为娱。家有射圃，良朋三五，约期为会。其射之法不一。"从这段记述中可以看出骑射对于八旗子弟的重要性，同时也展现出当时骑射风气的盛行。

❧ 蹴鞠 ❧

蹴鞠，是中国古代的一种球类运动。关于蹴鞠的最早记录见于《史记·苏秦列传》："临苗甚富而实，其民无不吹竽、鼓瑟、蹋鞠者。""蹋鞠"也就是蹴鞠，又名"蹴球"、"蹴圆"、"筑球"、"踢圆"等，说的都是用脚踢球的意思。蹴鞠是一项古老的体育运动，起源于齐国都城临淄，齐宣王在位时期（公元前319～前310年）已经很为盛行。秦代，蹴鞠运动一度沉寂，进入汉代又复兴盛，并被视为"治国习武"之道，在军队和宫廷之中十分流行，使得蹴鞠由一种下层人民的运动提升为一种贵族运动。汉代还出现了研究这项运动的专著——《蹴鞠二十五篇》，这也是中国和世界上最早的一部体育著作，可惜已经失传。到了唐代，蹴鞠的制作艺术和运动技术都有了很大的改进，球变得更圆、更轻，而充气技术也是世界上最早的发明。唐代分队比赛，由原来的直接对抗转为间接对抗，中间隔着球门，双方各在一侧，以射门数多者为胜，并且还出现了女子蹴鞠，女子蹴鞠不射门，而以踢球的技法显胜，这被称为"白打"。及至宋代，蹴鞠变得更加兴

盛，上海博物馆藏一幅《宋太祖蹴鞠图》，描绘的就是当时皇帝亲身从事蹴鞠运动的情景。《文献通考》记载："宋女弟子队一百五十三人，衣四色，绣罗宽衫，系锦带，踢绣球，球不离足，足不离球，华庭观赏，万人瞻仰。"这时，球技已经发展出成套的花样动作，擅长者可调用头、肩、背、胸、膝、腿、脚等身体的各个部位，使"球终日不坠"。《水浒传》中记述的因擅长踢球而发迹的高俅就是当时蹴鞠盛行的一个鲜明的例证。在球的制作方面，宋代又有了进一步的发展，"密砌缝成，不露线角"，做成的球要"正重十二两"，"碎凑十分圆"，由此可见制球工艺已经非常精湛。清代开始，蹴鞠运动变得冷落，近代西方足球传入，蹴鞠作为一种社会流行的体育运动就销迹了。

看社戏

古代诗人陆游在《稽山行》中曾写道："空巷看竞渡，倒社观戏场。"在以前，各社各村都有定期演戏的习俗，民间称为"年规戏"，也就是鲁迅先生所说的社戏。以前，每个乡镇村落都有社庙。各地都有民约规定，春秋两季要祭社，后来发展为采用演戏来祭社，这就是年规戏的渊源。

社戏作为一种流行于绍兴地区的传统民间娱乐风俗，源于该地农村春秋两季祭祀社神（土地神）的习俗。先时，春社为祈求五谷丰登，秋社为庆贺一年丰收，后发展为以演戏酬神祈福，进而沿袭为民间文化娱乐活动。

绍兴演社戏的风俗在南宋时已经盛行，到清末仍非常流行。鲁迅先生小时在家乡酷爱看社戏，在《社戏》、《无常》、《女吊》等名作中，我们都看到他对社戏多加赞扬，称它为"很好的戏"。社戏一般在庙台或临时搭建的草台上演出。古时的庙台有两种：一种建于庙宇大殿前的天井内；另一种是筑于庙门的水上舞台，也叫"水台"，观众可坐在船上看戏。一些乡村还流行邀请亲友看社戏的习俗。每当此时，各家各户宰牲，制备酒肴，用来款待宾客。

社戏剧目一般来说可分为三部分：彩头戏、突头戏和大戏。彩头戏，也称"口彩戏"，主要为恭祝发财、晋官的吉利戏剧。突头戏，当地称"骨子毁"，是为正戏作铺垫的戏剧。其剧目情节曲折，有较高的艺术性，著名剧目有《龙虎斗》、《英列传》、《双龙会》等折子戏。大戏即正戏，绍兴人也称"平安大戏"，傍晚时开始演出。著名的大戏有《双核桃》、《倭袍》、《双龙会》等。演出中，根据剧情的发展需要，还会插演一些《男吊》、《女吊》、《跳无常》等鬼戏。现在，在岁末农闲或重大节日期间，绍兴乡村还会请剧团进村演戏，不乏社戏之遗风。

❧ 踏青 ❧

　　踏青，又叫春游，指的是在清明前后芳草始生、杨柳泛绿的好春时节到郊野去游览的出行活动。踏青的习俗由来已久，至迟在魏晋时期已经成为社会上盛行的风气，而到唐宋年间更是极盛。"三月三日天气新，长安水边多丽人……"杜甫的这首《丽人行》所描写的就是当年长安踏青的盛况。在古代，三月三日称为上巳日，因王羲之的集序和书法而颇为传颂的兰亭集会实际就是在上巳日举行的一种踏青活动，这一风俗流传到唐代，长安的士女在这一天汇集到城南的曲江游玩踏青，为一时之盛容。在游赏春光之外，荡秋千和放风筝是踏青时节最为主要的两项活动。李清照在一首《点绛唇》中写道："蹴罢秋千，起来慵整纤纤手。露浓花瘦，薄汗轻衣透。"这描写的就是荡秋千之后所给人带来的快意感受。而清代诗人潘荣陛的一首《北京竹枝词》则对清明时节的风筝活动进行了精彩的描绘："新鸢放出万人看，千丈麻绳系竹竿。天下太平新样巧，一行飞上碧云端。"千百年来，虽然在不同的时代具体的活动内容有所变化，但是踏青这一习俗却一路流传下来，当今依然为人所喜爱。

春山游骑图　明　周臣
此图描绘春山、旅店、游骑和旅行者春游的情景。踏青郊游是很好的养生方式。

❧ 赛龙舟 ❧

　　赛龙舟，又称"赛龙船"或"龙舟竞渡"，是我国传统节日端午节的主要习俗，也是深受人们喜爱的水上竞赛性娱乐活动，在江苏、浙江、湖南、湖北、福建、云南、贵州等地最为盛行。相传赛龙舟起源于对屈原的纪念：古时楚国人由于舍不得贤臣屈原投江死去，许多人划船追赶拯救。他们争先恐后，追至洞庭湖时不见踪迹，之后每年五月五日人们都要划龙舟以纪念屈原，借划龙舟驱散江中之鱼，以免鱼吃掉屈原的身体。

后来，赛龙舟除纪念屈原之外，在各地人们还赋予了不同的寓意。

江浙地区划龙舟，兼有纪念当地出生的近代女民主革命家秋瑾的意义。贵州苗族人民在农历五月二十五至二十八举行"龙船节"，以庆祝插秧胜利和预祝五谷丰登。云南傣族同胞则在泼水节赛龙舟，纪念古代英雄岩红窝。不同民族、不同地区，划龙舟的传说有所不同。直到今天，在南方的不少临江河湖海的地区，每年端午节都要举行富有自己特色的龙舟竞赛活动。

清乾隆二十九年（1736年），台湾地区开始举行龙舟竞渡。直到现在，台湾地区每年五月五日都举行龙舟竞赛。此外，划龙舟也先后传入日本、越南及英国等国。1980年，赛龙舟被列入中国国家体育比赛项目，并每年举行"屈原杯"龙舟赛。

❮ 放风筝 ❯

风筝起源于中国，至今已有2000余年的历史。在古代，风筝又叫做"纸鸢"或者"鹞子"，被称为人类最早的飞行器。相传春秋时期，著名的建筑工匠鲁班曾制木鸢飞上天空。后来，以纸代木，称为"纸鸢"；汉代起，人们开始将其用于测量和传递消息；唐代时，风筝传入朝鲜、日本等周边国家；到五代时期，又在纸鸢上系以竹哨，风入竹哨，声如筝鸣，因此又称"风筝"。至宋代，放风筝逐渐成为一种民间娱乐游戏。

历代放风筝的时间均有较强的节令性，原因在于自然季节、气候对放风筝有较强的约束力。宋朝以后，春季放风筝已成定例。清明节前后，城镇居民多于城外空旷处放风筝。宋人高承《事物纪原》中把纸鸢列入"岁时风俗类"，即可说明风筝已有了明确的节令性。清代，仍盛行春季放风筝。清人李声振在《百戏竹枝词》中说："百丈游丝放纸鸢，芳郊三女禁烟前。"与北方风俗所不同，南方各地常有秋季放风筝的习惯，福建省内即多取九月初九重阳节放风筝，清末风俗画家吴友如先生在《纸鸢遣兴》图中题道："闽中风俗，重阳日都人士女每在乌石山、于山、屏山上竞放风筝为乐。"

明清两代的文人士子、庶民百姓都十分喜爱风筝，但是封建帝王却不许百姓在城里放风筝。原因是这样的：古代传说韩信曾利用放风筝测量未央宫远近，企图开凿地隧进入宫廷造反起事。明清两代帝王竟引为前鉴，生怕再发生类似的事情，因此明令禁止在城内放风筝。

在古代，人们还把放风筝与去晦气联系在一起。古人认为，放风筝可清目、泻内热，如果某人有灾，就将姓名写在风筝上，放至空中后，剪断引线，使其任意飞远，灾难也就可以随之消失。

第八篇

百工名物

三教九流

《 三教九流 》

　　最早时，汉儒曾将"夏尚武，殷尚敬，周尚文"称作三教，其意为三种社会教化的风气。东汉时，佛教传入中国，道教兴起。至三国时期，"三教"逐渐固定指儒教、道教、佛教。"九流"最早出现在《汉书·艺文志》中，指的是春秋战国时期在"百家争鸣"的背景下形成的九个学术流派，分别是以孔孟为代表的儒家、以老庄为代表的道家、以墨翟为代表的墨家、以韩非子和商鞅为代表的法家、以苏秦和张仪为代表的纵横家、以邹衍为代表的阴阳家、以邓析为代表的名家、以吕不韦为代表的杂家和以许行为代表的农家。同时，人们也习惯将宗教、学术中的各种流派统称为"三教九流"。不知从何时起，民间口头上又将从事各行各业的人们分为"九流"，根据高低贵贱又具体分为上九流、中九流、下九流三个等级。因上、中、下九流的内容随着社会经济、风俗的变化有所变化，故不止一个版本。而随着时间的推移，三教九流逐渐贬义化，泛指那些在江湖上从事各种不是很体面的行当的人。

《 风水先生 》

　　在我国民间，对占卜方位的方术多称为"风水"，进而把从事这种职业的人称为"风水先生"。由于看风水的过程中，大多数风水先生都习惯以阴阳学说来解释天象、地脉，人们从直觉上认为他们是经常与阴阳界打交道的人，所以又称他们为"阴阳先生"。

　　风水从诞生之初就与天文历法、地理结下了缘。作为风水先生，必须能够仰观天文，俯察地理，这是他们的基本技艺。之所以被称为相地术，是因为看风水主要是观察地理形势。叫做青乌根源于汉代相地家

拆字先生

清代蒲呱绘。这位先生只要看顾客写下的字，通过分析就能占卜吉凶。陈文瑞有诗云："学数谈星各隐占，偏旁字拆减还添。心驰商贾工农外，且设君平卜肆帘。"

青乌子，人称青乌先生，以后人们多称此术为青乌。至于青囊称谓的缘起，大致是由东晋郭璞根据青囊九卷而著的相地术经典《青囊经》得名的。

因此，后世的风水先生多以郭璞为鼻祖，也有的认为九天玄女是阴阳院（风水门）的宗师。传说中，黄帝在九天玄女的帮助下战胜蚩尤，解救百姓于水火之中，而且从玄女那里学会玄学术数，其中很大一部分就是风水术。

❰ 厨师 ❱

"厨师"本是西周时期官名，指当时宫廷内负责天子饮食事宜的官员，又叫膳夫、厨人、庖丁、庖子等。上古时期，厨师一般指的都是宫廷和贵族的私人奴仆，民间并未形成比较普遍的厨师行业。直到汉代文、景时期，都市经济的兴起促进了饮食市场的兴旺，厨师才成为民间一个普遍的职业。当时的厨师已经穿上专门的厨师工作服，并存在明确的分工。唐宋时期，都市进一步繁荣，厨师行业已经形成一个庞大的职业群体。其时厨师称作"禽行"，禽行又分内、外行，内行指在饭馆里的师傅，外行则指专门四处走穴给人办宴席的厨师。当时的分工更是严格，据唐代《国史补》记载，富人家需要办席时，找社会上专门提供服务的相应组织，三五百人的宴席可立刻做好，这没有极细密的分工自然是不可能做到的。明清时期，饮食更是形成一种文化，各繁华都市均出现不少名噪一时的名厨。就社会地位而言，那些宫廷、贵族的家用厨师虽然能够发家乃至做官，但一不小心便有杀身之祸，担的风险也比较大；而那些民间厨师的社会地位则不高不低，既没有列入中九流，也未列入下九流。总的来说，人们对厨师是一种并不看在眼里，但也略微羡慕的态度。因为在古代多数时候，物质贫乏且经常发生饥荒，而厨师在嘴上自然是不受委屈的，即使饥荒年月，至少是不挨饿的。"三年天旱，饿不倒厨官"等谚语便反映了这种心理。

❰ 私塾先生 ❱

因为中国古代民间教育发达，因此私塾先生也是相当普遍的职业。早期教育多为贵族家庭垄断，私塾先生数量有限。自隋朝开科举制度之后，政府与社会之间通过教育打通一条仕途，民间教育兴起，私塾先生开始遍布全国城乡各地。古代的私塾先生总体上可分为两种，一种是自己"开班招生"，即先生在自己家里或借庙宇、祠堂或租赁房屋开办学堂，招收附近学龄儿童入塾读书，《水浒》中的智多星吴用便是如此；另一种则为被延请施教，或者是被富贵人家单独请到家中教育子女，或者是被一个村庄或一个宗族之人集体请去开馆教育儿童，如《红楼梦》中作为林黛玉老师的贾雨村。对应于主人的"东家"称呼，私塾先生往往有"西席"、"西宾"的别称。私塾先生施教的内容主要是对儿童进行启蒙阶段的识字教育。古代私塾先生主要由科举落第的秀才，其次是未中秀才的童生担当。

关于私塾先生的待遇和社会地位，则因人而异。在大户人家做私塾先生，待遇一般比较好；在村塾教学，待遇往往差些。当然这也与东家是大方还是吝啬有关。另外，明清之前的私塾先生待遇与社会地位都还比较不错。明清之际，读书人地位下降，私塾先生待遇与地位都直线下降，故有"家有三斗粮，不当孩子王"的谚语。不过总体而言，因古代通过读书能够做官，所以人们普遍重视教育，私塾先生固然挣不到什么大钱，但还足以或宽或紧地养活一家之口；地位虽说不上高，但还算是受人尊敬的。

《 药铺 》

周朝之前，巫、医、药不分。春秋战国之际，医、巫分家，同时医、药也开始逐步分工。医生除了自己采药外，也向民间的采药人购买药材。汉代时，在医官之外，已经存在专门的药官——药丞、方丞，两者分别掌药和药方。同时，民间采药卖药也成为专门职业。唐代，民间开始出现固定的卖药摊贩和摊位，药品零售业得到进一步发展。宋代，朝廷还在开封开办了第一家国家药店"官药局"，都市中出现大量的正规药铺。除一些医生自己也开有药铺外，许多医生只负责看病开药，病人自到药铺抓药。明清之际，药铺更是遍地开花，清代仅北京城里就有100多家中药铺。另外，在规模上也更成气候，出现许多全国知名并流传久远的著名药铺，如开办于明天启年间的杭州朱养性药堂，清代著名"红顶商人"胡雪岩在杭州开的胡庆徐堂，而康熙年间开办于北京的同仁堂至今存在。许多大药铺往往还有坐堂医生提供咨询。清末西药房也开始出现，并逐渐取代了中药房。在古代，开药铺被称为善举，药铺老板有时还被称作善人。因此明小说《金瓶梅》中西门庆之所以人人尊称其为"大官人"，不仅是因其有钱，还与其药铺老板的身份有关。

《 优伶 》

中国最早的职业演员，大约产生于西周末年，那时称"优"。这些"优"是奴隶主贵族的家养奴隶，善歌舞，会模仿别人的语言和动作，专供贵族声色之娱。优孟就是春秋时楚国国王的"优"。

宋国河北郡太夫人宋氏出行图 莫高窟壁画
画面是行进中的乐舞杂技表演。队伍最前列为杂耍表演。中间四名舞女，身着花衣，相对起舞，长袖飘动，姿态优美。乐队十几人，所持乐器有拍板、腹鼓、鸡娄鼓、笙、横笛、箫、琵琶等。乐队面对舞者演奏，舞者合乐而踏，乐与舞相融无间。

　　优伶的社会地位从来就是卑微的，职业没有给他们带来任何欢乐。有的优伶则"献媚邀宠"，以博得安乐。优伶邀宠的手法无非就是以艺或色，或艺色并用，双管齐下。他们经常在帝王或权贵的身边，有机会察言观色，投其所好。

　　优伶的出现和发展是伴随着中国古代戏曲产生和发展的。先秦滑稽戏中已经产生了优伶，经过汉魏六朝的故事剧、唐朝的参军戏、宋代的南戏、元朝的杂剧、明清的传奇等发展阶段，优伶活跃于戏曲发展的各个时期，并为中国戏曲文化的发展与繁荣做出了不可磨灭的贡献。

乞丐

　　据史学家考证，乞丐自原始社会的氏族公社解体以来，一直存在。时间长了，人们根据行乞的方式对其进行了分类。

　　原始型乞丐，他们因采取哀乞苦讨的方式乞讨而得名。古书称这类乞丐为"乞儿"。他们有的是由于一时落魄走到这一步，或遭遇天灾人祸沦落至此，只能靠行乞苟延残喘。卖艺型乞丐，指那些有一技之长，并以此招徕看客而且能博得其欢心，从而换取施舍的乞丐。劳务型乞丐，指的是那些从事一般人不愿或不屑于做的低贱、简单、肮脏、辛苦的劳务，以此换取施舍的乞丐。残疾型乞丐，即肢体残疾，丧失劳动能力的乞丐。他们当中有的是真的先天残疾或后天致残，无亲无故，自身又丧失劳动力，只能靠乞讨过活，着实可怜。流氓无赖型乞丐，这些人表面上是乞丐，实质上则是披着乞丐外衣的流氓。

上述各种类型的乞丐也只是"丐帮"这个大群落中的一小部分，其他还有形形色色的乞丐。但无论以什么样的面貌出现，都不会跑出乞怜或骗钱或二者兼而有之的圈子。

❧ 剃头师傅 ❧

剃头在古代属于下九流的行当，剃头者俗称剃头师傅、剃头匠、整容匠、镊工、待诏等。汉代时，出现了以理发为职业的工匠，当时主要是为贵族服务。直到宋代时，都市经济的发展带来了服务业的繁荣，理发的行为才开始广泛存在于市民的日常生活中，剃头师傅成为城市中常见职业。不过，古人信奉"身体发肤，受之父母"，因此除了幼儿外，成年人找剃头师傅主要并不是为剃去头发，而是做一些洁面、梳发等方面的事情。如宋代剃头师傅剃头时所做的主要是三个方面的内容：一是用镊子将客人头上的白发拔掉，故剃头匠有镊工之称；二是剃去颊毛与胡子，并拔鼻毛；三是用竹篦梳理头发，以使头发顺畅并清除头皮屑及虱卵，最后则将头发盘在头顶做成一个造型。明代还增加了挖耳、推拿等服务。金及元代，均对汉族人下过剃发令，但因汉族人的拒斥而不了了之。清代，在强制推行剃发易服令的政治背景下，剃头行业大盛，到处都能看到剃头师傅挑着担子走街串巷。因清人脑袋前端的头发需要经常剃掉，对于剃头师傅的需求量大大增加。顺治、康熙年间，城市中开始出现理发铺，后来剃发行业还建立了自己的行业协会，并有自己的祖师爷（一说罗祖，一说吕洞宾）。总体上，古代理发的都是男子。直到"五四"之后，女子才开始成为理发店的主顾。

❧ 木匠 ❧

木匠这个职业可以说是再古老不过了，木匠最早被称为"木工"，《礼记·曲礼下》记载："天子有六工，曰：土工、木工、金工、石工、兽工、草工。"之后木匠又有"梓人"、"梓匠"、"匠人"等称呼。木匠在古代的工作范围相当广泛，除了建筑之外，人们生产生活中家具、车船、棺材、木工艺品乃至军事上的弓箭、碉堡等，都离不开木匠。故此木匠在整个古代社会都是一个大行当，无论农村还是城市都有大量的木匠。古人早期按照木匠的专职领域进行过相当繁琐的分类，后来又简化为三类，一类是负责建筑等大器作的木匠；另一类是制作比较精致的木工艺品等小器作的木匠；第三类则是制造车船等介于前两者之间的木匠。

总体上，木匠在古代属于典型的有一技在身之人，但木匠行业毕竟入门门槛不高，一般人都能学，因此其社会地位并不高，甚至一度被归为下九流。

❖ 当铺 ❖

当铺旧称质库、解库、典铺等，是我国古代出现的一种金融机构，具体形式为典当人以自己的房产、土地或某件物品作为抵押，按抵押物品的打折价值从当铺借到一定银钱，然后约定日期。如到期归还银钱，则当铺收取一定利息，归还典当物品；如到期未能归还银钱，则典当物归当铺所有。当铺最早是南朝梁的僧人搞出来的，因南朝梁武帝信奉佛教，寺院财产丰富，一些僧人收取别人抵押物后放高利贷，形成最早的典当业务。唐宋时期，典当行业在民间兴盛起来，当时还存在官办当铺。明清时期，当铺尤其繁盛。清乾隆年间，仅北京就有六七百家当铺。古代到当铺典当者，均是家有急难逼不得已才如此，多为穷人，尤其灾荒年景，穷人多以典当渡难关。总体上，典当行业在古代名声相当不好，往往是高息低放，刻意压价，典当金额往往不及物品价值的一半，利息却相当高，故穷人多恨之。《金瓶梅》中的西门庆便开有当铺，小说对其贪婪有生动的描写。不过古代金融服务业缺乏，当铺毕竟为人们提供了一条解一时之难的路径。

北京城百姓抢当铺

杨柳青年画。清朝光绪二十六年（1900 年），八国联军攻进北京，清帝及慈禧太后西逃，城中大乱。众多的贫民因国破兵乱，无处谋生，不得不铤而走险。图中描绘了当时群众激动地向高利剥削的当铺抢夺财物的情景。

❦ 澡堂 ❧

中国人相当爱好洁净，汉代时，朝廷每5天便给官吏放一次假，让其回家洗澡。早期贵族多利用天然池塘或在府邸内建造露天池塘以供洗澡。唐代人则喜欢在温泉洗澡，除著名的供唐玄宗和杨贵妃洗澡的华清池外，还建有众多的温泉澡堂。到宋代，随着城市的发展和商业经济的繁荣，城市中出现公共澡堂。当时开澡堂称为"香水行"，可能是澡堂内放有一定的香料之故。泡澡堂成为广大市民阶层离不开的消遣活动，文人士大夫尤其喜欢光顾。据说苏东坡便喜欢光顾公共澡堂，并就此有过一些词作。当时还有将澡堂与茶馆一块儿经营的，客人洗完澡还可以在茶馆里品茶。元、明、清时期，公共澡堂更加普及，尤其清代时，澡堂门口竖有高高的杆子，上挂澡堂招牌广告，以吸引顾客。澡堂内服务也更加周到，配有专门的伙计为客人服务，备有专门毛巾、饮料等；另外，澡堂还派生出了搓澡、捏脚、修脚等行业。不用说，澡堂行业必定是属于下九流了。

❦ 三百六十行 ❧

人们常说："三百六十行，行行出状元。"其实，所谓的三百六十行，只是个笼统说法，泛指各行各业。唐代时，一度产生"三十六行"的说法，但同样只是一种笼统说法。宋代时，好事者周辉在《清波杂志》上凑出了三十六行，具体包括肉肆行、丝绸行、文房用具行、酒米行、铁器行、药肆行等，基本上代表了社会生产生活中的各种常见行业。至于"三十六"为何变为"三百六十"，清末徐珂的《清稗类钞·农商类》载："三十六行者，种种职业也。就其分工约计之，曰三十六行；倍之，则七十二行；十之则三百六十行。"可见"三百六十行"乃是人们在三十六行的基础上乘十形成的。明清之际，中国农业、手工业获得极大发展，商品经济日渐繁荣，许多原本由家庭生产的用品都开始从家庭中分离出去，成为专门行业；另外又出现了诸如金融、报行等新兴第三产业。可能人们普遍感觉生活中的行业迅速增多，于是干脆在三十六的基础上乘以十，形成了"三百六十行"的说法。

名物国宝

❦ 鼎与簋 ❧

鼎，最早是古人用来做饭的器皿，相当于现在的锅。鼎分为两类，一类圆形三足，另一类方形四足。需要做饭时，直接在鼎下面烧火即可。因此，鼎其实附带了灶的功能。早期的鼎是用黏土烧制的陶鼎，后来则全为青铜鼎。簋，起初是商周时期的人们用来放置煮熟的食物的器皿，形制比较多，变化也较大。商代簋形体厚重，多为圆形，侈口，深腹，圈足，两耳或无耳，器身多饰的兽面纹。西周又出现四耳簋、四足簋、圆身方座簋等。

除了实用外，鼎与簋还是商周时期的重要礼器，是贵族身份的象征，而且，两者有一定的搭配关系。史书记载，天子用九鼎八簋，诸侯用七鼎六簋，卿大夫用五鼎四簋，士用三鼎二簋，众多考古发现也证实了这点。战国以后，鼎与簋的象征意义均失去，鼎大多成了香炉，簋则极少见到了。

❦ 后母戊方鼎 ❧

后母戊方鼎是产生于中国商代晚期的一个青铜鼎，是迄今发现的世界上最大的青铜器。后母戊方鼎是商王文丁为祭祀其母亲"戊"而特地铸造，其高 133 厘米、口长 110 厘米、口宽 79 厘米，重达 875 公斤。外型呈长方形，口沿厚实，轮廓方直，四足而立，看上去沉稳而庄严。在鼎身四周布有以饕餮为主的纹饰，鼎耳外廓有两只猛虎，虎口相对，中含人头。整体上，后母戊方鼎形制雄伟，纹势华丽，工艺高超，是商代青铜文化顶峰时期的代表作。因鼎内部铸有"后母戊"三字而得名。后母戊方鼎于 1939 年在河南安阳被

后母戊方鼎模型（原名司母戊鼎）

一个农民发掘，当时差点被闻讯赶来的一个日本人买走，几经周折，现存于中国历史博物馆。

❧ 四羊方尊 ❧

四羊方尊是后世发掘出的一件商朝中晚期的青铜器。铜尊盛行于商代和西周时期，是一种饮酒礼器。四羊方尊是现存商代青铜方尊中最大的一件，高58.3厘米，每边长52厘米，重34公斤，是我国现存商器中最大的方尊。尊口外沿呈方形，四角各塑一羊，羊头与羊颈伸出器外，羊身与羊腿附着于尊腹部及圈足上。羊角弯曲有力，羊头上饰有雷纹，羊背和胸部有鳞纹，前腿雕有长冠鸟，圈足雕有夔纹，其余空白地方均饰有雷纹。四羊方尊集线雕、浮雕、圆雕于一器，以异常高超的铸造工艺制成，造型简洁优美、寓动于静，极具端庄典雅意蕴，被认为代表了商代青铜器具制作的最高水平。四羊方尊于1938年在湖南宁乡县被发掘，目前存于中国国家博物馆。一般认为商文化南界到淮河流域，对于湖南为何存在如此精美的青铜器，一直是学界的一个疑案。

❧ 大型青铜立人像 ❧

大型青铜立人像是于1986年出土于四川广汉三星堆遗址的一件青铜器。该器由一个高172厘米的铜人站在一个高90厘米的底座上构成。立人头戴太阳花（象征日神）冠，身穿3件窄袖与半臂式右衽套装衣服，两臂一上一下聚在胸前，双手则各自握成环状，手势夸张，不知道在干什么。尤其令人不解的是其一双手异常大，显然非正常人的尺寸。考古学者推测这可能与古蜀人对手的崇拜有关，有考古学者推测铜像刻画的乃是一个巫师或帝王正在向人们传达神灵之意的形象，故意制造巨大的手和怪异的姿势是为了增加其神秘性。三星堆遗址作为远离华夏文明中原核心区的早期文明遗址，出土了数量巨大、种类繁多的诡异怪异文物。大型青铜立人像只是其中之一，与其他文物共同反映了殷商中晚期至西周早期的古蜀国繁杂诡异的原始宗教观念。

青铜立人像

❧ 宴乐攻战纹壶 ❧

嵌错宴乐攻战纹壶是我国战国时期的一种上嵌错宴乐、攻战等图纹的青铜器。嵌错金银是我国古代的一种金属细工的装饰技法之一，是在青铜器及青铜兵器上嵌错金银样纹。此技艺出现于春秋时期，战国时尤其盛行，许多车器、符节、镜上，也多有精美的错金银样纹。当时的纹饰题材一般为贵族生活的习射、宴乐及狩猎、水路攻战等内容。东汉之后，该技艺逐渐消失。目前存在的三个嵌错宴乐攻战纹壶是这一类青铜器的代表，其中一个是故宫博物院所藏传世品，另两件分别出土于陕西凤翔高王寺和四川成都百花潭。三个壶均为侈口、斜肩、鼓腹，壶身饰有金属镶嵌的异色图案，纹饰分层分组以横列式构图展开，每层之间则隔以斜角云纹。

❧ 越王勾践剑 ❧

越王勾践剑是中国春秋晚期越国的一把青铜剑。该剑于 1965 年在湖北荆州市附近的望山楚墓群中被发掘，其被置于墓主人左手边的一个黑色漆木箱鞘内。拔剑出鞘之后，寒光耀目，毫无锈蚀，以纸试之，20 余层一划即破，故享有"天下第一剑"的美誉。后经测量，剑总长 55.7 厘米，其中剑身长 45.6 厘米，剑宽 4.6 厘米。剑身上装饰着菱形花纹，剑格（剑柄与剑刃相接处）两面也用蓝色琉璃镶嵌着精美的花纹。中间靠近剑格外，镌有"越王勾践，自作用剑"8 个错金鸟篆体铭文，故此考古学家将之命名为"越王勾践剑"。关于该剑历经两千多年不锈的原因，考古学家们一直没有定论，一般主要原因在于一方面青铜是以铜为主的铜、锡合金，不容易生锈；另一方面在于墓室曾经长期被地下水浸泡，剑完全隔绝氧气。目前，越王勾践剑藏于湖北省博物馆。

❧ 曾侯乙编钟 ❧

曾侯乙编钟是于 1978 年出土于湖北随州市擂鼓墩曾侯乙墓的一套编钟。编钟出现于我国商代，是一种由多个钟按照钟的大小和音的高低挂在钟架上以形成合律合奏的音阶的一套钟，属于打击乐器。春秋战国时期编钟风靡一时，和其他乐器如琴、笙、鼓、编磬等成为王室显贵的陪葬重器。曾侯乙是战国早期曾国的国君，在其墓中挖出的这套编钟是我国迄今为止发现数量最多、保存最好、音律最全、气势最宏阔的一套编钟，被称为"编钟之王"。该编钟有钮钟 19 件，甬钟

45个，外加楚惠王送的一枚钟共65枚，按大小和音高为序编成8组悬挂在3层钟架上，总重2400公斤。钟上有错金铭文，除"曾侯乙作持"外，剩下全为关于音乐方面的，是研究先秦乐律的重要资料。这套编钟深埋地下2400余年，至今仍能演奏乐曲，音律准确，音色优美，令人惊叹。

虎符

虎符是中国古代皇帝用以调兵遣将的兵符，因古人崇拜老虎而将其做成伏虎形状，故称虎符。虎符盛行于战国和秦汉时期，最早时以青铜或黄金为材料，背部刻有铭文，一劈两半，右半部分由皇帝或朝廷军事机构保管，左半部分交与统兵的将帅或地方官。且各地虎符均有不同，专符专用，不可能用一个兵符同时调动两个地方的军队。需要调兵时，朝廷派遣使臣带着右半部分虎符到军中，与左半部分虎符扣合验证，如能吻合，才表示来使可信，军队首领则会按照使者的命令听从调遣。在《史记》记载的"信陵君窃符救赵"的故事中，信陵君当时作

阳陵铜虎符

此符是秦始皇调动军队的凭证，用青铜铸成卧虎状，可中分为二，虎的左、右颈背各有相同的错金篆书铭文12字："甲兵之符，右在皇帝，左在阳陵。"意为此兵符，右半存皇帝处，左半存驻扎阳陵（今陕西咸阳市东）的统兵将领处；调动军队时，由使臣持右半符验合，方能生效。

为魏国君主的弟弟，没有虎符同样调不了军，可见虎符在当时战争中的重要性。历代虎符的形状、铭刻等多有变化。汉代后，虎符均为铜质。隋朝时改用麟符，唐朝改为鱼符、兔符或龟符，南宋时又恢复虎符，元朝则用虎头牌，后世演变为铜牌。

金缕玉衣

金缕玉衣也叫"玉匣"、"玉押"，是汉代皇帝和贵族死后所穿的殓服。因汉代人认为玉是"山岳精英"，将玉置于人的九窍，人的精气不会外泄，从而保持人的尸骨不腐，于是便制作了这种将人整体包裹在玉中的玉衣。其中用以缝接玉片的线分三个档次，即金缕、银镂、铜缕，分别对应皇帝、诸侯王及公侯大臣。这种玉衣便是将许多片的玉用"线"连接起来，整件衣服穿在人身上后能将人从头到脚包严，而后再在表面按照所对应的人的身体部位画上眼、鼻子、口、手等。整件玉衣光彩照人，有些像盔甲。这种玉衣流行于汉代，后魏文帝曹丕鉴于

其浪费巨大，禁止该风俗，遂消失。目前共从汉墓中发掘出各类金缕玉衣 20 多件，其中以中山靖王刘胜及其妻窦绾墓中出土的两件金缕玉衣年代最早、做工最精美。其中刘胜之衣共用玉片 2498 片，金丝约 1100 克；窦绾的则用玉片 2160 片，金丝 700 克。这两件玉衣排列整齐，对缝严密，表面平整，颜色协调，乃是令人叹为观止的艺术品。据说这两件衣服是由几百名玉工花两年时间制成的。

❊ 长信宫灯 ❊

　　长信宫灯是汉代青铜器，属于有实用目的的宫灯。因此灯曾置放于窦太后（汉武帝祖母）的长信宫，灯身也刻有"长信"二字，故名。长信宫灯于 1968 年出土于河北满城县中山靖王刘胜之妻窦绾墓。灯体为一通体鎏金、双手执灯跽坐的宫女形象，灯体高 48 厘米，重 15.85 公斤，内中为空。整体由宫女头部、身躯、右臂及灯座、灯盘和灯罩六部分组成，各部均分别铸造，最后组装而成，也可拆卸。整个灯设计十分巧妙，宫女神态优雅恬静，一手执灯，另一手则置于灯顶做挡风状，实则作为一烟囱，避免了污染空气。

长信宫灯

据考证，此灯原为西汉阳信侯刘揭所有，景帝时刘揭被削爵，此灯与其他家产一道被朝廷没收，归窦太后居所长信宫使用，其后又被窦太后送给远亲窦绾。长信宫灯一改以往青铜器具的神秘厚重，造型轻巧华丽，集实用与美观于一体，是极其珍贵的青铜器具。

❊ 击鼓说唱俑 ❊

　　击鼓说唱俑是出土于四川成都天回山崖墓的一个汉代陶俑。陶俑是汉代雕塑产品中的一个重要门类，其体裁十分广泛，从侍卫奴仆到民间艺人，无所不有。而四川作为远离统治中心的地区，其汉俑则独具特色，内容更为丰富。目前出土的众多俑雕像中，以这件产生于东汉时期的击鼓说唱俑最富特色。该俑席地而坐，硕大的头上裹着一个方巾，额头布满皱纹，赤膊跣足，左臂抱着一个圆鼓，右手高高地举起鼓槌。看那样子，显然已经进入了表演的高潮，神情激动，表情夸张，仿佛已经忘记了别人的存在，竟不自觉地手舞足蹈起来。该陶俑生动地表现了一位热情、幽默而充满生命活力的艺人形象，令人不由自主产生会心的微笑。就艺术手法而言，击鼓说唱俑显然不是一种写实手法，而是采用了极其大胆夸张的手法，表现了汉代雕塑家们高超的艺术创造力，是研究汉代民俗及雕塑艺术的珍贵文物，目前收藏于中国历史博物馆。

⟪ 敦煌藏经洞 ⟫

藏经洞是位于古丝绸之路河西走廊的敦煌莫高窟第17窟的俗称。光绪二十六年（1900年）五月，道士王圆箓清除第16窟甬道积沙时，偶然发现了这个藏经洞。藏经洞封闭的原因与时间，几十年来，众说纷纭，主要有避难说、废弃说和书库改造说三种。藏经洞封存了4 11世纪初的文献、绢画、纸画、法器等各类文物，约计五万件，五千余种；其中90%是宗教文书，非宗教文书占10%。后者的内容包罗万象，经、史、子、集、诗、词、曲赋、通俗文学、水经、地志、历书、星图、医学、数学、纺织、酿酒、熬糖、棋经等一应俱全，还有大量民间买卖契约、借贷典当、账簿、户籍、信札等。文书除汉语写本外，还有古藏文、于阗文、梵文、回鹘文、突厥文、龟兹文等写本。此外还有一批木版画、绢画、麻布画、粉本、丝织品、剪纸等作品。这些来自丝绸之路的中世纪珍宝，与殷墟甲骨文、居延汉简、明清档案，被誉为中国近代古文献的四大发现。但由于最初发现时的原貌没有一份详细而科学的记录和目录，藏经洞珍宝的确切数量至今众说不一。目前，敦煌学已经形成为一门具有世界意义的学科。

敦煌莫高窟

车马服饰

❧ 出巡与行宫 ❧

　　出巡指的是皇帝为了巡视或游赏而外出，一般指离开京城的远出。皇帝出京后临时居住的官署和住宅被称为"行宫"，有时皇帝会经常性地出巡到某地，这样就会在该地建造专供皇帝出巡居住的宫殿，而这也成为"行宫"一词的正式含义。在商末纣王的时候就已有了行宫的营建，据《史记·殷本纪》记载，纣王"益广沙丘苑台，多取野兽蜚鸟置其中，慢于鬼神。大聚乐戏于沙丘，以酒为池，县肉为林，使男女倮相逐其间，为长夜之饮"。这段话概括地描写了纣王的淫乐场景，而"沙丘苑台"也就是纣王的行宫，唐代李泰等撰写的《括地志》解释说："沙丘台在邢州平乡东北二十里。《竹书纪年》自盘庚徙殷至纣之灭253年，更不徙都，纣时稍大其邑，南距朝歌，北据邯郸及沙丘，皆为离宫别馆。"秦始皇统一天下之后，大肆修建行宫，据说秦时"关中计宫三百，关外四百余"，秦代行宫的数目为历代之最。到隋唐时期，行宫的营建成为一种与国家政治密切相关的制度，行宫的所在往往成为国家的临时政治中心，而陪都也是行宫的集中地点，如唐代以长安为都，而洛阳、太原、凤翔、江陵都曾立为陪都，尤其是洛阳，地居天下之中，又距京师长安较近，在诸陪都之中的地位最为重要，与长安一起被称为"东西二宅"或"东西两宫"。隋炀帝、唐高宗、武则天和唐玄宗都

《康熙南巡图》局部　清　王翚

曾多次巡幸洛阳，因此洛阳成为隋唐时期行宫分布最密集之处。同时，为了皇帝的往来方便，在长安与洛阳之间的道路上也修建了许多行宫。

金根车和温凉车

金根车和温凉车都为秦始皇时期所创制，为皇帝专用车。《中华古今注》记载："金根车，秦制也。秦并天下，因三代之舆服，谓殷得瑞山车，一曰金根，故因作金根之车，秦乃增饰而乘御焉。"之所以将其称为金根车，取的是根为载育万物之义，而车又是用黄金来装饰的，天下也只有皇帝才配乘这种车。温凉车，亦作车，是专供皇帝外出巡视的交通工具，车内冬暖夏凉，在内可以自由窥探外面的景象，而外面的人则不能看到里面的情形。皇帝可以在车中召见臣僚，收听奏文，而臣属则在车外聆听皇帝在车里的传话和命令。据说秦始皇在出巡途中即死在温凉车里，后来温凉车也用来做丧车。

乘舆

乘舆特指天子和诸侯所乘坐的车子，秦后成为皇帝用车的专称，后来用于泛指皇帝所用的器物，也借指帝王。秦始皇统一天下后，建立了一套严整而奢华的乘舆制度，这套制度而后为汉朝所继承，《后汉书·舆服志》记载："汉承秦制……乘舆金根、安车、立车，轮皆朱斑重牙，贰毂两辖，金薄缪龙为舆倚较，文虎伏轼，龙首衔轭，左右吉阳，鸾雀立衡，文画，羽盖华蚤，建大旅，十有二游。画日月升龙，驾六马……五时车安、立亦皆如之。各如方色，马亦如之……所御驾六，余皆驾四，后从为副车。"从这段记载可以看出，汉代的乘舆分为多个种类，装饰是非常豪华的。唐代杜佑在《通典》中指出，汉代以来皇帝的乘舆，"有青立车、青安车、赤立车、赤安车、黄立车、黄安车、白立车、白安车、黑立车、黑安车，合十乘，名为五时车"。这也反映出皇帝乘舆规制的谨严与宏阔。

"五辇"和"五辂"

辇，本义为用人力拉的车，秦汉以后，成为对皇帝、皇后所乘车的专门称谓；辂，原义为安在车辕上供人牵拉的横木，也是古代一种大车的名称。清代前期，皇帝乘坐的玉辂、大辂、大马辇、小马辇、香步辇这 5 种车，并称为"五辇"。乾隆八年（1743 年），对"五辇"的名称进行更改，改大辂为金辂，改大马辇为象辂，改小马辇为革辂，改香步辇为木辂，玉辂仍旧，遂有"五辂"之称。

❦ 轩车和公车 ❧

　　轩车是指有屏帏的车，在古代是大夫以上的官员乘坐的。公车，原指入京请愿或上书言事，也特指入京会试的人上书言事，后来变为应试举人的代称。公车最早为汉代官署名，臣民上书和征召都由公车接待，被征应试的人员也由皇家用公家马车接送。到了清代，顺治八年（1651年）做出规定："举人公车，由布政使给与盘费。"（《钦定科场条例》）即应试举人的路上花费由政府的布政使供给，这是"公车"一词最早的正式提法，由此，"公车"也就成了应试举人的代称。

❦ 官员仪仗 ❧

　　仪仗，是指古代用于仪卫的兵仗，包括帝王和官员出行时护卫所持的旗、伞、扇、兵器等。皇帝的仪仗队伍最为庞大、最为显赫，王侯百官的仪仗也各有等级，规定非常详细，原则上是官阶越高，仪从越盛，仪仗越堂皇，至于平民百姓，则没有运用仪仗和仪从的权利。以唐代为例，一品官员有仪从七骑，二、三品官员为五骑，四、五品官员为三骑，六品官员为一骑。再如明代，公爵出行有仪从10人，侯爵8人，伯爵6人，一品至三品的官员6人，四品至六品的官员4人，七品至九品的官员2人。到了清代，官员的仪仗更为繁复，等级差别也变得更大，总督的仪仗为官员之中最盛者，各种仪仗器物如伞、扇、旗、兵器、回避牌、肃静牌等共17种34个，而一般府、州、县官员的仪仗器物只有5种8个。

❦ 官员出行 ❧

　　中国古代官员出行，有一套严整的仪式，而且不同等级的官员随行的仪仗有着严格的区别。个别时候的微服出行之外，官员出行需要回避牌、肃静牌、官衔牌、铁链、木棍、乌鞘鞭、金瓜、尾枪、乌扇、黄伞等一套完整的随行仪仗，此外，还要"鸣锣开道"，以提醒前面的百姓避让，这被认为是必行的官仪，并且鸣锣多少也视官员品级而有着明确的规定。州县官员出行鸣锣，打三响或七响，称为三棒锣、七棒锣，分别意为"速回避"、"军民人等齐回避"；道府官员出行鸣锣，则打九棒锣，意为"官吏军民人等齐回避"；节制武官的大官出行，要打十一棒锣，意为"文武官员军民人等齐回避"；总督以上官员出行，因是极品，要打十三棒锣，意为"文武百官官员军民人等齐回避"。

❦ 黄帝定服饰 ❧

上古先民们创造的服饰文化虽然和博大精深的中华服饰文化相比，连沧海之一粟恐怕都算不上，但它的地位是不容忽视的，因为它是我们中华服饰文化的初兴。尤其是黄帝时期，是我国历史发展的关键阶段，中华文化的各种制度大多在这个时期草创，服饰文化也不例外。这个时期的服饰制度初步成型，并较为充分地体现出古人的世界观和文化观，服饰开始成为礼制的载体。黄帝本人及他的大臣胡曹和伯余可以说是最早的服装设计师，他们制作出上衣下裳，上衣如天（天没有亮的时候），用玄色；下裳如地，就用黄色，以此表达对天和地的崇拜。尤其是在拜祭祖先、祭祀天地时，着统一的样式、统一的颜色，使得这些大型活动显得隆重而有秩序，无形中成为一种被人们认可和遵循的礼仪。黄帝时期的"垂衣裳而天下治"，影响了整个中国奴隶社会和封建社会。

❦ 冕旒和龙袍 ❧

冕旒是古代帝王、诸侯、卿大夫参加重大祭祀典礼时所戴的礼帽，是礼帽中最尊贵的一种，后来专指皇冠。

冕外面黑色，里面朱红色，上面是一块长方形的版，叫延，延的前端有一组缨，穿挂着玉珠，叫旒。天子有十二旒（排），《礼记·玉藻》："天子玉藻，十有二旒。"《淮南子·主术训》："古之王者，冕而前旒。"诸侯有九排，上大夫有七排，下大夫有五排。南北朝后只有皇帝才可以戴冕，所以"冕旒"成为皇帝的代称。龙袍又称龙衮、黄袍，因袍的主要颜色为黄色，上面绣龙纹而得名，是皇帝专用的袍，后泛指古代帝王穿的龙章礼服。龙袍的特点是盘领、右衽、黄色。龙一般为9条：前后身各3条，左右肩各1条，襟里1条。这样正背各显5条龙，意味"九五至尊"。清代龙袍下摆等部位绣有水浪山石图案，称"水脚"，意味一统山河。在封建社会，臣民严禁穿龙袍，否则就是谋反。

❦ 十二章纹样 ❧

帝王礼服上的花纹共有12种，是以天地山川为代表的"十二章"纹样，是中国儒家学派服饰理论的核心。十二章包括日、月、星辰、山、火、宗彝、粉米、龙、华虫、藻、黼、黻12种纹样，几乎囊括了天地之间一切有代表性的事物。

日月星辰，除了取它们照耀大地，带来光明之意外，更重要的是，古代的人们认为日月和星辰在宇宙中有着主宰一切的意义。日一般是绘在上衣的左肩，而月则在右肩，两者合起来就是"肩挑日月"的意思，显得非常霸气，星辰都绘在日和月的下面。

山也是绘在上衣上的，由于山川显得稳重，用在衣服上有隐喻江山永固的用意。华虫实际上并不是虫，而是禽类，俗称雉鸡，羽毛华美，寓意王者有文采，即有文章之德。由于雉鸟高洁的缘故，通常都被绣在上衣的肩部到袖子外侧的地方，它在古代人眼中是一种祥瑞，又是神灵的象征，还具有神秘性，故而十二章取其随机应变之意。十二章中的火，既有光明的意思，也有旺盛向上的吉利含义。宗

乾隆帝朝服像

彝的解释比较多，一方面认为它是庙堂里用于祭祀的礼器，后来又在礼器上绘了一只虎和一只长尾猿，虎是凶猛的象征，而长尾猿是非常聪明的，用在这里表达了聪慧的含义，另外一种看法则认为这是表达了一种忠孝之意。至于藻，也是绣在下裳上的，藻在民间往往被用来借喻华丽的装饰，也有洁净的意思。粉米听起来就是和吃的东西有关，实际上也是如此，在衣服上绣上这样的纹样，主要是提醒帝王要注意滋养众生，注意惜福养民。黼实际上就是斧头，在章服上用斧头，无疑是为了增加礼服的庄严稳重，提醒王者"当断则断"；而与黼相似的黻是一种奇怪的图案，表达的是一种明辨是非的含义。

乌纱帽

"乌纱帽"也叫纱帽，它的前身是古代男子裹头发用的幞头。东晋成帝时，都城建康（南京）宫中做事的人，都戴一种用黑纱做的帽子，人称"乌纱帽"。到了南朝宋明帝时，"乌纱帽"传入民间，成为百姓常戴的一种便帽。隋唐时，皇帝、官员和百姓都戴乌纱帽。但为了区别官衔高低，乌纱帽上装饰了玉块：一品有9块，二品有8块，三品有7块，四品有6块，五品有5块，六品以下没有装饰玉块。宋太祖赵匡胤时，为防止大臣在朝堂上交头接耳，下令在乌纱帽的两边各加一个一尺长翅，又在乌纱帽上装饰不同的花纹，来表示官位的高低。明朝开国皇帝朱元璋规定文武百官上朝和办公时，必须戴乌纱帽，穿圆领衫，束腰

带。另外，取得功名但还没有授予官职的状元、进士，也可戴乌纱帽。从此，乌纱帽成为官帽。清代官员的乌纱帽被换成红缨帽。至今人们仍习惯地将"乌纱帽"作为官位的代称，"丢掉乌纱帽"就意味着被罢官。

衣和裳

我国的衣裳文化源远流长。据《易·系辞下》记载："黄帝垂衣裳而天下治。"可见在很久以前，古人就制定了衣裳制度。古人的衣服以交领右衽为主，也有圆领、直领，无扣系带，宽衣大袖，线条柔美流畅。商代时，上衣下裳的衣裳制度基本形成，帽、冠、发式、鞋子也随之产生。在古代社会，人们出于对天地祖先的崇拜，认为上衣象征天，天未明时是玄（黑）色；下裳象征地，而地是黄色。所以古人祭祀天地、祖先的衣裳（祭服）都是上玄下黄。而在日常生活中，衣裳的颜色要求就不十分严格了。西周时，宗法分封制确立后，等级制度也随之形成，对服饰的要求也严格起来，衣裳也随之出现了不同的等级。

隋唐时，随着社会的发展，上衣下裳已经不符合时代要求。裙子逐渐只限于女子穿用，而男子则穿袍子。但在正式的朝贺或祭祀时，君臣们仍然穿正式的上衣下裳的朝服。

冠、巾、帽

冠是古代专供贵族戴的帽子，是贵族服饰的标志。早在夏朝时期，就已经出现了礼服、礼冠的制度，以显示贵族身份。到了封建社会，有资格戴冠的除了贵族外，还有为统治阶级服务的士大夫阶层。

到了汉代，冠的种类非常多。通过冠帽就可以看出一个人的身份和等级。汉代主要冠帽有：冕冠、通天冠、长冠、远游冠、建华冠、方山冠、巧士冠、却敌冠、樊哙冠、进贤冠、武冠和法冠等。不同身份、不同场合所戴冠都有严格规定。帝王在参加祭祀大典时要戴冕冠；帝王在朝会和宴会上，要戴通天冠；官员在参加祭祀时戴长冠；各级武官在朝会时戴武冠；文官和儒士戴进贤冠等。

贵族和士戴冠，而普通老百姓只能用巾（用丝或麻织成的布）包头或结扎发髻。后来统治阶级也开始佩戴巾。汉朝末年，王公贵族开始流行佩戴巾，巾的种类逐渐繁多。文官佩戴"展脚幞头"巾，武官佩戴"交脚幞头"巾。后来人们发现戴帽子比戴巾方便，老百姓也逐渐淘汰巾而开始戴帽。

国学是立身处世之本，更是我们不可或缺的精神力量。作为一个中国人，不能不了解国学，不能不学习传统文化。